세상의 꼴찌들과 함께 사는 신부

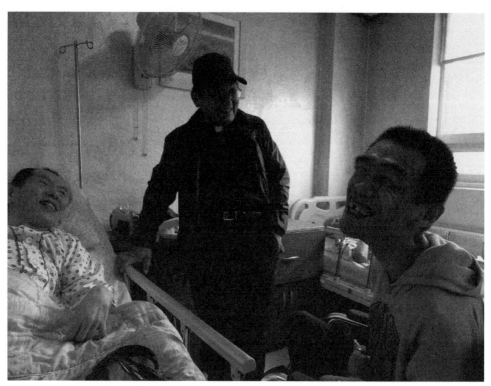

장애인들을 병문안 중인 박성구 신부.

세상의 꼴찌들과 함께 사는 신부

가난하고 고통받는 이들과
함께 사는 황소사제
박성구 요셉 신부의
좌충우돌 신앙분투기

박성구 지음

전대식 사진

눈빛

장애인 인권운동과 이 나라 장애인 복지의 대부역할을 해온 천주교 작은예수회
총원장 박성구 예수 마리아 요셉 사제는 황소띠(1949년) 신부다. 그가 12년간
신학교 생활 중, 만년 꼴찌를 면키 위해 결심한 것은 공부를 못하는 대신 몸이 부서져라
최고의 마당쇠, 돌쇠 신부로 황소처럼 살아가는 일이었다. 서울가톨릭신학대학을
졸업하고 육군25사단 군종신부, 서울대교구 성산동성당, 화양동성당 주임으로 사목하며
작은예수회를 설립했다. 기쁜우리샘물 대표, 사회복지법인 기쁜우리월드 이사장,
한국가톨릭장애인복지협의회 회장, 남북한장애인걷기운동본부 총재, 작은예수회
수도회, 수녀회를 창립했다. 시인·작사가·가수·사업가로도 활동하며, 저서로는
『공날이 공날』 『아름다운 마음속에 대자연을』 『노래하는 십자가』 『빛으로 오시는
당신은 내가 어둠 속에 있기 때문입니다』 외 다수가 있다. 현재 월간잡지 『둘로』,
영소리방송 공동대표를 맡고 있다.

세상의 꼴찌들과 함께 사는 신부

박성구 지음

초판 1쇄 발행일 — 2014년 6월 7일

발행인 — 이규상

편집인 — 안미숙

발행처 — 눈빛출판사

　　　　서울시 마포구 월드컵북로 361 506호

　　　　전화 336-2167 팩스 324-8273

등록번호 — 제1-839호

등록일 — 1988년 11월 16일

편집 진행 — 성윤미

인쇄 — 예림인쇄

제책 — 일광문화사

copyright © 2014 by 박성구

ISBN 978-89-7409-893-3

값 15,000원

책머리에

박성구 요셉 신부

작은예수회 마을 사람들? 영의 태양, 바다, 산을 사는 노래하는 십자가 사람들!이라 푼다. 왜? 그들은 불멸의 영인이니까!

올 6월 7일이면 작은예수회 기쁜우리월드 창립 30주년이 된다. 창립 30주년을 맞는 진정한 작은예수회는 1980년 11월 25일 예수님께서 시작하셨다. 왜? 불멸의 영인으로 어떤 사람을, 비룡성당을 지으시며 보이지 않는 그분의 성전으로 삼으셨기 때문이다!

그 어떤 사람이 하느님의 뜻이라면 이 성전이 지어질 것이고, 불멸의 영인 뜻이라면 지어지지 않을 것이라고 하느님께 말씀드렸기 때문이다! 그 성전이 7개월 만에 19개 성당을 뛰어다니며 완공이 되니 교만에 빠지지 않을 수 없었다! '하느님이 아니라 이건 내가 지은 거야! 내가 지은 거라구!'

루가 복음 18장의 바리사이로 들어가 양팔을 벌리고 "오, 하느님! 이 성전을 제가 지어 당신께 봉헌 드리게 할 수 있게 해주셔서 감사드립니다!" 하려는데 도무지 입이 떨어지지 않게 하고, 눈물이 하염없이 쏟아져 내리게 하며, 세리가 되게 하며, "오, 하느님! 어인 대접 이리도 크신지요! 그 많고 많은 사람 가운데 저를 선택하시어 이 성전을 지으시게 하셨는지요! 분명 이 성전은 수많은 사람들 가운데 저를 뽑아 지으신 성전이 맞으시는군요. 감사합니다! 오, 하느님! 이 성전은 분명히 당신께서 지으셨습니다! 온 천하 만민 가운데 저를 분명 선택하시어 지으셨습니다!"

1981년 6월 7일, 비룡성당에서 크게 소리쳐 주님을 불러보며 하느님 실제 살아 계신지를, "예수님! 저는 당신 것입니다! 예수님! 당신은 제 것입니다!" 하고 연이어 세 번을 외쳤더니 온몸 가득히 성령께서 나를 불가마 되게 하며, 이 세상 그 누구도 예수를 온전하게 살게 된 불멸의 영인만큼은 행복하지 못하다 하고 감탄과 경탄을 금치 못하는, 하느님의 현존이 오늘까지 영의 충만함으로, 마음 성전이 계속 예수님으로 충만케 됨을 늘 고백케 하니, 이 세상에서는 이제 더 바랄 것이 없는 행복 그 자체의 영으로의 영원 충만함이 이루어졌다!

1984년 6월 7일, 주님의 뜻대로 장애인들과 함께 살기 시작하던 날, 마태오 복음 25장 40절의 말씀을 읽어 내려가자마자 갑자기 하늘에서 조명탄이 환하게 주변을 밝히며 터졌다! 내 온몸과 마음을 대낮같이 밝히시며,

"저 고통받는 장애인의 얼굴에서 미소가 영원히 사라지지 않게 하는 것이 하느님께로부터 받은 제 사명입니다! 저는 생명을 다 바쳐 살 터이니 주님께서 풍성한 결실을 맺으실 것입니다! 사랑하는 형제자매 여러분! 저 장애인을 불쌍하다고만 여기시면 사랑나눔 회원이 되지 마시고, 여러분도 그들 못지않은 영적 장애인이시라고 고백할 수밖에 없다면 사랑나눔 회원이 되십시오!" 하고 외치게 하시는 것이 아닌가?

이러면 어떻게 되는가? 내가 한참 눈물로 호소를 해도 잘될까 말까인데? 하는데 다시 한 번 성령불을 강하게 내리시며 "근심하거나 걱정하지 마라! 나는 너의 생명 바치는 소리를 들었다! 너 하나의 생명 바치는 소리로 만족하니 네가 어디를 가든지 세상 끝까지 너와 함께 다니며 영원토록 영광 떨치겠노라!" 말씀하시며 오늘까지 성령불은 쉼 없이 계속 타오르고 계시며, 온 천하 만민을 계속 영의 태양 해무리를, 생명수 바다를, 눈부신 영산으로 찬란히 영광 떨치시며 살아 역사하시고 계신 것이다!

계속 계속 한도 끝도 없이, 사건에 사건에 사건을 터뜨리시며 영광 영광 영광을 떨치시는 것이다! 계속, 계속, 계속 깨뜨리시고 박살을 내시며 한도 끝도 없이 사건에 사건에 사건에 사건을 일으키시며 박살내시며, 일으키시며 박살을 내시며, 보잘것없는 종을 대머리가 다 되도록 외적 모습을 볼품없이! 하시고 내적 모습은 이루 형언키 어려운 아름답고, 눈부시고, 찬란하고, 황홀한 모습으로 생명영의 대단한, 헤아릴 수 없는 영의 대자연 되게 하시며, 또한 수많은 사람들을 그렇게 함께 축복하시며 영광 떨치시고 계신 것이다!

가면 갈수록 세상의 대단하신 분들로, 가장 가까운 사람들로부터 몰매 맞고 버림받고 살해당하며 어찌 이 망신과 수치와 모욕을 감당할 수가 있단 말인가?! 처참한 몰골을 나 자신조차 볼 수가 없는데, 도대체 하느님은 날더러 어쩌란 말이신가? 성령불로 내가 있는지 없는지, 네가 있는지 없는지, 우리가 있는지 없는지, 수많은 사람들이 자기가 있는지 없는지, 한도 끝도 없이 타올라 온 세상 가득히 영의 태양, 바다, 산으로 타오르고 넘쳐흐르며 이루며 찬란하고 황홀하고 눈부셔지는 것이다!

외적으로 대단하다는 사람들 중에는 구더기가 득시글 득시글 온몸을 가렵고 더럽고 추하고 짐승 같고 악취가 나는 사람들이 생각보다 상당히 많은 이 현실을 어떻게 대중에게 표현할 수가 있단 말인가?

2000년 전에 예수님께서 말씀하신 바리사이, 율법학자, 최고위 등등 표현할 수 없는 유명인들 중에 너무 짐승들이 많은 것이다! 유명하다는 사람 중에 짐승들이 많은 반면, 정말 세상적으로, 외적으로 그래 보이지만 수많은 짐승 같은 사람들이 눈부셔지고 황홀해지고 찬란해져 가는, 사람 같은 사람들이 날이 갈수록 점점 많아져 가는 것이다! 내가 이들과 먹고 마시고 뒹굴면 뒹굴수록 많아져 가는 것이다! 이들의 모습대로 터지고 깨지고 박살이 나면 날수록 수많은 사람들이 황홀해지는 것이다! 눈부셔지는 것이다! 찬란해지는 것이다!

이들과의 하느님 사랑 때문에, 정의 때문에, 진리 때문에, 평화 때문에 나는 날마다 심령기도, 영적 자유기도, 영가, 영의 노래로 고통받고 소외되고 비참하고 그래서 짐승 같은 생을 살 수밖에 없는 버려진 이들이, 별 볼일 없는 모습 속에서 찬란한 별들이 되고 있는 것을 목격하고 있으며, 증언하고 있으며, 하느님께 감사 찬양 드리고 있는 것이다!

차례

책머리에 | 박성구 요셉 신부 5

별들의 전쟁 13

삼각관계 17

영원한 불꽃놀이 23

생을 사랑하는 사람들 31

버림받은 사람들 39

구성(九星)장군의 폼생폼사 이야기 47

임진강변의 구성장군 53

비룡성전 61

하느님의 성전 71

작은 주님, 작은 하느님 79

독재자의 성령기도회 91

고통받는 이들과 함께하는 교회 97

70억 불멸의 영인 107

성산동 성전 건축 117

생명의 빛 121

작은예수회 131

사나이 대장부 가는 길 139

영을 받은 사도들 147

444국 화양동본당 161

영 안에 예수 살기 165

작은예수회 마을 175

요셉의집 사람들 185

10분의 10 195

작은예수회의 간판과 방패막이 203

한 알의 겨자씨 213

소망의집 221

영원히 흐르는 예수 바다 231

영적 영웅호걸 237

예수사랑 내 사랑 영성원 249

30년 영적 전쟁 261

박성구 요셉 신부님과 작은예수회 30년을 말한다

내가 만난 황소사제 박성구 신부님 | 전대식 프란치스코 269

하느님의 뜻, 5천만 국민의 뜻 | 손천무 베드로 276

불멸의 영을 사는 가양철야기도회 사람들 | 주복운 사비나 279

하느님사랑방으로의 초대 | 추차연 세레나 283

작은예수회 최초 그룹홈, 성남공동체 | 박춘자 데레사 285

일어나라, 깨어나라! | 경춘옥 아녜스 287

사랑과 믿음으로 성화되는 재속회원 | 김경선 율리안나 290

LA에서 온 편지 | 김윤희 소화데레사 수녀 293

중국에서 온 편지 | 양정 루시아 수녀 295

천국의 행복 | 김대만 요한 296

사랑 | 권순기 사도요한 298

천국의 모습 | 나 말가리다 303

노래하는 십자가 | 신상옥 안드레아 306

함께 살아가는 삶의 기쁨을 | 권오은 임마누엘 308

진리와 참삶의 길 | 정동후 토마스 아퀴나스 316

'함께 삶의 기쁨을!' | 송현구 토마스 아퀴나스 324

작은예수회와의 추억 | 홍민선 피델리스 328

모든 일을 주관하시는 그분 | 최지철 시몬 332

작은예수회 안에서 함께하신 예수님 | 이소애 소화데레사 337

'불멸의 영인'의 세 가지 모습 | 정혜자 340

박성구 요셉 신부와 작은예수회 연혁 343

가평군 현리 매봉산 기슭의 작은예수회 성지.

별들의 전쟁

하늘에 계신 저희 아버지
아버지의 이름을 거룩히 드러내시며
아버지의 나라가 오게 하시며
아버지의 뜻이 하늘에서와 같이
땅에서도 이루어지게 하소서.(마태오 6, 9-10)

불멸의 영인인 박성구 신부는 세상에 태어나기 전부터 지금까지 참으로 수
많은 전쟁을 터뜨렸는데, 그분께서 내게 싸움을 붙여 오신 것이 틀림없다.

"왜? 나도 몰라! 그냥 그분들의 일이니까!"

"누구?"

"성부, 성자, 성령!!!"

"햐! 정말 듣고 보니 그러네!!!!!!!!!!!"

"왜? '느낌표' 하나는 뭐고, '느낌표' 셋은 뭐고, '느낌표' 열은 뭐야? 도대
체? 응?!"

"그거 있지. 하나는 나를, 셋은 성부, 성자, 성령이시고, 둘은 부부, 친구,
연인…. 열은 단체, 사회, 인류 전체가 영을 받으면, 받아야, 받아서 '느낌
표'이고, 안 받으면, 받아야, 받았기 때문에 '물음표'란다."

"그걸 누가 믿겠냐. 이 사람 참!"

"뭐라고?! 그게 내 믿음이야! 내 믿음! 나는 원래가 모든 것을 '물음표' 하나로 '물음표' 열로 그분이 날 창조하셨다고 믿어. 그래서 '물음표' 하나를 '느낌표' 하나로 일생을 깨달아가게 하시는 기쁨으로 날마다 그분은 결국 나를 그분으로 입을 맞추고 애무하고 영 안에 진한 사랑을 즐기신단다."

"뭐? 예끼. 이 사람아. 정신 차려, 정신!"

"하하, 이 친구 보게나! 야, 이놈아! 하느님이 널 창조하지 않았느냐! 어디 말해 봐 이 녀석아! 하느님이 널 창조했으면 어디 네 것이 있냐고! 있어? 정말 네 것이 있어? 봐! 아무것도 없잖아! 그러니까 거룩한 것도 야한 것도 신비로운 것도 지저분한 것도 성공도 실패도 천당도 지옥도 다 그분 것이 맞잖아! 네 것이 아니고 그분 것으로 즐기고 있는 한 그것이 영원을 사는 거 아니냐!"

"… 네 말 들어보니 그렇구나!"

"내가 어머니 뱃속에서 어떻게 전쟁에서 이길 수 있었겠냐? 그런데 좌우지간 이겼잖아! 어머니는 나한테 별 욕 다했겠지! '아니 요놈의 자식 왜 안 떨어지는 거야! 아이고 내 배야! 이런 고얀 자식이 있나! 야 임마 너 안 떨어져! 아니, 요 녀석, 요 웬수 같은 녀석. 아이고 내 배야! 내 배야! 내 배야! 으아악!' '어디 저 높은 곳에 가서 뛰어 내리면 틀림없이 이 자식이 떨어져 나갈 거야.' 하나! 둘! 셋! 계속 떨어지고 또 떨어지고 또 떨어지고…. '간장을 마시면 떨어지겠지. 햐. 요 자식 이래도 안 떨어져!' 또 마시고, 또 마시고, 또 마시고, 해도 '요 자식 이거 안 떨어지네. 휴, 내가 졌다! 졌어! 졌어!'"

"으응! 그래서 네가 이겼다는 거야?"

"그래, 임마! 내가 이기려고 그랬냐! 난 어머니를 이길 조건이 아무것도 없었잖아! 난 정말 너무 이상해! 내 사제 생활 37년이 어떻게 보면 다 그분 뜻대로 살고 있는 게 맞다니까! 왜냐고? '물음표' 열 개라고."

"그렇지 임마! 너 자식 되게 못살고 있는 걸 내가 봤잖아. 너 임마 세상 사람들 죄짓는 거 너도 많이 지었잖아? '물음표' 열 개잖아?"

"그래 맞아! 그런데 그걸 다 그분께 나의 부족함이고 잘못됨이라고 이실 직고하니 그분이 너무 너무 좋아하시더라! 그 죄들을 안 지었으면 나 혼자 내가 제일 잘났다고 간땡이가 커져서 나 홀로 제일 지옥에 떨어지는 걸 그분이 어떻게 그 꼴을 보겠냐? '물음표' 열 개라고 그분이 그러시더라."

"햐, 이 자식 이거 묘한 데가 있네. 네 논리는 자식아. 이 세상에 하나도 안 통해, 임마! 정신 차려 이 자식아! 이거 보아 하니 사이비 아냐! 너야말로 사이비 교주가 맞다! 그치?"

"내가 볼 때는 네가 사이비 교단 교주 같은데? 어떻게 너 언제 영세받았 냐? 너랑 나랑 초등학교 3학년 때 같이 받았잖아? 그런데 넌 아직도 성령에 대해서 깜깜 소식이니 너 영세받은 사람 맞아?"

"…. 할 말이 없네?! '물음표', '느낌표' 열 개가 맞네그려. 허허 참 그 래?!"

"내가 초등학교 3학년 때 어떻게 영세받았는지 너 알잖아! 우리 어머니 가 처음에는 나를 데리고 성당에 다니셨어! 그런데 어느 겨울날, 어머니는 같이 다니는 내가 귀찮은 생각이 드셨었나 봐! 해서 날 눈길에 떠밀며 '넌 이제 그만 교리 배워. 이제 나 혼자 다닐 거야' 하시더라! 난 저만치 엉덩방 아를 찧으며 '흥, 어머니가 나한테 이러실 수가 있는 거야! 어머니는 어머 니고 나는 나지! 교리 배우는 권리는 각각 다른 거지 뭐! 난 나대로 다닐 거야!' 그리고 난 나대로 일 년을 꼬박꼬박 나가서 영세를 받았어! 그거 내 정신 아니야! 초등학교 3학년이 뭘 알겠니?"

"햐! 그도 그러네! 넌 그랬지만 난 교리반에 안 나가면 우리 엄마가 날 가만 안 놔두기 때문에 할 수 없이 끌려서 나간 날이 훨씬 더 많았어. 그래서 우리 엄마나 나나 하느님 안에 우리가 있다는 것과, 영 안에 살고 있다는 확신도 전혀 없기에 너 같은 친구를 무조건 사이비 교단 교주라고 할 수밖에 없지."

"그래 난 그것도 이상해. 어떻게 영이 머무르지도 않는데 신자라고 할 수 있지? 영이 머무르는 사람들과 그렇지 않은 사람들은 확실하게 표가 나는 법이거든. 난 또 이런 일이 있었어! 어머니께서는 날더러 '신부되지 않겠니?' 하시기에 그냥 난 신부가 되어야겠다는 생각이 들었고 '그래 난 열반의 세계에 들어갈 거야. 맞아, 난 신부가 되어야 해!' 하고 생각했었어. 6학년 되어 신학교에 들어간다니까 어머니가 깜짝 놀라시면서 '그렇다면 모자의 연을 끊자' 하시잖아! 그러면 내가 어머니 생각을 해서라도 '다시 생각해 볼게요!' 해야 되지 않겠어? 그런데 나는 그게 아니었어. 대뜸 하는 말이 '어머니와 모자의 연을 끊겠습니다. 나는 신학교에 들어가겠습니다'라고 했지."

종교에 전혀 아는 바가 없던 내가 이런 말을 했다는 것은 알 수 없는 일이다. 그게 지금의 빛의 세계를 그분으로 누리고 있으니 완성을 이렇게 이루셨구나 하는 깨달음 자체가 신비롭고 놀라울 뿐 그저 감격의 눈물을 흘릴 뿐이다. 우리 어머니가 이름을 잘 지어 주시고 해서 '성구(星九)', 김구 선생처럼 별 같은 사람이 되라고 그래서 그런지 어머니는 별(星) 사람들의 어머니로 아들과 함께 자리를 잡았다.

삼각관계

한 처음에 하느님께서 하늘과 땅을 창조하셨다.
땅은 아직 꼴을 갖추지 못하고 비어 있었는데,
어둠이 심연을 덮고 하느님의 영이 그 물 위를 감돌고 있었다.
하느님께서 말씀하시기를 "빛이 생겨라" 하시자 빛이 생겼다.
하느님께서 보시니 그 빛이 좋았다. (창세 1, 1-3)

1949년은 김구 선생이 암살되신 해였다. 김구 선생을 흠모하던 한 젊은 여인은 아기를 임신 중이었으며 출산을 앞두고 심각한 고민에 빠져 있었다.

"이 아기는 태중에서부터 유난스레 나와 싸움을 계속했는데, 요 녀석 참 만만한 녀석이 아니네그려! 요 녀석도 분명 이 세상에 생겨나서는 안 될 녀석인데 나를 이겨먹었어! 나를 이겼단 말이지."

"으앙! 으아앙! 으아앙!"

그때 나는 이 세상에 태어나면서 어머니에게 틀림없이 이런 말을 건넸을 것이다.

"난 어머니와 아무런 관련이 없는데, 어머니가 무슨 권한으로 날 죽이려고 했어요? 말도 안 되는 소리하지 말아요. 내가 어머니 소유란 말입니까? 내가 어머니 노리개냐고요?"

그래서 그런지 난 어려서부터 어머니의 사랑을 특별히 받아본 적이 없다. 가만 보면 항상 형만 예뻐하시는 것 같았다. 어려운 살림 와중에도 항상 형이 최고였다. 형은 머리가 좋아서 과외 선생님을 두고 공부를 시키는 등 특별 투자를 하셨다. 그러나 동생인 나에게는 도무지 투자를 하시질 않으셨다. 과외공부는 물론 국물도 없을 뿐만 아니라 또 나에겐 항상 엄하게만 대하셨다.

나의 아버지는 내가 아버지에 대한 인식이 전혀 없을 나이였던 세 살 때, 6·25전쟁으로 세상을 떠나셨다. 아버지는 안 계셨어도 엄하신 어머니는 영락없는 아버지의 모습이었기 때문에 초등학교 다닐 때의 나는 다른 아이들을 도무지 이해하지 못했다.

"도대체 게네들은 왜 아버지가 있는 거야? 어머니 한 분만 계시면 다 되잖아! 참 이상도 하네. 어째 아버지가 있어야 되는 거지? 그냥 어머니가 아버지고, 아버지가 어머니면 되는 거고, 그러니까 한 분이면 되는데 왜 두 분이 다 있어야 되는 걸까?"

이해할 수 없는 수수께끼였다. 초등학생 시절 내내. 그렇다고 어머니가 특별히 엄하셨다는 기억은 나지 않는다. 지금까지도 의문의 꼬리에 꼬리가 이어진다. 왜 그랬을까 당연한 것인데. 당연하지 않는 것이 당연했던 내가 도대체 이해가 안 간다. 다 크도록 지금의 나에 이르기까지.

어머니의 말씀이나 행동도 이해가 안 가는 것들이 수없이(?) 많았다.

"너의 태몽을 아주 근사하게 꾸었단다. 깊은 산속 큰 연못이 있었는데, 연못 한가운데 커다란 연꽃과 신선이 있었단다. 연꽃은 진흙탕에서 피는 꽃인데 그 연못의 물은 아주 맑았단다. 출생하는 날의 꿈은 하늘에서 소금과 고추가 한없이 쏟아져 내리고 있었고, 수많은 사람들과 함께 그것을 김장하

며 잘 저리고 있는 부엌 옹달샘 우물 맑은 물에 금쌍가락지가 반짝반짝 빛
나고 있었단다."

　1991년 2월 22일, 현리 작은예수회 마을에 오자마자 어머니는 "아! 바로
이곳이야! 공동체 앞 커다란 전나무 옆에(지금은 없어짐) 신선 같은 노인이
앉아 계셨고, 235미터 밑 지하의 강과 같은 큰 연못(현 기쁜우리샘물터) 맑
은 물 한가운데 아주 커다란 연꽃이 탐스럽게 활짝 피어 있었단다. 내가 절
에 다녔을 때인데, 옛날 옛적에 부처님이 그렇게 큰 연꽃을 밟고 세상에 태
어났단다. 그 아이는 왕이나 대통령이 될 아이이란다. 소금과 고추, 수많은
사람들, 옹달샘 같은 우물 한가운데 쌍가락지는 '이 아이는 수많은 군사를
거느릴 장군 혹은 주교가 되는 꿈'이란다. 그런데 아! 이렇게 큰 지하의 강
과 같은 샘물이 흐르다니 이건 인류를 구원하는 성수가, 생명수가 흐르고
있는 거야. 군종신부 시절 비룡성당을 지을 때에도 커다란 웅덩이 물이 가
득 있는 것을 보고, 성산동성당을 지을 때도 큰물이 고여 있는 모습을 보고
박 신부는 역시 언제나 커다란 맑은 물이 항상 따라 다니고 많은 고통받는
사람들이 몰려들어 늘 항상 함께 살아가고 있는 이 모습은 넌 반드시 한국
의 초대 교황이 될 거야. 반드시 말이야."

　이렇게 말씀하시는 어머님이 난 너무 싫었고 창피했다.

　"어머니! 제발 제가 손발이 다 닳도록 이렇게 싹싹 빌 터이니 제발 그 엉
뚱한 말씀 좀 그만하세요. 제가 정말 미치겠습니다. 제발 좀! 제발 어머니!
아무리 세월이 흘러, 흘러 또 흘러도 교황은커녕 주교도 되지 않았잖습니
까."

　"뭐라고? 안 들어주었다고? 들어주셨잖아. 지금 박성구가 고통받는 장

애인들과 이렇게 살아가고 있는 이 모습은 분명 교황이나 이렇게 할 수 있는 일을 박 신부가 하고 있는 거야."

난 이 말에 두손 두발 다 들 수밖에 없었다. 아니 어떻게 이런 말씀을 1초도 안 걸리고 해버리시다니. 어떻게 이런 생각을 하실 수 있을까! 그리고 단번에 이런 표현을 호쾌하고 아주 당당하게 하셨다.

어머니는 내가 틀림없이 대통령이 될 것이라고 믿으셨기에, 이른 새벽 빨래터 맨 위쪽의 맑은 시냇물이 시작되는 곳에서 내 빨래를 따로 하실 정도로 챙기셨다.

"이 아이는 틀림없이 김구 같은 훌륭한 나라의 지도자가 될 거야. 암 되고 말고. 형의 이름은 내가 '성철'이라고 성(星)자를 고집했지만 우리 집은 다 종자 돌림이라고 우기시는 큰아버지의 고집을 꺾지 못해서 결국 '종남'이라고 짓고 말았단다. 하지만 우리 '성구(星九)'만큼은 절대 물러설 수가 없었기에 큰아버지의 고집을 꺾고 '성구(星九)'라고 지었단다. 종구가 되지 않고 성구가 되었단다. 너를 안고 다니면 동네 아주머니들이 '어머, 얘는 어쩜 이렇게 탐스럽게 생겼냐. 참 탐스럽게 잘생겼어. 얜 영락없는 대통령감이야! 아주 대통령감이라니까'라고들 했단다."

"…?!"

"김구 선생님은 외자라서 훌륭하셨지만 뜻을 이루시지 못하셨다 여겨지기에 별 성(星)자를 하나 더 넣었단다. 너는 반드시 김구 선생처럼 빛나는 인물이 되어라! 성(星)자가 하나 더 들어감으로 아홉에서 열을 채우니 완전 숫자가 되는 것 아니겠느냐. 너는 현리의 큰 별, 태양이 되어서 온 세상을, 온 천하 만민을 찬란히 비추는 사람이 꼭 되어라. 사랑하는 내 아들아."

어머님과 나는 어머니 뱃속에서부터 치열한(?) 전쟁 끝에 세상에 나왔다. 그래서 그런지 우리는 성격이 맞지를 않았고, 툭 하면 잘 다투면서 지냈다. 그런데도 그건 그거고 어머니는 사주쟁이와 한약방 한의사 얘기를 철석같이 믿고 계셨다.

"이 아이를 이 세상에 태어나게 한 것은 천번 만번 잘한 것이오. 아주 큰일 날 뻔하셨소. 이 아이가 장차 크게 효도하게 될 것이니, 군사를 아주 크게 거느릴 대단한 인물이 될 것이오. 그러나 평생을 당신과 아들과의 관계는 외롭게 지내게 될 것이오."

이 말을 가슴 깊이 지니며 하느님이 주신 아주, 아주 소중한, 이 세상에서 하나밖에 없는 소중한 아들로 키우셨다. 어머니는 매주 목요일마다 빠지지 않고 40년을 하루같이 미리내 김대건 안드레아 신부님 계신 곳으로 미사를 드리러 다니셨고, 겟세마네 동산에 오르시어 성모님께 기도하셨다.

"우리 아들 꼭 김대건 안드레아 신부님의 영을 가득히 받게 해주셔요. 성모님."

그래서 그곳에다 내가 은퇴하면 살라고 사제관을 사놓으셨으나 일이 많아서 현리 작은예수회 마을을 떠날 수 없는 나의 처지를 아시고 그 사제관을 팔아서 작은예수회 마을 맨 위쪽에 위치한, 어머니께서 그토록 좋아하시던 샘물공장 바로 뒤 경치 좋은 터전에, 1997년쯤 경당을 지으셨다.

1985년 10월 하순경, 나는 첫발을 디디며 "아! 이곳이 하느님의 품이로구나" 하며 탄성을, 어머니는 박 신부와 하느님이 늘 새롭게 독대하라는 그 경당에서 "성구야, 저것 봐! 저 가운데 봉은 성부봉, 오른쪽 봉은 성자봉, 왼쪽 봉은 성령봉이야! 저것 봐라! 성혈이 흐르고 있잖아, 성혈이. 저 뒤를 보거

라. 앞으로 수많은 성지순례 차량 행렬이 줄을 이을 것이로구나! 병풍처럼 드리워진 이 아름다운 산세. 아 이 화려한 끝 간 데 모르고 펼쳐진 이 황홀한 절경을 이루는 생명의 영의 꽃들로 옆 산들을 가득 채우고 있구나. 저 하늘을 보아라! 하늘에 온통 성령의 불바다로 가득 끝 간 데 모르고 흐르고 있구나."

영원한 불꽃놀이

예수님의 부모는 그를 보고 무척 놀랐다. 예수님 어머니가 "애야, 우리에게
왜 이렇게 하였느냐? 네 아버지와 내가 너를 애타게 찾았단다" 하자
그가 부모에게 말하였다. "왜 저를 찾으셨습니까?
저는 제 아버지의 집에 있어야 하는 줄을 모르셨습니까?"
그러나 그들은 예수님이 한 말을 알아듣지 못하였다.(루가 2, 48-50)

중학교 합격자 발표날이었다. 신학교 들어가면 모자의 연을 끊겠다던 어머
니도 내심은 신부되기를 바랐기에 같이 합격자 발표를 보러갔다. 헌데 이
어쩐 일인가. 합격자 명단에 내가 없지 않은가. 두번 세번 보다가 드디어 내
이름을 발견했다. 수험번호가 19번이었는데 18번도 20번도 떨어졌지 않았
는가.

"엄마, 나 붙었어. 18번도 떨어지고 20번도 떨어졌네요. 그래서 19번이 잘
안 보였어. 봐! 19번은 붙었어! 붙었다니까!"

"내가 저 어린 아이를 소신학교에 보내고 얼마나 가슴이 아팠는지. 신학
교에 처음 들어가던 날 나와 멀어져가는 아이가 너무 쓸쓸해 보이고 얼마나
안타까워 보였는지. 눈에서 닭똥 같은 눈물이 막 쏟아지는데 내 가슴은 미
어지고…."

"어머니! 전 그러지 않았어요. 어머니께는 죄송하지만 별로 그렇게 가슴

아픈 기억이 없어요. 미안해요. 어머니에게는 특별히 애틋한 감정이 없었답니다. 어머니!"

그렇다. 나는 불효자인 것이다. 어머니가 말씀하시는 대로 어머니에 대한 진한 사랑의 여운이 항상 내 가슴을 압도해야 했었다. 하지만 신학교 학생으로 늘 내 가슴을 사로잡은 것은 어머니에 대한 그리움이 아닌 나보다 한 살 위였던 주인집 딸이 늘 내 가슴을 설레게 했다. 그녀의 예쁜 모습이 늘 내 가슴을 가득 채웠으며 신부가 되겠다는 생각 따로, 세상적으로 결혼하고 싶은 생각 따로였다. 정서적으로 외로웠던 나의 모든 구석구석을 가득 채웠다. 그 당시엔 어머니는 안 계셔도 괜찮았으나, 그녀는 이유 없이 꼭 있어줘야 내 존재가 그냥 화려해지듯 소중해 보였다.

그 후 대신학교 다닐 때는 미팅에서 만난 어떤 아가씨가 그랬다. 일주일에 한 번씩 외출하는 날에는 그녀를 만나는 기쁨으로 살았다. 어쩌다 그녀를 만나지 못하는 날에는 하늘이 노랗고 앞이 캄캄해져 죽을 것만 같았다.

그런데 어느 날 약속시간에 늦게 나간 나를 보고 펑펑 우는 것이 아닌가? 아니 세상에! 나를 그토록 사랑해 여자가 울다니. 그 눈물은 나를 무척이나 행복하게 했다. 아니 세상에, 나 때문에 우는 여자가 다 있다니.

대신학교 고학년 때의 일이다. 이제 조금 있으면 신부가 되는데, 내 마음 속에는 진정한 어머니가 아닌 엄한 아버지 같은 어머니가 자리 잡고 있었다. 그녀는 자기가 없으면 절대 안 된다는 말을 입에 달고 다녔기 때문에 그 얘기가 참 듣기 싫었다. 그래서 무슨 얘기를 하든 정겹고 따뜻한 얘기로 들리지 않았다. 딱딱하기 짝이 없던, 그런 아버지 같은 어머니의 말씀만 듣고 신부가 되었다. 신부가 되어서도 한참 세월이 흐른 뒤에야 어머니의 사랑을 느낄 수 있었다.

나는 신학교에 들어가서도 라틴어 공부 때문에 몹시 고전을 했다. 중학교 1학년에서 2학년으로 올라가는 과정에서 바로 윗반 45명의 학생 중 열다섯 명이 낙제를 하는 바람에 같이 들어간 나는 그 낙제생 대열에 끼지 않으려고 죽을힘을 다하여 공부를 했다. 이 세상에 나를 특별히 사랑해주시는 어머니는 없지, 웬 아저씨 같은 사람이 나를 사랑한다고는 하시는데 특별한 사랑은 전혀 느껴지지 않았지. 신학교 생활 12년, 매 학년 올라갈 때마다 성적은 꼴찌 수준이지. 좋아서 공부하는 게 아니라 떨어지지 않기 위해서 끊임없이 공부와 사투를 벌여 겨우겨우 학년을 올라가는 '위기일발 낙제생 면하기 공부'가 내 인생 공부의 전부였던 것이다.

그러나 내게는 어려서부터 꼭 쟁취해야 될 일등이 있었다. 그것은 기도 생활에 관한 부분이었다. 하지만 사람들은 순수하지가 않았다. 왜? 공부도 물론 잘해야 하고 기도도 일등으로 잘해야 된다고 생각했으니까. 공부를 먼저 잘해야겠다고 생각은 했지만 맨날 꼴찌 수준이었으니까 항상 하느님께 불만이었고, 어머니에게 불만이었다.

"아니 왜 내가 이토록 열심히 공부하는데 1등은 고사하고 맨날 꼴찌란 말이야? 하느님 이거 너무 하시잖아요. 정말 이러시면 안 되시잖아요."

고등학교에서 대학교 올라갈 때의 일이었다.

"하느님! 정말 당신은 의리라고는 찾아볼 수 없는 분이십니다. 당신께서 틀림없이 저를 신학교에서 쫓아내실 모양이신데 저를 내쫓으신다 해도 저는 당신께 의리란 무엇인지 확실히 보여드리기 위해 세계에서 제일 엄격하다는 '트라피스트 수도회'에 들어갈 것입니다. 거기서도 또 쫓아내신다면 장가가는 것도 포기하고 일생을 혼자 살겠습니다."

라틴어, 영어 때문에 12년을 고생하다 보니 고등학교에서 대학교 들어가는 과정에서 나는 스승 신부님께 만리장성의 글을 써야 했다.

"신부님! 저의 영어성적을 한 번만 눈감아 주시고 점수를 올려주신다면 그 은혜 평생 잊지 않겠습니다. 어떻게 해서든 대학교는 꼭 가게 해주십시오. 저 좀 살려주셔요. 이렇게 무릎 꿇고 빌고 또 빌으니 한 번만 살려주셔요. 그 은혜 평생 잊지 않겠습니다."

그렇게 편지를 보내드렸더니 고마우시게도 나를 유급을 안 시키고 낙제만 겨우 면케 하셔서 꼴찌 수준으로 졸업을 하게 되었다.

초등학교 때 나에게도 과외공부만 제때로 시켰어도 이러질 않았을 터인데 다른 것 아무리 잘해 주셨어도 이런 이유로 어머니는 나에게 인정을 받으실 수가 없었던 것이다. 어머니 뱃속에서부터의 전쟁은 영원한 전쟁 그 자체였던 것이다.

나에게 있어서의 기도 생활은 언제나 2등 자리에 있었다. 첫째로 하느님의 첫째 자리 축복은 공부를 잘하는 것이었고, 기도는 2등 자리였는데 나는 기도에서 만큼은 절대적으로 남에게 져서는 안 된다고 생각했고 항상 1등이었다고 믿는다. 왜? 나만큼 기도를 소중히 생각하는 사람은 아무도 없었다고, 내가 나를 믿을 수밖에 없는 모습으로 어려서부터 기도를 지금까지 하고 있다고 믿기 때문이다. 공부를 못해서 좌절하고 슬프고 기분 나쁘고 한 것을 나는 언제나 기도로, 내 모든 열정을 다 쏟아 기도하는 것으로 달랬다. 그래서 나는 중학교 1학년 때부터 대학교 6년까지의 12년의 과정을 통하여 성인이라는 즉 '쌍뚜스'라는 별명을 항상 놓치지 않았다.

고등학교 2학년 방학 때였다. 당시 나는 가회동본당 신학생이었는데, 성당에 들어가 조용조용히 기도하다 도대체가 분심이 들어 하느님께 집중이 되질 않아 성당이 떠나가라고 고함을 지르며 기도를 했다.

"하느님 나는 당신을 사랑합니다. 하느님 나의 이 기도를 들어주셔서 온전한 당신의 사람으로 축복해 주십시오. 당신께 나를 온전히 바칩니다" 하고 소리소리 질러 기도하니 정말 시원했다. 이렇게 통쾌하고 가슴이 탁 트인 기도는 처음이었다. 그때가 1966년 여름방학 때였을 것이다. 조금 있으니 성당 아저씨가 닭똥 같은 눈물을 뚝뚝 흘리시며 "요셉 신학생! 본당 신부님이 오래. 어서 빨리 가 봐. 화가 잔뜩 나 계셔!" 해서 김철규 본당 신부님께 갔더니 신부님께서 위아래로 나를 쳐다보시더니 호통을 치셨다.

"이놈의 자식, 어디서 그렇게 소리를 질러! 그따위로 고함 질러 기도하면 되는 거야? 이 미친놈의 자식아!"

나는 벌벌 떨며 손이 발이 되도록 싹싹 빌며 "한 번만 봐주셔요! 다음부터는 절대로 그런 일이 없겠습니요!" 해서 겨우 방학생활 증명서를 그럭저럭 받아 신학교에서 쫓겨나지 않게 되었다.

대학교 1학년 때의 일이다. 아침마다 30분씩 묵상시간이 있었는데 나는 이 시간이 너무도 좋았다. 깊은 침묵 속에 내가 그분 것으로 온전히 바치니 온몸에 대낮같이 그분의 생명의 빛이 가득해지며 희열이 넘쳐흐르게 되고 온몸에 열정을 감당해 내지 못하다 보니 몸이 막 흔들리며 "오 하느님 당신을 진심으로 사랑합니다. 전 정말 당신 꺼예요. 당신 꺼라니까요. 오, 내 사랑 하느님, 영으로 살을 섞으시는 당신, 애무하시는 당신, 입 맞추시는 당신, 오 하느님 사랑하는…." 나는 황홀경에 그냥 빠져버리는 그 묵상시간이 그렇게도 좋았다. 그런데 한 달쯤 지났을까? 친구들이 나를 보면 피해 달아난다. 그래서 도대체 왜 피할까 싶어서 따라가도 못 본체했다. 자기들끼리 수군덕거리는 소리를 들어보니 아연실색할 수밖에 없었다.

"성구 저 녀석, 확실히 미쳤지? 그치? 쟤 미쳤어! 아주 단단히 미쳤어" 하는 것이 아닌가! 아이쿠 큰일 나겠다 싶어서 다시는 그렇게 묵상하지 않았다.

1973년, 군대 갔다 와서 대학교 3학년 때의 일이다. 이승우 성령봉사팀이 와서 성령 세미나를 했다. 나는 성령 세미나를 잘 받았다. 누구보다 심령기도도 잘 터져 나왔다. 그런데 아홉 가지 은사 중에 한 가지만 청하란다. 나는 공연히 불쾌해졌다. 아니 예수를 사는 은혜를 받아야지 무슨 은사를 한 가지만 청하란 말인가? 그렇다고 여기서 굳이 따지면 아무것도 안 되겠지? 그래 아무거나 한 가지만 얘기하고 나 혼자 아홉 가지 은사, 아홉 가지 열매를 다 청하도록 해야겠다고 생각했다.

"믿음의 은사를 청합니다" 하고 봉사자에게 말하고 나는 심령기도를 큰 소리로 바치며 "주님! 나는 당신이 되고 싶습니다. 당신은 아홉 가지 은사, 아홉 가지 열매 자체이시니 아홉 가지 은사, 아홉 가지 열매를 다 주십시오" 하고 기도했다. 그분은 실제로 예수를 온전히 사는 은혜를 성령으로 다 주셨다고, 그때부터 지금까지 나는 사람들에게 은혜는 예수를 온전히 사는 성령 충만함으로 받으라고 가르친다.

그 뒤 친구들이 하는 성령기도회에 두 번 참석한 뒤 차원석이라는 친구로부터 "야! 박성구! 왜 너는 기도 소리가 그렇게 크니? 네가 너무 소리가 크니까 기도회가 되질 않잖아! 넌 다음부터 기도회에 나오지 마! 알았어?

나오지 말라고!" 해서 다시는 그 기도회에 나가지 못했다.

참 이래저래 속상하기만 하다. 난 어째 공부도 못하는 데다 그나마 기도는 내가 참 잘하고 있는데 이런 기도하는 일마저 다 사람들을 불편하게 한다니 우짜꼬! 하느님 날더러 어떻게 살라는 말입니까?

외롭고 고달프고 버림받은 나를 따뜻하게 마음적으로 안아준 사람은 중고등학교 때 짝사랑했던 팔판동 주인집 딸이었고, 대학교 다닐 때는 메디칼 국립의료원 간호학과 학생이었다. 현실적으로 이들과 결혼할 수 없었던 것은 첫째가 하느님과 나와, 나와 하느님과의 한 번 약속은 영원한 약속인 남아일언 중천금의 기도 속의 약속 때문이었고, 두 번째는 공부를 못해서 결혼한다면 굶어죽기 딱 좋은데 결혼은 왜 하노?였다.

1993년 작은예수상 축복식. 자료사진

생을 사랑하는 사람들

"예수님의 십자가 곁에는 그분의 어머니와 이모, 클로파스의 아내 마리아와 마리아 막달레나가 서 있었다. 예수님께서는 당신의 어머니와 그 곁에 선 사랑하시는 제자를 보시고 어머니에게 말씀하셨다.
'여인이여, 이 사람이 어머니의 아들입니다.'
이어서 그 제자에게 '이 분이 네 어머니시다.'하고 말씀하셨다.
그때부터 그 제자가 그분을 자기 집에 모셨다."(요한 19, 25-27)

예수님께서 일생을 살아가시는 가운데 표현하시는 모든 성모 마리아님에 대한 표현은 '여인이시여!'이셨다. 왜 그 수많은 어머니에 대한 표현을 놔두시고 '여인이시여!'라는 표현을 쓰셨을까? 성모님은 어머니이시기 전에 예수님과 영적인 관계를 이루심에 로마서 5장의 표현대로라면, 예수님이 아담이시라면 성모님은 하와로서의 관계를 일생 유지하신 분이다.

어떠한 경우에도 어머니로 표현되지 않으시고 여인으로 표현되셨음에도 언제나 모자관계를 못 이룰 아무런 이유가 없으신 그분! 퉁명스런 대답하신 뒤에는 결국 뜻을 같이하시는, 그래서 결국 십자가 밑에서 그 시신을 받아 안으시는 '피에타의 성모님'으로서 사랑의 극치를 이루시는, 눈부시도록 아름다운 순애보의 성모님과 예수님의 사랑은 눈물겨운 진한 감동의 세기적 사랑에 영적인 남녀관계를 이룸이 먼저요, 결국에 가서는 요한에게 이 여인을 네 어머니로 성모님에게 요한을 아들로 삼으라는 말씀은, 어엿한 신과

31

인간과의 관계 유지를 정확히 표현하고 계신 것이다.

예수님은 분명히 창세기에 사람들을 아내들로 삼으신 하느님으로서의 표현을 과감히 하셨다. 그리고 성모님으로서의 특별한 자기주장을 철저히 버리시게 하심으로써 신이 사랑할 수밖에 없는 최고의 여인으로 그녀의 배를 통하여 세상에 나오셨으며 그녀의 품안을 통하여 인류의 품안에 안기시며 영원한 생명의 하느님 사랑에 영원토록 인류 한가운데 이루어지고 있음을 그대로 아름답고 황홀하고 찬란하고 눈부신 모습으로 드러내셨다.

나에게 있어서의 성모님은 이정자 아녜스님이셨다. 그녀는 나에게 특별한 어머니로서의 애틋한 애정의 관계는 없으시다. 성경 속의 예수님에게도 거의 찾아볼 수 없으시듯 나에게도 찾아볼 수가 없다. 그러나 예수님에게도 결정적인 순간에는 언제나 성모님이 함께하셨듯이 내가 결정적인 사제적 삶의 위기 속에서는 언제나 '피에타의 성모님'처럼 어머니께서 나의 총알받이가 되시며 나를 보호하셨다. 예수님이 성모님을 인류의 사랑으로 살게 하셨듯이 나에게도 나를 인류의 사랑으로 살게 하려니까 어머니도 당연히 인류의 사랑으로 살 수밖에 없도록 하느님의 그렇게 살도록 하신 것이다.

성모님이 예수님의 어머니이시기 전에 신과 인간의 관계가 먼저이셔야 되기에 영적인 하와이실 수밖에 없으셨듯이 나의 어머니도 어머니이시기 전에 영적인 하와의 관계로 살게 하실 수밖에 없으셨다고 나는 증언하고 있는 것이다.

어머니와 나는 영적으로 인류를 다양하게 사랑할 수밖에 없는 신이 사명을 준 영적인 연인의 한계를 먼저 이루는 것이 중요했다. 그리고 그것은 워낙 광범위해서 개별적으로는 아주 재미없는(?) 사랑같이 느껴졌다. 무미건

조했고 썰렁했다. 그런데 그것이 그렇지 않았던 것이 어머니의 마지막 죽음의 단계인 22개월 동안의 병상생활 시기였다. 2005년 5월 27일부터 2007년 3월 27일까지의 어머니의 병상생활은 나와 어머니와의 하느님 사랑의 절정기였다.

나는 일생 동안 어머니와 맨날 싸웠다는 미안함과 죄송함 때문에, 평소 깔끔하기 짝이 없는 어머니가 꼼짝 못하시며 수발만 받으셔야 되는 그 모습이 너무도 안타깝고 고통스러워 보이셔서, 22개월 동안 하루도 안 빠지고 불가항력적인 날 외에는 빠짐없이 봉성체를 해드렸다. 주의 기도, 성모송, 영광송을 예수님 나이대로 서른세 번 해드렸다. 심령기도, 영가, 작은예수 되게 하소서, 예수사랑 성령성전 건립기도, 아멘 영가를 꼭 함께 기도하고 열창했으며, 매일 어머니의 손을 올려드리며 만세 열창을 했다. 예수님 만세! 우리 가정 만세! 작은예수회 만세! 5천만 만세! 7천5백만 만세! 70억 만세!, 은하계를 이루는 무수한 별들 만세! 성령님 만세! 주 하느님 만세! 주 하느님 만세! 주 하느님 만세! 만만세!

그날로부터 어머니는 세상 떠날 때까지 한 번도 일어나시지 못했다. 분주하게 활동적으로 일하시며 기도하시던 어머니의 성품으로는 도저히 이런 모습이 용서가 안 되는 상황이 벌어진 것이다. 어머니는 결코 좌절하실 수 없는 어머니이시기 때문에 나로 하여금 매일 봉성체를 시켜 드리게 하셨으며, 매일 만세 열창을 시켜 드리도록 하느님께서 하게 하셨다. 세상에 어느 누가 병상에서 22개월 동안 만세 열창을 할 수 있었을까. 그렇게 하도록 손을 들게 하는 아들은 누가 또 있었을까? 돌아가시는 마지막 날 아침에는 가족들이 보는 앞에서, 운명하시는 오후 1시 35분에는 수녀님들이 보는 앞에서 열심히 만세 열창을 하시고 돌아가셨다.

어머니와 아들이기 전에 진하게 사랑하는 영적인 연인관계로, 친구관계로, 새 아담과 새 하와의 관계로, 하느님이 인간들 속에서, 인간들이 하느님 속에서 서로가 분별이 되지 않는 것이다.

그런데 이런 어머니와의 사랑이 꽃피워지기까지 절대 소중했고, 없었더라면 큰일 날 사람이 팔판동 주인집 한 살 위인 예쁜 딸에 대한 짝사랑이었다. 방학이 되어 집에 가면 언제나 마루에 나와 밤하늘의 반짝이는 별을 보며 그 집 어머니와, 때로는 나의 어머니와 도란도란 얘기를 하고 있는 모습을 보면, 그냥 가슴이 두근두근 얼굴이 빨개지며 예쁜 그녀를 한번 제대로 볼 수만 있어도 얼마나 좋을까 하며 가슴 벅차 했다. 나의 중고등학교 시절은 그녀가 아니었다면 참 큰일 날 뻔했다. 하느님을 아무리 열심히 기도해 뜨겁게 만날 수 있었다 할지라도 그녀의 예쁜 모습이 나는 가슴 설레게 하는 것이 반드시 배경으로 깔려 있었기 때문에 그런 것이라고 말할 수밖에 없는, 그런 신선한 분위기의 살아있는 예쁜 아가씨! 그러나 부끄러워 말도 한 번도 붙여보지 못한 아가씨! 내가 접근할 수 없는 그 집은 부자고 우리는 가난하고, 하지만 꼭 그것만은 아닌 감히 넘볼 수 없는 그런 아가씨였다! 그리고 나는 신학생이지 않은가. 아! 어찌 얄궂은 운명이란 말인가! 왜 내가 신부되겠다고 먼저 약속을 했단 말인가. 그 약속만 안 했어도 한 번 만나 사랑 얘기도 꺼내볼 수 있으련만! 그래 맞아! 남아일언 중천금이야. 하느님! 괴롭습니다. 그러나 전 당신께 바쳐진 몸입니다! 절대 배반이란 건 있을 수 없습니다!

그래도 만나서 사랑 고백을 해보고 싶었지만 결국 주눅이 들어서 하질 못했다. 내가 대학교 다닐 때 군대를 갔다 온 신학교 3학년 때 자연스레 딱 한 번 만나게 되었을 때 용기를 내어서 "사실 나는 당신을 무척 사랑했습니다. 짝사랑했습니다!" 하니까 그녀는 얼굴이 새빨개지며 나를 바라보며 얘기를 했다. "그러면 진작 말씀 좀 하시지 그랬어요" 하며 정이 담긴 말을 하는 그녀를 보며 '아 이런 등신 봤나! 조금 일찍 말했어도 괜찮았었는데.' 둘이는 하하 호호 웃으며 서로를 바라보았다. 그 뒤로 지금까지 만난 일은 없으나 그 사람은 내 가슴에 딱히 없어도 충분히 살 수 있을 뿐만 아니라 사는데 아무 지장을 주지는 않지만 있어서 살아있는, 그래서 고맙고 감사한, 그래서 더욱 모든 사람에게 새로운 그리움과 반가움과 신선한 충격으로 다가갈 수 있기에 나는 그녀를 지금도 계속 사랑한다.

간호학과 학생 예쁜 아가씨! 그녀는 사색적이고 정적이고 조용한, 순수한, 진실한, 성실하기 짝이 없는 순애보적인 사랑의 소유자였다. 언제나 진실과 성실이 넘치는 그녀는 특별히 나무랄 데 없는 정감이 넘쳐흐르는 아가씨로서 어떤 경우에도 함부로 대할 수 없는 고상함의 품위를 가진, 그래서 내가 글씨를 못 쓰는 것이 참 사람들 앞에 한 부끄러움으로 갖고 있다면 그녀는 글씨를 멋지고 맛깔스럽게 잘 써 내려가는 사람이었기에 그런 그녀가 나를 사랑해주는 것이 여간 자랑스러운 일이 아닐 수 없었다.

내가 세상에 태어나서 나 때문에 자신의 사랑을 몰라주는 것이 슬퍼서 눈물 흘리는 그녀의 모습은 너무나도 아름다웠다. 약속시간에 내가 늦었다고 그래서 야속하다고 눈물을 쏟는 그녀의 눈물은 내 가슴에 지금도 나도 사랑받는 한 소중한 존재가 되는구나. 하고 신에게 감사하는 은총의 뜨거운 눈물이 되어 지금도 흐르고 있는 것이다.

99퍼센트는 그녀와 결혼하고픈 마음이었지만 1퍼센트의 하느님과의 약속이 평생 불행할 수밖에 없는 신과의 약속 위반이 비극의, 비운의 박성구가 될 것 같아서 신부가 되지 않을 수 없었다. 1976년 12월 8일 명동성당에서 사제서품을 받던 날, 하늘에서는 하얀 눈이 펑펑 내리던 그날, 첫 사제로서 주는 안수를 그녀가 무릎을 꿇고 성당 밖 대중들 한가운데서 청하고 있었다. 아무도 눈치를 느끼지 못하게 정감 있는 안수를 오래 주는 가운데 나는 그녀의 흘러내리는 눈물을 보았다. 그 눈물도 나를 진심으로 소중한 사람으로 생각하는, 한 소중한 사제로의 일생을 살라는 신선하고 풋풋한 신의 은총의 눈물이 되어 지금까지도 흐르고 있다.

군종신부 생활을 하고 있을 때였다. 어느 날 재색이 겸비된 우아한 아가씨가 비룡성당을 방문하였다. 그녀는 나에게 호감을 가지고 있었고, 나도 그녀에게 호감을 가지게 되었다. 그런데 그녀가 나에게 청혼하는 것이 아닌가. 내가 신부 옷을 벗고 같이 살겠다면 이 세상 끝까지 도망가서라도 살자고 하는 것이 아닌가.

나는 그러면 안 된다, 이건 아닌 거야, 정말 이건 아닌 거야 하면서도 그녀의 아름다운 모습에 정신을 차릴 수가 없었다. 나는 단호하게 아주 영원히 한 결심을 하느님께 드리며, "하느님! 나는 저 아가씨가 미치도록 좋아 죽겠습니다. 고상하고 우아하고 아름다운 모습에 흔들리는 마음 어쩔 길이 없군요. 그렇지만 나는 하느님의 사제입니다. 나는 이 길을 반드시 갈 것입니다! 남아일언 중천금입니다."

하느님께 전적으로 매달렸다. 그 여자가 나를 포기할 수밖에 없도록 6개월 동안 계속 걸려오는 전화를 딱 끊어버리고 기도했다. "죽어도 안 만나겠으니 오 하느님! 살려주세요. 저는 사나이 대장부로서 하느님과의 약속을 꼭 지키겠습니다."

6개월이 지난 어느 날, 비룡성당에서 성산동성당으로 옮긴 뒤 어느 날, 명동 한복판에서 길을 걸어가다 그녀와 마주치게 되었다. 헉! 그녀를 보는 순간 가슴이 철렁했으니 '어쩜 좋지!' 하면서 기운이 쭉 빠졌다. 나는 그녀를 보는 반가움에 그녀를 이겨낼 자신이 없었기 때문이었다. 햐! 그런데 이게 웬일이란 말인가. 차 한 잔을 마주 앉아 마시며 그녀가 하는 말이 너무 놀라웠다. 그녀는 6개월 동안 길거리를 헤매며 나를 못 만나게 된 슬픔에 한없이 울고 또 울며 지내던 어느 날 하느님께서 '야! 너 젊은 사제를, 그것도 내가 아주 귀하게 뽑은 사제를 네가 왜 건드리니? 건드리지 마! 제발…' 하시더라는 것이다. 그래서 아무리 사랑하지만 그녀가 나를 붙들고 있으면 하느님께서 큰 벌을 내리실 것이라는 생각에 "이제는 신부님을 건드리지 못하게 되었으니 안심하셔요. 훌륭한 사제 되기를 열심히 기도하고 앞으로는 안 만나겠습니다"라고 하는 것이었다.

참으로 하느님은 놀라우신 분이시었다. 정말 진국으로 하느님께 기도하면 이렇게도 훌륭하게 사제의 길을 지켜주시는구나. 감사하는 마음이 내 온몸과 마음을 빛으로 가득 채웠다.

허나 그 뒤로 세월의 흐름대로 하느님은 그녀를 자연스럽게 만나게 해주셨는데 그녀는 인간적으로 하기 싫은 결혼을 다른 사람과 했고 그래서 불행한 결혼생활을 하고 있으나 영적으로는 고통 속에서도 아주 훌륭한 모습으로 아름다운 성숙한 신앙인의 모습으로 살고 있었다.

내가 고등학교 때 하느님께서 영상으로 보여주신 모습이 KBS나 MBC나

지금의 KBS2에서 기타를 치며 대중들 앞에서 열심히 노래하는 가수 신부의 모습이었다. 많은 대중들을 노래 속에서 하느님을 만나게 하는 그런 가수 신부로서 말이다.

그런데 성산동본당에 음악을 아주 좋아하는 예쁜 아가씨가 있었다. 나는 그 아가씨와 자연스럽게 기타 학원을 젊은 신부로서 다녔다. 그런데 나는 공동으로 공부하는 데에는 소질이 아주 없었다. 공동공부 공포증이랄까? 내가 중학교 때부터 대학교 12년 공부 과정이 꼴찌 수준이었다고 얘기했듯이 역시 나는 기타를 배우는 데에 다른 사람들을 따라갈 수가 없어서 학원에 다닌 지 한 달 만에 포기를 했다. 그런데 왜 이런 글까지 쓰냐구 독자는 물을 것이다. 아니, 써야 될 이유가 딱히 있는데 음악을 하는 그 아가씨도 나를 몹시 사랑했고, 나 또한 그 아가씨를 몹시 사랑했다는 이야기를 하고 싶어서다.

그 아가씨는 오르간을 먼저 배우고 기타를 배워서인지 기타를 역시 잘 치게 되었고, 연주하는 그 모습이 나에게는 너무나도 아름다웠고 사랑스러웠다. 그녀가 결혼한 뒤 만날 일이 있었는데 작은예수회 마을에서 불러만 준다면 언제라도 가겠습니다라는 약속을 받아놨지만 연락은 두절되었다. 내 마음속의 그녀는 아름다운 선율로, 예쁜 눈으로 나를 바라보며 아직도 연주하고 있는 것이다. 영으로 하나 된 모습으로 하느님을 감사 찬양드리며 사랑하며….

버림받은 사람들

"제 목숨을 얻으려는 사람은 목숨을 잃고,
나 때문에 제 목숨을 잃는 사람은
목숨을 얻을 것이다."(마태오 10, 39)

하느님! 대단한 일은 저의 일이 아니고요. 소박하고 쉬운 일, 그러나 너무 많아서 하기 싫어하는 허드렛일을 잘하는 1등 신부로서 살겠습니다. 죽어서 하늘나라에 가본 결과 1등이 아니라 2등이면 '하느님! 왜 거짓말을 하십니까? 저를 도로 세상에 내려 보내주십시오. 꼭 1등을 하고 하늘나라로 다시 돌아오겠습니다.' 절 신부로 만들어 주신 하느님이 너무 고마우셨고, 내가 돌대가리 신부가 된 것은 참으로 황홀한 출세였다.

사제가 되기까지 12년 동안 예수님께서 박성구 신부를 공부로 죽여 놓으시고 신부를 만들어 주시니 이 이상의 출세가 없다. 그분께 지상 최대의 사랑을 고백하는 일은 천지창조 이래에도 그 이후에도 존재할 수 없는 최고의 마당쇠, 돌쇠 신부가 되는 일이었다. 머리 좋은 신부로서는 문을 닫아 걸으셨으니 거기는 다시는 쳐다보지 말고 마당쇠, 돌쇠 신부로 할 수 있는 일을 하자. 이 튼튼한 신체가 부숴져라 뛰는 거다! 그래! 이 분야에서만큼은 나보다 더 잘 뛰고, 더 잘 날고, 그냥 무한 능력으로 초고속으로 사는 사람은 아무도 없을 수밖에 없는 그런 삶을 살자고 결심했다.

1976년 12월 8일, 사제서품을 받고 천호동본당 보좌신부 발령이 났다. 환영식은 아주 조촐했다. 본당 신부님은 교구청에 가서 없으셨고 어느 여자 사목위원이 장미꽃 한 송이를 달랑 내 손에 쥐어 주며 축하를 해주었다. 나는 속으로 '아니! 뭐 이런 경우가 다 있담?' 하고 심기가 불편했지만 한편 생각하니 '아니야! 의미가 있어! 내가 뭐 장미꽃 두 송이냐! 한 송이지.' 외롭고 초라해 보이는 환영식이 마당쇠, 돌쇠 신부로서 왠지 모르게, 이보다 더 화려한 주님께서 기쁘시게 박수쳐주시는 축복의 환영식은 없는 일이다라고 감사했다.

많은 사람들이 열렬히 환영해주셨더라면, 하느님은 안 보이시고 사람들만 보이는 것이기에, 시작부터 단추가 잘못 꿰어지는 것이라 생각했기 때문이었다. 언제든지 하느님만 보이면 사람들이 잘 보이는데, 사람들만 잘 보이면 하느님은 늘 가물가물하게 보이는 때가 많기 때문이다. 다른 사람들은 몰라도 나는 그렇다. 그래서 늘 하느님만 온전하게 잘 보이셔야 모든 사람들이 샅샅이 다 잘 보이기에 사제 생활을 온전하게 대중들과 자연스럽게 만날 수 있어서 참 좋다.

1976년 12월에서 1977년 4월까지의 천호동 첫 보좌신부로서의 일은 본당 신부님께서 연탄가스 중독으로 누우셨기에 사실상 첫 본당 신부 같은 보좌신부로서의 최단기간 생활이었다.

제일 먼저 내가 챙겨드려야 할 일은 환자 방문이라서 참으로 열심히 환자들을 찾아다니며 위로와 격려를 드리니 환자들은 퍽이나 좋아했다. 사목위원들 회합도 열심히 가졌는데, 첫 사목 회합 때 사목위원님들이 술을 잔뜩잔뜩 주셔서 거절하는 일 없이 맛있게 꿀꺽 마시고 하는 가운데 모두가 기쁨에 가득 찬 마음으로 회합을 화기애애하게 끝났다. 애송이 젊은 신부지만 사목위원들이 그래도 신부이기에 제일 먼저 사제관으로 모시려 하셨지만 '저는 괜찮습니다! 신부는 맨 나중에 가는 게 더 신부다우니 제일 끝에 여러분을 다 모신 다음에 가겠습니다!' 하여 모든 사목위원들을 다 보내고 제일 나중에 사제관으로 들어왔다.

그 당시 사제관 1층은 주임신부님의 방이었고, 2층은 보좌신부의 방이었다. 사제관 문턱까지 분명히 잘 들어온 기억이 그때까지는 있었으나, 1층을 거쳐 2층까지 올라와서는 금방 쿨쿨쿨 잠에 빠져들어 그 짧은 동안의 기억이 없었던 것이다. 아침에 일어나 보니 이불도 잘 덮고 잤으며 윗도리 아랫도리 가지런히 한 켠에 잘 정돈되어 있었다. 아니 이게 웬일인가! 내가 분명히 1층을 거쳐 2층으로 올라왔는데 '이거 큰일 났는데! 주방 아주머니가 틀림없이 술에 취한 나를 끌고 올라온 것이 틀림없잖은가!' 나는 부랴부랴 1층으로 내려갔다.

"주방 아주머니. 제가 어젯밤에 너무 실수가 많아서 죄송해요. 용서해주세요."

"아니, 뭘 용서해 드려야 되는데요? 어제 2층으로 올라갈 때 자세 하나도 흐트러지지 않고 아주 똑바로 걸어 올라가시던데요."

"그래요, 내가 정말 그렇게 똑바로 올라갔단 말이죠?"

"아니 그럼 내가 왜 없는 얘기를 해요. 참 신부님도! 아주 기분 좋게 똑바로 걸어 올라가셨어요."

"그랬어요? 정말요? 정말 다행이네요. 감사합니다."

나는 '휴우!' 안도의 한숨을 내쉬며 하느님께 깊이 감사했다. 이건 틀림없이 하느님이 애송이 신부를 사랑스러워하시며 잘 보호해 주신 것이 틀림없는 일이었기에 진심으로 하느님께 감사기도를 올렸다. 첫 단추를 잘 꿰어야 하는데 정말로 잘 꿰었기 때문이기도 했다.

본당에 주일학교가 있는데 초등학생들이 350명가량 되지만 주일학교 교사는 4명뿐이었다! 그런데 이 4명의 교사들이 350명이나 되는 학생들을 가르치기에는 정말 무리라고 생각되는데 교사를 늘일 마음은 전혀 가지고 있지 않았다. 그래서 나는 이집 저집을 다니며 맛있는 음식 사줘 가며 주머니가 빈털터리가 되도록 매번 지극정성(?)으로 교사들을 대접했지만 언제나 4명으로 불충분하다는 것이었다.

이렇게 하다 보면 아무것도 될 것 같지 않아 어느 주일 아침 9시, 11시 미사가 끝나갈 무렵 공지사항으로 '사랑하는 여러분! 우리들에게는 많은 젊은 교사들이 필요합니다! 젊은이 여러분! 미사가 끝나고 그냥 가시지 마시고 지하실 모임실로 모이십시오!'라고 했다. 아무리 공지를 했어도 그냥 집으로 돌아가면 그만이다 싶었는데 지하 모임실로 가니 꽤 많은 젊은이들이 모여 있었다. 그들을 한군데로 불러 놓고 '사랑하는 젊은 여러분! 본당 모든 주일학교 학생들을 위하여 여러분의 손길이 필요합니다! 기쁜 마음으로 손을 드시어 그들을 위하여 헌신하는 아름다운 젊은이들이 되시기 바랍니다!' 하여 뽑힌 사람들이 23명이나 되었다. 4명에서 23명으로 불어나게 해서 2년 동안 주일학교 교사회를 구성하며 하늘 영광 떨치게 되었던 것이다.

한 달에 두 번씩 한 주일 건너서 본당 신부님과 하일동공소(현 수원교구 신장본당)를 방문하며 미사를 드렸다. 그런데 본당 신부님이 공소회장님을 내게 소개해주며 "이분이 공소회장이시다! 앞으로 이 회장님과 함께 공소 문제를 같이 풀어가며 운영하면 된다"고 하셨다. 한데, 무슨 이런 몰상식한 일이 있단 말인가? 공소회장은 "신부님! 제게 그렇게 공소 일 맡기시면 아예 공소엘 나오지 않을 테니까 마음대로 하세요" 하고 화를(?) 잔뜩 내며 퉁명스럽게 내뱉는 것이 아닌가. 참 무식하고 예의 없는 공소회장이었다. 본당 신부님은 나에게 "그냥 군종신부로 갈 때까지 미사나 드리다 가셔" 하고 애써 태연해 하시며 말씀을 끝내셨다.

나는 한 달에 두 번씩 성실하게 공소를 방문하며 성심성의껏 미사를 드렸다. 매번 미사 끝에 사람들을 불러 모아 "사랑하는 형제자매 여러분! 여러분 중에 공소를 위해 헌신하실 회장님이 꼭 나오셔야 됩니다" 하고 외치면 어떤 사람은 소 팔러 가야 되고, 어떤 사람은 장사를 하러 다녀야 하고, 어떤 사람은 농사를 지어야 한다는 이유를 좍 들어가며 공소회장을 못한다는 얘기로 끝을 맺었다!

그러기를 여러 차례 계속 하다 보니 '이 사람들 참 고약한 사람들이다! 아니 이럴 수가 있는 일인가?' 젊은 애송이 신부라고 깔봐도 참 너무 한다는 생각이 들었다. 그러나 여기서 기가 죽어서는 절대 안 되고 '꼭 공소회장을 만들고 말 테야!' 하며 신념을 불태웠다.

여러 차례 계속되는 실패에도 불구하고 드디어 어느 주일날 내가 공소 신자 전체를 가정방문하던 중에 만난 유일한 남자 신자 한 사람이 주일 미사에 나왔기에 "형제님! 미사 끝에 모임이 있는데 거기에 꼭 참여하세요" 하니까 "네, 참여하겠습니다" 하며 참석을 하였다.

나는 다시 "사랑하는 형제자매 여러분! 여러분 중에 꼭 오늘은 공소회장님이 나오셔야겠습니다" 하며 회의를 시작했는데 역시나 소 팔러 가야 되고, 장사하러 다녀야 하고, 농사일을 해야 한다는 이유를 들어 회의를 무산시키려고 했다. 게다가 젊은 신부의 기를 팍팍 죽여 신부를 두손 두발 다 들게 하였다. '좋은 말할 때 우리들 말 잘 들어! 너 그렇게 잘난 체 해도 우리가 도와주지 않으면 혼자서 고생만 할 줄 알아!' 하는 식으로 회의가 끝나가고 있는데 얼떨결에 따라온 냉담 신자가 어리둥절한 모습으로 나를 쳐다보고 있는 것이 아닌가!

떠들던(?) 사람들이 나의 시선을 따라 모두가 동시에 눈길이 그 사람을 바라보게 되었다! 나는 입을 열었다! "저분은 냉담자입니다. 오늘 모처럼 나오셨는데 바로 여러분들의 공소회장으로 임명합니다! 자! 여러분! 새로운 공소회장님에게 힘찬 박수를 부탁드립니다!" 말이 떨어지기가 무섭게 여기저기에서 우레와 같은 박수가 터져 나왔다! "짝짝짝짝짝짝짝짝짝짝…"

희한하게도 공소회장을 뽑은 신부에게 덩달아 박수치는 이상한 사람들이었다! 젊은 신부를 애완견으로 끌고 다니던 회장 후보자들이 영문도 모르고 회장직 추대된 신자에게 박수를 보내는 모습은 참 묘한 광경이었다. 그러나 어색하지 않고 따뜻했다. 나는 다시 회중(會衆)을 향해 힘차게 말했다. "자, 오늘부터 저분이 공소회장입니다. 다시 힘찬 박수 부탁드립니다!" 일제히 회중은 다시 힘차게 박수를 친다. "짝짝짝짝짝…"

그분은 그 뒤 놀라우리만큼 공소회장직 일을 열심히 하셨다. 그런데 공소가 너무 지저분했고 시설도 형편이 없었다. 몇 년 동안 모아놓은 헌금이 그냥 남아돌고 있었다. "신자 여러분! 돈이란 건 그냥 쓸데없이 꿍쳐두기만 하면 안 됩니다! 필요한 데는 꼭 쓰셔야 또 생기기 마련입니다! 저 돈을 좀 쓰도록 합시다" 하고 외쳐도 "글쎄 뭐 신부 말이 맞긴 하지만 그래도 안 돼! 저 신부는 이제 곧 군종신부로 가버리고 나면 우린 '닭 쫓던 개 지붕 쳐다보는 꼴'이 되잖겠나. 그러니까 안 돼. 암, 안 되고말고." 아무리 내가 몇 주간에 걸쳐 설득해도 신자들은 필요하다는 건 알지만 아무도 나서서 책임지려 하지 않았다.

어느 주일날, 아주 날씨가 따뜻하고 화사한 어느 봄날이었다. 주일날 하일동공소에 꼭 모시고 가고 싶었던 천호동본당에서 제일 착해 보이고 돈이 있어 보이는 세 명의 사목위원님들에게 내가 제안을 했다. "세 분 사목위원님들. 날씨도 아주 좋은데 오늘 하일동공소에 놀러 가시지 않겠습니까" 하고 말을 건넸더니 세 분이 동시에 "그러시죠. 오늘은 날씨도 좋고 한데 한번 놀러가는 셈 치고 후딱 갔다 오십시다요" 하는 것이 아닌가.

나는 세 분을 모시고 하일동공소를 가서 주일미사를 거룩하게 지냈다. 그리고 미사 끝에 늘 모이는 공소회장님 댁에서의 만찬에 사목위원 세 분을 모시고 갔다. 여느 때처럼 맛있는 식사와 술을 드는 가운데 "여러분, 저를 주목해 주십시오" 하고 내가 말했다. 왁자지껄 흥겨운 분위기에 집중이 잘 안 되어서 내가 다시 힘찬 목소리로 "자, 여러분. 주목해 주십시오. 여기 본당에서 온 귀한 세 분의 사목위원님들을 소개해드립니다"라고 말하자 세 분 사목위원님들이 어리둥절해 하며 서로를 쳐다본다. 아니 공소에 우리더러 놀러 가자고 해놓고 뭔 소리를 하려고 그러는가 싶어 나를 의아하게 바라보았다. "자! 여러분. 공소회장님을 비롯하여 여러분들이 하도 열심히 공소를 일으키고자 애쓰고 있는 모습에 감동을 받아 일부러 이렇게 세 분이 나도 뭐 좀 협조할 일이 없겠나? 해서 제가 이렇게 세 분을 모시고 왔습니다. 자!
세 분 일어나십시오. 박수! 짝짝짝짝짝짝짝…."

나는 어리둥절! 빙글빙글! 어질어질해 하는 사목위원들 한 사람 한 사람
을 소개하며 말했다.

"자! 이분은 제대와 의자를 기증하시겠답니다"

"짝짝짝짝짝."

"여기 이분은 공소건물 전체에 페인트를 기증하시겠답니다!"

"짝짝짝짝짝."

"여기 이분은 마당 보도블럭을 기증하시겠답니다!"

"짝짝짝짝짝."

세 분 사목위원들은 젊은 신부한테 사기당한(?)격이 되었으나, 마냥 벙
글벙글 오히려 하느님께 감사하며 협력을 아끼지 않았다. 공소에서는 수년
동안 모아 놓았던 봉헌금을, 자신들이 모아 놓았던 돈을, 꿍쳐 놓았던 돈을
다 내놓고 헌금도 배로 더 냈다. 공소회장은 있는 돈 다 내놓고 공소를 새롭
게 리모델링해서 마냥 행복해 했다.

나는 그 모습을 바라보며 1977년 4월 중순, 군종신부 훈련을 받으러 광주
보병학교로 출발하였다.

구성(九星) 장군의 폼생폼사 이야기

"주님은 나의 힘, 나의 군셈 나에게 구원이 되어주셨다."(탈출 15, 2)

나의 군대 생활은 두 번이나 있었다. 첫 번째, 1970년 1월부터 1973년 1월까지의 군대 생활이 논산에서 있었다. 나의 병사 생활은 시작부터 제대까지 평탄했다. 그런데 세상이 절대 알아주지 않을 나 혼자만의 큰 이변이 있었다. 아니 이럴 수도 있는 건가? 이등병에서 일등병으로 진급할 때 진급시험이 있었다. 나는 내가 아무리 봐도 1등이 될 만한 성적은 아니었다. 그런데 내가 어떻게 1등으로 진급 자격증이 주어졌는지 모르겠다. 아마도 성적과 상관없이 등수를 그냥 합격한 순서대로 하다 보니까 첫 번째로 자격증을 받아 내가 1등을 한 것이 아닌가 짐작되었다. 그래도 굳이 그것을 밝혀 보고 싶지는 않다. 어찌 됐든 당시 1등은 그만큼 나에게 생애 큰 확신을 주는 아주 고마운 선물이었다. 얼마나 꼴등이 지겨웠으면, 그게 표창장 받은 것도 아니고 성적순도 아닌 데도 내가 1등을 한 것이 자랑스러웠다.

　물자가 턱없이 모자라던 시절, 군에 부정이 많던 시절 병사들이 먹어야 할 수십 인분 밥통들이 수시로 사라지곤 했다. 술래잡기 식으로 밥통들이 인쥐들에 의해 도난을 당했다. 나라고 도난을 안 당하겠는가? 도난당하면 다시 잽싸게 도둑질을 해와 채워놓아야 한다. 겨울에 내복들을 빨아 빨랫줄에 걸어놓고 동기들과 이야기하다 보면 웬 녀석이 내복을 도둑질해 갔다! 신학생의 양심에 다르면 나는 맨날 고문관이 되고 내무반원들에게 왕따당하고 전체가 기합을 받고 집단 구타를 당해야 한다.

추운 겨울에 조개탄을 1통만 잃어버려도 내무반원 전체가 꽁꽁 얼음 잠을 자야 된다. 그러므로 어느 놈이 그걸 잽싸게 훔쳐 가면 잽싸게 다시 훔쳐 와야 한다. 땔감을 비축해 놓아야 겨울나기가 쉬워진다. 그래서 추운 겨울날 야밤에 러닝셔츠 팬티 바람으로 옆 막사에 비축해 놓은 땔감을 도둑질하러 다니곤 했다. 신학생의 양심으로는 도무지 할 수 없는 일인데 그것을 안 하면 군대생활을 할 수가 없고, 고문관이 되어야 한다.

어머님 뱃속에서부터 타고난 쌈꾼이라 그런지, 지고는 못 배기는 성질이라서 나는 잘 훔치고 뺏기고 찾아오고 검열관이 딴 데를 보는 동안 잽싸게 저리 돌리고 민첩하게 일을 잘해냈다. 죄를 짓고 안 짓고는 생각할 겨를이 없었다. 나 혼자의 문제가 아니라 공동체의 문제였기 때문이었다. 나 혼자만 생각하면 공동체에 막대한 불이익(?)을 가져오기 때문이었다.

그래도 내가 제일 자랑스러웠던 것은 수용연대 심사대에 있었지만 철저하게 뇌물을 안 받았을 뿐 아니라 혹시 나도 모르게 들어온 뇌물이라도 철저하게 돌려 주었다는 것이다.

다만 악질적인 것이 있다면 후임들에게 동물적 본능으로 기합을 많이 주었다는 점이다. 전혀 없는 것 같았지만 내게도 그러한 본능이 잠재되어 있었다는 사실을 알고 화들짝 놀라곤 했다. '아 나도 경우에 따라서는 참으로

악한 동물이 되겠구나' 하는 생각이 들었다. 그래도 그 정도면 1등 병사 생활이었잖아! 어휴 지겨운 꼴찌야!

두 번째 군대 생활의 시작은 1977년 4월 중순, 광주 보병학교에서의 군종장교 16주 훈련이었다. 군종장교 후보생들 수십 명이 54킬로미터 완전군장 행군을 시작하였다.

푹푹 찌는 더위와 온몸으로 느껴지는 완전군장의 무게가 나를 짓눌렀다. 주르르 흘러내리는 땀방울과 먼지로 범벅이 된 채 M1소총을 들고 철모까지 눌러쓰고서 무등산을 걷는다. 그래도 하느님께서 주신 신체가 남달리 튼튼한 나는 열심히 선두대열을 유지하며 걸어가고 있었다.

그런데 어쩐지 한쪽 군화발이 약간 뒤뚱뒤뚱거리는 것이 직감적으로 뭔가 잘못되고 있다는 생각이 들었다. 좀 불편했지만 누가 알아주는 것도, 상금을 주는 것도 아니지만 죽을힘을 다해 걸어서 기어이 1등을 했다. 좌우지간 1등을 한 것이다. 1등을. 행군을 마치고 점검해 보니 한쪽 군화 뒤축이 완전히 빠져 달아나고 없었다. 그런데도 그놈의 1등이 환장할 정도로 좋은 것이었기에 아무 문제가 되지 않았던 것이다.

그 뒤 나는 그 군화를 신고 모든 유격훈련을 다 받아야 했으므로 죽을 고생을 다 했다. 쓸데없는(?) 1등을 포기하고 군화 뒤축이 안 빠지도록 했으면 유격훈련을 그래도 참 편하고 쉽게 받았을 텐데도 "박성구! 너는 참 괜찮은 놈이고 쓸 만한 놈이야!" 하고 외칠 수 있는 게 자랑스러웠다.

1977년 8월, 드디어 제25사단 비룡부대로 중위 계급장을 달고 군종장교 신부로 근무를 하게 되었다. 나는 원래 어려서부터 진실하고 성실한 사람이었다. 그래도 단순하게 살기를 노력했다. 영적으로 사는 최선의 기준은 순수함으로 솔직하게 사는 것이었다.

그래서 매년 영명축일 때마다 사람들이 축하를 해주면 나는 모든 사람들에게 "여러분! 참으로 고맙습니다. 감사합니다. 내가 여러분에게 말씀드린다면, 첫째는 하느님 앞에 늘 진실되게 살기로 최선을 다할 것이고, 둘째는 여러분에게 최선을 다해 살 것이고, 셋째는 나 자신을 꾸미지 않는, 그 진실의 심장을 화살로 쏘아 영원히 통과하는 사나이로 살겠습니다"라고 힘주어 말하곤 했다. 그것은 매년 영명축일날 나의 존재 전부를 선물로 드리는 보답이었다.

나는 이 마음, 이 진실, 이 최선을 다하는 군종신부 생활을 해나갔다. 열심히 교리를 가르쳐서 신자들을 만들고, 병사들에게는 위문품을 전달하는 등등. 그들이 3년 동안의 군대생활을 잘 마치고 제대를 한 후에도 훌륭한 신앙인이 되게 하는 일에 최선을 다했다.

그런데 이게 어찌된 일인가! 내가 군종신부 생활 첫해에 무려 교통사고가 다섯 번이나 난 것이다. 내가 직접 교통사고를 낸 것은 아니고 운전병이 사고를 많이 냈다. 위문품 전달하러 가다가, 영세선물을 사러 가다가 등등. 이러한 이유로 나는 사단장에게 완전히 찍혀서 군종신부단의 미운오리새끼 신부 취급을 받아 절망적인 사제 생활을 해야 했다.

자살하고 싶은 심정이었지만 자살도 용기 있는 사람이나 하는 거지 나 같은 친구는 겁이 나서 할 수가 없었다. 비겁하게 살긴 싫어도 죽지 못하고…. 그냥 굶어 죽어야겠는데 식성이 좋아서 쓰레기통에서 아무 거라도 주워 먹을 인간이지 그냥 굶어 죽는 것 자체가 겁이 나서 안 죽은 인간이다. 사람들이 보지 못해서 그렇지, 참 비겁하고 지저분한 인간이다.

실제로 담배를 많이 피울 때 하루 세 갑씩을 피웠고, 어쩌다 담배가 떨어졌을 때는 쓰레기통에서 담배꽁초를 찾아 피운 경력이 있는 남자다. 추접스럽고 보여주기 싫은 행동을 잘하는, 걸인들의 행동도 마다하지 않는 것이 사내답지 못한 박성구의 또 다른 모습이다.

그럼에도 나는 그것이 그렇게까지는 부끄럽지 않았다. 오히려 내 모습을 확인한 나는 그렇게 살아가는 노숙자들에게 친근감을 느끼게 되었다. 어쩔 수 없이 그렇게 살아갈 수밖에 없는 장애인, 행려인의 모습이 훨씬 더 자연스럽다. 드러날 것이 다 드러나 있기 때문에 이 세상 그 누구보다도 아름답게 빛나고 있다. 그래서 그들은 하느님만을 찾게 되는 것이다.

절망적인 군에서의 사제 생활이었지만 나는 반드시 살아야 했다. 이렇게 죽는다는 것은 말이 안 되는 것이다. 나는 꼭 살아야 했다. 그래서 하느님보다도 어쩌면 살아야 되는 내가 더 중요하기 때문에 나는 사제의 신원을 찾으려고 애썼다. 하느님께 잘 보이려고 애쓰는 것이 아니라 그저 사제 박성구답게 살아가는 것이 정말 중요했다.

그래서 병사들에게 외쳤다.

"야! 너희들 군대에서 제일 높은 사람의 별이 몇 개냐?"

"네 개입니다!"

"그럼 나는 성구(星九)인데 별이 몇 개냐?"

"아홉 개입니다!"

"그럼 너희들은 누구를 보고 있는 거냐?"

"예! 세상에서 제일 높으신 분을 뵙고 있습니다!"

"그래 맞다. 내가 세상에서 제일 높은 사람임을 자랑스럽게 생각하고 교

리를 배우 거라! 그리고 너희들 앞으로 내 앞에서 별 볼일 없다는 말은 일체
하지 말 거라! 알겠냐?"

"네!"

"알았지?"

"네!"

임진강변의 구성장군

"또 하늘나라는 바다에 던져 온갖 종류의 고기를 모아드린 그물과 같다.
그물이 가득 차 사람들이 그것을 물가로 끌어 올려놓고 앉아서 좋은 것들은
그릇에 담고 나쁜 것들은 밖으로 던져 버렸다.(마태오 13, 47-48)

구성(九星)장군은 물불을 안 가리고 신병들에게 영세를 주기 시작하였다.
사제가 영세를 많이 주는 것 외에 더 좋은 일이 어디 있겠는가. 그러나 군대
생활 3년 동안 제대로 신앙생활을 잘하게 할 수 있는 아무런 방도가 없었다.
비룡부대 신병교육은 8주 동안인데 내가 할당받은 시간은 매주 두 시간 정
도가 고작이었다.

"사랑하는 군인 여러분! 나는 실제로 여러분을 흡족하게 교리 공부시킬
시간을 전혀 갖고 있지 않습니다. 나는 지금 영세받은 여러분들이 3년 뒤에
제대로 신앙생활을 할 수 있기를 기대하면서 영세를 드릴 터이니 날마다 열
심히 하는 기도생활과 하느님을 진하게 개인적으로 잘 만나시며 생활하시
도록 하십시오."

믿음의 씨앗을 심어 놓으면 언젠가 잘 클 수도 있다. 좌우지간 자기 일생
에 걸쳐 언젠가는 그 믿음의 씨앗이 반드시 큰 결실을 맺을 것이라는 신념
으로 군인들에게 영세를 주었다.

개신교 목사님들과 세례받은 사람 숫자를 경쟁하는 일은 무척이나 재미있었다. 나는 그래도 8주 동안 매주 두 시간씩 교리 시간을 갖는 데 최선을 다했다면, 목사님들은 1회 내지 2회 설교 시간을 갖고 세례를 주었다.

나는 사과 한 개와 빵 한 개의 물질공세를 4-5회에 걸쳐 했다면 목사님들은 껌 한 통을 1-2회에 걸쳐 나누어 주었다. 누가 봐도 이 정도면 신부로서는 진국이었다. 그래서 목사님들보다 신부가 훨씬 인기가 높았고, 영세를 목사님들 다섯 분 못지않게 줄 수 있었다. 그런데 목사님들은 꼭 신부보다 세례자 숫자를 다섯 배 많이 불려 상부에 보고하곤 했다.

한번은 내가 영세를 준비시키던 예비자들이 한두 명밖에 나오질 않았기에 "어떻게 된 거냐 도대체?" 하고 물었더니 군종병이 "예! 지난주에 목사님이 와서 예비자들에게 성경책을 다 나누어 주더니 '성경책 받은 사람들은 다 나오시오' 하라고 해서 모두에게 세례를 주었습니다. 그래서 예비신자들이 몽땅 개신교 신자가 되어버리고 말았습니다"라고 하는 것이 아닌가. 나는 머리끝까지 화가 치솟아 "그 사람들은 가짜로 세례받았다고 고백할 수밖에 없으며, 내가 영세 준비시키고 있던 것이 참된 것이라고 믿는다면, 내가 양심적으로 영세를 새로 해줄 터이니 다시 다 나오라고 그래" 했더니 원래 영세 교리받던 사람들보다 더 많이 참석했다. 병사들은 "껌 한 통이 뭐냐. 그래도 매주 사과 한 개, 빵 한 개 정도는 나누어 주시는 신부가 진국이지" 하며 더 많이 나왔던 것이다. 믿음의 씨앗을 뿌려 놓고 보는 영세였기에, 나는 그들에게 그냥 영세를 주었다.

이렇게 해도 나는 4년 동안 전혀 양심의 가책을 받는 일이 없이 2천 명이나 영세를 주는 군종 사상 유래가 없는 많은 영세자를 낸 신부가 되었다. 주일날이나 휴일날, 부대 근처 음식점이나 다방에 들르면 면회를 오신 어머님과 대화를 나누다 벌떡 일어나 "충성! 어머님 저 신부님이 제게 빵이며 사과 그리고 주일날에는 라면을 끓여 주신 아주 사랑이 넘치는 신부님이십니다" 하면 어머님은 나를 바라보시면서 "우리 아들을 너무너무 사랑해주셔서 정말 감사합니다! 정말로" 하셨다.

주일날마다 성당에 나오게 되면 나는 한 번도 빠지지 않고 사제관에 군인들을 들어오게 해서 라면을 끓여 먹인 후 부대로 복귀시켰다. 군인들이 제대한 후에도 "신부님! 신부님의 사제관이 저의 진정한 고향입니다! 저는 사제관을 평생 잊지 못하겠습니다. 신부님을 사랑합니다" 하는 편지들을 보내왔다. 신부의 사제관이 그들의 고향이 될 만도 했던 것은 사실 4년 동안 가게 외상값이 넘쳐흘렀다. 제대할 당시에는 군종장교의 퇴직금을 받아서 가게 빚을 몽땅 갚고 나니 남은 돈은 단 한 푼도 없었다. 그래서 목사님들 다섯 분이 세례를 준 사실과 신부인 나 혼자 영세 준 사실은 실제로 내가 조금도 다섯 목사님들 못지않다고 믿고 있는데 목사님들 모두가 그런 것은 아닌데, 중위(中尉)인 나보다 상관인 소령 목사님은 세례자들 숫자를 항상 다섯 배로 불려서 군단에 보고를 했다. "그분들은 껌 한 통 놓고 축복기도를 30분 동안 길게 했으나 나는 사과 한 알, 빵 한 개를 놓고 아주 소박하게 1분 정도의 기도를 했다."

그분들은 온통 이곳 저곳을 돌아다니며 자기들이 군인들을 최고로 사랑하는 양 소문을 냈으나 나는 그러한 짓은 하지 않았다. 별로 자랑할 만큼 사랑을 나눈 것도 못 되는데….

그런데 오히려 소문이 보안대에 나쁘게 퍼졌다. 신부가 부대마다 돌아다니며 돈을 펑펑 쓰고 다닌다는 소문이 파다해지면서 교통사고를 다섯 번이나 낸 사실로 미루어 분명 이것은 반드시 큰 부정과 관계가 있을 것이라고 사단장이 보안대장을 시켜 조사를 하게 하였던 것이다.

결국 특별한 혐의가 발견되지 않자 최종적으로 군종병을 취조했다. 군종병이 "우리 신부님은요. 월급 나오기가 무섭게 매일 사과며 빵 보따리를 사들고 부대 방문하기 바쁘신 분입니다. 일요일이면 매번 한 번도 빠지지 않고 라면에, 밥에, 김치하며 식사를 꼭꼭 챙겨 먹여서 부대로 복귀시키는 일밖에 없습니다"라고 실토를 했다. 장교들을 중심으로 목회를 해오던 상관 목사님은 한동안 장교들에게 인기가 매우 높아 군종장교 중에 최고의 대접을 받았으나 나는 4년 동안의 군종신부 생활을 병사들을 위주로 하는 사목활동으로 채웠다.

장교들은 직업이고 병사들은 국방의 의무를 다하기 위해 온 것이며, 제대 후에는 진정으로 나라를 새롭게 짊어지고 나갈 젊은이들이었다. 나는 병사들에게 80퍼센트, 장교들에게는 20퍼센트 정도의 월급을 배당하여 언제나 월급이 제로가 되게 사목활동을 했다. 그래서 사단장이 보기에는 소령 목사님은 최고의 성직자였고 신부는 최하층의 성직자였다. 그랬으니까 보안대장을 시켜서 신부 뒷조사까지 시킨 것이 아니겠는가.

사단본부에 참모 식당과 위관 식당이 따로 있었는데 나는 꼭 중위 계급장을 달고 참모 식당을 사용했다. 대다수의 영관 장교들은 아무 말 안 하는데 오직 목사님과 연관된 영관 장교들은 나를 따로 불러 "이보시오! 신부! 당신은 보좌관이고 중위 신부 아니오! 그러면 위관 식당을 가야지요! 당연히!" 하면 나는 당당하게 말했다. "그렇소! 당신 말이 맞소! 그러나 내가 목사님 시중들라고 보좌관이 된 것은 아니잖소? 나는 엄연한 천주교 대표로 이 사단에 들어온 것 아닙니까? 맞잖소! 내가 천주교 대표로서 당당히 참모 식당에서 식사하는 것이 맞잖소!"

부대를 방문하다 보면 중령 대대장들이나 대령 연대장들이 계급장을 가지고 신부를 무시하기가 일쑤였다. "어이, 박 신부! 요즘 어떻게 지내는가? 잘 지내고 있는가?"라고 말하곤 했다. 그것은 신부를 무시하는 것이고 신부가 무시당하게 되면 천주교가 무시당하는 꼴밖에 안 되기 때문에 "그래, 나 잘 지낸다! 대대장 자네는 어떻게 지내는가? 요즘 잘살고 있는 건가?" 하고 당차게 맞받아쳤다. 이렇게 해놓아야 그 부대를 천주교 대표가 당당하게 드나들 수 있는 것이지 그 친구들 말에 주눅이 들어버리면 망신스러워서 부대 병사들을 제대로 영세시키지도 못하기 때문이었다

한번은 연대장 이·취임식이 끝난 후 사단의 인사참모 중령이 "어이! 박 신부! 내가 천주교 장교들을 관리하는 회장인데 나를 좀 그대 차로 모시지?" 하는 것이 아닌가! 그냥 시간을 지체하면 모여있던 중령, 대령 들이 금방 다 헤어져 버릴 것 같아 시간을 주지 않으며 "어이! 인사참모! 우리 천주교에는 당신 같은 막되 먹은 참모가 한 명도 없는데 왜 그러는 건가? 왜 내가 당신 같은 사람을 모셔야 되는 건데?" 하니 이 친구의 얼굴이 새빨간 홍당무가 되어서 내 손을 붙잡으며 "신부님! 신부님! 내가 언제 그렇게 말씀드렸습니까? 저는 그런 말씀 안 드렸습니다" 하고 꽁지가 빠지게 도망갔다. 자식! 자기가 안 그랬으면 왜 도망가!

한번은 부관참모에게 영세를 준 일이 있었다. 사람이 아주 좋은 분이셨는데 그 형님은 목사님이시고 부인은 천주교였고, 자신은 외인임을 자랑하

며 하느님을 믿는 것보다는 자신의 주먹을 믿고 살아가고 있는 것을 자랑
스럽게 생각하는 분이었다. 그런데 좌우지간 세상에서 낚시광들이 다 모인
다 하더라도 절대로 남에게 질 일이 없는 이분을 천주교 신자로 만들어야겠
다는 생각이 들었다. 해서 어느 날 낚시를 좋아하는 척 "형님! 오늘 동두천
에 나가 낚싯대나 하나 삽시다. 임진강에 나가 낚시나 한번 하시죠!" 했더니
몹시 좋아하며 "그럽시다! 한번 고기나 잡아보십시다요!" 하며 앞장을 서는
게 아닌가.

둘은 임진강변에서 신나게 고기를 잡았다. 그런데 이 어찌 된 일인가?
네 시간이 지나도 고기가 한 마리도 잡히질 않았다. 나는 그렇다 할지라도
낚시광인 부관참모가 한 마리도 못 잡다니. 날씨도 우중충하고 바람은 세게
불고…. 부관참모가 낙담하며 "이제 그만 돌아갑시다. 오늘은 아무래도 한
마리도 잡히지 않을 것 같소" 하니 신부가 하는 말 "그래도 오늘은 날씨도
그렇고 하니 어디 딱 한 번만 던져 보십시다!" 하고 낚싯대를 던졌더니 이게
웬일인가! 묵직하게 릴 낚싯대가 휘면서 웬 큰 물체가 끌려오는 것이었다.
줄이 끊어지지 않도록 힘차게 그러나 아주 조심스럽게 강변가로 끌어내는
데 성공을 하였다. 순간, 와! 하는 함성이 터졌다. 쏘가리 50센티미터짜리가
그대로 걸려 나온 것이다.

"와! 와! 와!"

둘은 환성을 지르며 좋아서 어쩔 줄 몰라 했다.

부관참모가 "이제 그만 돌아가시죠?" 하길래 신부가 "한 번만 더 던져 봅
시다! 우리 아버지가 왜 이렇게 집에 안 오시나! 걱정하면서 골목길까지 나
와 기다릴 수 있는 딸이 있는지 한 번만 더 던져보고 가십시다요. 딱 한 번

만 더…" 하며 릴 낚싯대를 반 농담, 반 호기심으로 임진강 가운데로 던졌다. 햐! 그런데 이 또한 웬일인가! 묵직한 한 놈이 또 걸려 나오는 것이 아닌가. 이리저리 낚싯대를 지 마음대로 휘저으며 겨우겨우 잡혀 끌려온 35센티미터짜리 쏘가리 딸년인 것이다.

"와! 와! 와! 와아…."

둘은 "대한독립만세! 대한독립만세! 만세!" 하며 깡충깡충 뛰면서 한참을 서로 얼싸안고 탄성을 질렀다. 참 이상도 하다. 낚시광은 한 마리도 못 잡고 초보자로 처음 낚싯대를 던진 자는 두 마리나 잡고. 그것도 아주 큰 놈들로 두 놈씩이나.

참모관사 사제관에 와서 매운탕을 아주 맛있게 끓여서 참모들에게 돌리고 나서 부관참모와 신부도 얼큰하게 술에 취하여갔다. 한 잔 드세그려! 두 잔! 석 잔! 넉 잔! 다섯 잔 드세그려. 잔뜩 몸을 가누지 못할 지경으로 술을 마셔가며…

"부관참모님! 참모님 얼굴에 천주교! 하고 쓰여 있는데, 영세받으시죠."

"뭐라고요? 영세라고요? 절 영세를 주신다면 평생 냉담할 텐데요? 햐! 신부님 농담도 참 잘하셔?"

"좋습니다! 영세를 줄 터이니 평생을 냉담하셔. 평생 성당을 안 나오셔도 좋으니 영세받으셔요."

"…."

신부는 영세를 안 받겠다는 부관참모에게 기어이 영세를 주었다. 그러나 나를 졸졸 따라다니며 "나 말고 누구를 영세 주신 답니까? 신부님을 이토록 좋아하고 따르는 나야말로 신부님께서 꼭 영세 주셔야 됩니다!" 하는 병기

대장은 제대할 때까지 친하게는 지냈지만 끝내 영세를 주지 않았다. 왜? 술친구로는 더 없이 좋았지만 그 사람은 내가 영세 주고 제대하면, 그 다음 사단장이 개신교면 개신교 신자가, 불교면 불교 신자가 될 확률이 아주 높은 사람이었기 때문이었다.

영세 주면 평생을 냉담하겠다던 부관참모는 그 다음주일서부터 지금까지 한 번도 거르지 않고 성당을 열심히! 열심히! 다니며 성숙한 신앙인이 되어 살고 있다.

"오 하느님! 저에게 볼 수 있는 영감을 주셔서 참으로 감사! 감사! 감사합니다! 참으로 감사한 눈물이 계속, 계속 신부의 엉터리 같고 가짜 같은 그 영세에…."

눈물이 강물이 되고 바다가 되어 흐른다.

비룡성전

빵 다섯 개와 물고기 두 마리를 손에 들고 하늘을 우러러 찬미를 드리신 다음
빵을 떼어 제자들에게 주시니 제자들이 그것을 군중에게 나누어 주었다.
사람들은 모두 배불리 먹었다.(마태오 14, 19-20)

여러분이 하느님의 성전이고 하느님의 영께서 여러분 안에 계시다는 사실을
여러분은 모르십니까? 여러분이 바로 하느님의 성전입니다.(고린 3, 16-17)

보안대장을 시켜 신부를 뒷조사해 보니 신부가 미운오리새끼가 아니라 너
무나도 귀한 존재로, 소중한 신부로 급상승하였다. 소령 목사님은 겉은 그
럴싸했지만 속은 별로이고 말은 풍성하지만 열매가 없는 허당의 목회자로
인식되어 오히려 소령 목사님이 미운오리새끼가 되었다.

신부도 정말 별 볼일 없었지만 사단장님은 병사들에게 온갖 헌신하는 것
을 자랑스러워했다. 그래서인지 "신부님! 제가 3개월 뒤 사단을 떠나 다른
곳으로 전근을 가게 되는데 신부님의 모습은 평생 잊지 않겠습니다. 신부님
께 꼭 인상적인 선물을 하나 해드리고 싶은데 어떤 선물이 좋겠습니까?" 하
고 물어왔다.

"나는 아무 선물도 필요 없습니다" 하였으나 속으로 생각했다.

'그래! 내가 뭐가 필요한가. 성당이나 하나 지어 달라고 그래야지. 밑져
야 본전인데 뭐.'

"사단장님! 현재 쓰지 않고 있는 PX 건물 그거 성당으로 쓰게 해주세요.

그리고 필요할 땐 장병들 교육시키는 강당으로 쓰고 하시면 1석2조이죠. 뭐, 어떻습니까? 개축해서 성당으로도 쓰고 교육관으로도 쓰면 좋지 않겠습니까?"

이 말을 들은 사단장님은 무릎을 탁! 치시면서 "역시! 신부님은 참 생각도 멋지셔! 좋습니다! 당장 성당으로 개축해서 쓰십시오"라고 흔쾌히 허락해주셨다. 그리고 모든 장병들에게 신부님이 이렇게 훌륭한 생각을 가지고 계시다고 자랑스러워했다. 소문이 사단 내 쫙 퍼지면서 나는 마지막 3개월 동안, 제대로 펴지 못하였던 어깨를 쫙 펴고 다니게 되었다. 반면에 목사님은 완전히 미운오리새끼로 전락하여 기가 팍 죽어서 돌아다녔다. 무엇이든지 보좌관인 신부 중심으로 일이 펼쳐지니까 거꾸로 참모인 목사님이 나를 통해 사단장님께 잘 좀 부탁해 달라는 식이 되고 말았다.

새로운 사단장님이 왔다! 나는 아무리 생각해도 PX를 개축해서 성전으로, 교육관으로 쓴다는 것은 현실성이 없고 수명도 길지 못하다는 진단을 내렸다. 그래서 실속을 챙기는 것이 더 중요하다는 생각에서 선의의 거짓말을 안 할 수가 없었다.

"사단장님! 전임 사단장님께서 PX 자리에 성당을 신축하라고 말씀하셨습니다. 성당을 짓게 해주십시오" 했더니 "예, 그럽시다! 당장 지으십시다. 우리 신부님은 역시 화끈해서 좋아요! 멋지게 지어봅시다!" 하셨다.

나는 갑자기 하늘이 무너져 내리는 것을 느꼈다. 왜냐구? 아니 그래도 그렇지! 내가 사단장님께 말씀드리면 사단장님은 그래요! 생각 좀 해보십시다 하고 시간을 갖자고 하시는 것이 보통의 일인데도 대뜸 당장 지으십시다 하셔서 좀 놀랐다. 돈 한 푼 없는 이 거지 신부보고 뭘 어쩌라는 것인지 나원 참!

그러나 사단장님은 잘못이 없으셨다! 신부의 입장에서 천주교가 새롭게 사단에 인식되어져야겠다는 생각으로 공연한 큰소리를 쳤고, 속도 모르는 사단장님께서는 천주교는 제일 돈이 많고 실속도 있다고 판단하셨을 것이다. 그것이 곧 신부를 위하고 사단을 위한 것이라고 생각하셨을 것이다.

평소에는 생각이 틀려서, 하느님 안에서는 방법론에서 항상 적군같이 투닥투닥 마음 팍팍 상해 가면서 지내오던 어머님께 따뜻한 위로를 받고 싶어졌다!

"어머님! 어떡하면 좋죠? 광야에 버려진 고아가 돼 버렸어요. 사단장님도 그렇지. 내가 그렇게 말하였을 때는 그래도 몇 개월의 말미를 주셔야지 곧바로 성당을 지으라면 돈 한 푼도 없는데 난 어떡하라고!"

평소에 어머님이 의견을 내시면 내가 막 밀어붙이며 반대한 것을 생각하면 절대 나에게 위로는커녕, 꼴좋다! 하고 염장을 지를 법도 한데 "아들아! 우리 아들이 어떤 아들인데! 뭘 그 정도 가지고 걱정을 해. 우리 신부는 반드시 해낼 수 있어! 파이팅! 파이팅!" 하시는 것이 아닌가.

역시 의견충돌이 많았던 어머님이셨기에 따뜻한 모성애를 느끼지는 못하고 살아왔지만 참으로 의리가 강하신 세계 최고의 어머니이셨다. 어머님이 정작 서운하실 때는 "아들아! 내가 널 위해 혀가 쇳덩이가 되도록 기도했는데 그걸 몰라주다니…" 하실 때는 늘 불효했다는 생각이 들어 정말 어머님께 죄송해서 어쩔 줄을 몰라 쩔쩔매었다. 하지만 어쩔 수 없었다. 어머니 방법대로 하다간 사목 활동에 큰 문제가 생기기 때문이었다. 나는 나! 어머니는 어머니!가 확실해야 되었기 때문이다.

전농동 이석충 원로 신부님에게 전화를 걸었다. 1980년 1월 마지막 주일이었다.

"신부님! 성당 짓도록 모금 좀 하게 해주셔요."

"성전건축 모금? 그런데 신부가 와 봐도 안 돼. 지난주에 성 나자로 마을 원장 이경재 신부(1998년 5월 선종)가 주일 모금을 왕창해 갔어. 너 와봤자 파리 날릴 일밖에 없어!"

"신부님! 제가 지금 그런 거 따질 때가 아닙니다! 찬밥! 더운 밥! 가릴 때가 아닙니다! 허락만 해주십시오"

사정사정을 했더니 신부님은 불쌍한 생각이 드셨던지 "그래 그러면 한번 와봐!" 하시는 것이 아닌가! 나는 하느님께 감사하며 토요일 서울로 올라갔다. 신부님께서 손님 신부를 모실 방이 없다 하시면서 여관에 가서 자고 성당에 와서 모금 강론을 하라고 하신다.

주일날 새벽 미사부터 드리며 강론을 하라고 하셨고, 사목위원들과도 식사 자리를 마련해주셨다. 사목위원님들은 "전방에서 얼마나 고생이 많으세요" 하면서 번갈아 소주잔을 건네시는데 술을 너무 많이 마셔버렸다. "우리 고생하시는 신부님. 그래 얼마나 힘드셔!" 하면서 자꾸자꾸 술을 권하는데 워낙 자신 있다 싶어 거절을 안 하다 보니 언제 여관으로 왔는지, 언제 잠을 잤는지도 모르게 뻗어버렸다.

새벽에 누군가가 문을 확 열어젖히는 것 같아 잠에서 깨어났다. 원 별 여관 주인도 다 있네. 손님을 이렇게 무시하며 문을 쾅! 하고 여는 주인이 어디 있나. 화가 버럭 날 수밖에 없었다. 아니 그런데 이게 웬일인가. 아무리 주변을 둘러보아도 문은 안 열려 있었고 여관 주인도 보이지를 않았다. 시계를 보니 6시 미사 20분 전이었다. 나는 후다닥 세수를 하고 1백 미터 달리기 선수처럼 전농동 성당을 향해 비틀거리며 달리고 또 달렸다! 죽을힘을 다하여! 겨우겨우 미사 시간을 맞추어 제단 위에 서서 미사를 드리며 초긴장 속에 강론을 했다.

강론을 못하면 큰일인데! 강론이 길 수밖에 없었고, 무엇을 어떻게 말했는지도 모르게 미사를 끝냈다. 무려 1시간 40분이나 길게 미사를 끝냈다. 이건 완전 망친 미사였다.

그런데 이게 웬일인가! 그날 저녁 미사 때까지 최고의 모금 강론은 새벽 6시 미사였으니 그날 모금액의 절반이 이 미사에서 나왔던 것이다. 내 생각하고는 다르게 모든 신자들이 나를 진실하게, 참 성실하고 훌륭한 신부로 믿고 건축헌금을 내준 것이었다. 그중에는 전날 나에게 술을 먹였던 사목위원들이 전부 나와 있었다. 걱정도 되고 또 이 신부가 정말로 미사를 못 드릴 터인데 미사를 드린다면 정말 제대로 된 훌륭한 신부다. 그러나 못 나온다면 인정될 수 없는 엉망진창 신부가 틀림없는 것이고…. 아니 그런데 그 고주망태의 신부가 미사를 드리다니. 무조건 최고의 신부로 하느님께 감사하며 사목위원들이 결정적으로 그날 모금의 절반을 새벽 미사에서 봉헌한 것이었다.

그날의 모금액은 2백만 원이 넘었다. 그 시절의 최고의 강론가이시자 그 본당 출신인 이경재 신부님께서 바로 전 주에 오셔서 160만 원을 모금해 갔는데 내가 2백만 원을 모금한 것은 그 본당이 생긴 이래 최고의 성과였다.

동창 모임이 신학교 선생님으로 있는 한 친구의 방에서 있었다. 내가 친구들에게 이 모금 이야기를 하니까 한 친구도 믿지 않았다.

"야! 니가 2백만 원을 모금해? 그건 말도 안 돼! 너 같은 친구는 20만 원 모금했으면 했지 넌 절대로 2백만 원을 모금할 수 있는 친구가 아니야! 글 쎄, 너 같은 친구는 절대 아니라니까!"

이렇게 말하는 친구들이 정말 놀라웠다. 그렇게 나에 대한 철저한 불신이 있었다는 것 자체가 정말 이해가 되질 않았다.

"야! 이 녀석들아! 나 정말 2백만 원 모금했다니까. 정말이야, 이 녀석들아! 정말이라니까!"라고 해도 피도 눈물도 없는 몰인정은 나에 대한 질투 때문이었다.

'저 자식이 왜 나보다 나아야 돼? 저 자식은 영원히 나보다, 우리보다 꼴 찌여야 되는데 왜 저 자식이 1등을 했어? 아냐. 그게 사실일지라도 우리가 억지로라도 무시를 해야 저 자식이 다시는 우리한테 까불질 않지. 저런 친구는 영원히 꼴찌로 만들어야 돼' 하는 친구들의 집단 왕따 앞에 나는 괜스레 말했구나 하는 후회가 막급했다.

그러나 '아니! 내가 그 최고의 강론가 이경재 신부님을 앞질렀다니! 그 본당 출신의 신부님보다도 더 앞질렀다니. 그 본당이 생긴 이래 최고의 모금 강론 신부가 되었다니' 하는 자부심과 긍지가 나를 압도했고 나도 하면 되는구나! 하는 폭발적인 열정으로 황홀경에 빠지게 했다.

이 본당, 저 본당 전화를 걸어 모금 강론을 할 수 있도록 부탁을 했고 모금 강론이 허락되는 곳마다 나는 왜 성당을 지어야 하는지 그 당위성에 대해 역설했다.

"사랑하는 여러분! 여러분의 아들들이 꼭 개신교에 얹혀서 미사를 드려야 됩니까? 천주교가 개신교에 인심 쓰는 자비로 보호되어야 합니까? 하느님께 개신교는 친자로 천주교는 서자로 여러분의 아들들이 취급되어져도 좋겠습니까?" 하는 것이 강론 요지였고, 가는 곳마다 나는 그 성당이 생긴 이래 최고의 모금 신부가 되었다!

나의 투박한 강론 솜씨보다는 진실과 성실함과 진국의 신부라는 이미지가 사람들마다의 가슴에 인상 깊게 새겨졌고 그래서 주머니에서 돈이 계속 빠져 나와 신부의 주머니로 계속 들어왔다.

PX 자리에 성당을 짓는 일은 개신교 목사에게나 불교 법사에게는 무척 배 아픈 일이었다. 그래서 개신교 목사님은 "신부님! 오랜 전통의 신암리 공소에다 성당을 지으면 참 좋을 텐데요! 열심한 신앙인들이 모여 있는 그곳에 새로 지으면 신자들도 신부님도 굉장히 좋을 텐데요!"라고 목사님이 그럴싸하게 제안해왔다. 그런데 그 공소는 변두리일 뿐만 아니라 좁은 공간이라서 누가 봐도 훤히 탁 트인 PX 자리가 정말 좋은 자리였다.

'야 이 목사야! 네가 언제 내가 잘되는 걸 좋아한 적이 있었더냐? 배 아파서 그러는 거지.'

다른 모든 사람의 진심은 믿었지만 난 이 목사님만큼은 제대할 때까지 그 마음을 믿어본 적이 한 번도 없었다. 불교법사는 법사대로 군대에서 최고 끗발이 좋은 보안대장을 통해 계속 시비를 걸어왔다.

"신부님! 신부님! 자리가 넓은데 성당과 법당을 같이 지으면 어떻겠습니까? 종교일치운동도 되고 사단으로 봐서도 넓은 공간을 천주교와 불교가 사이좋게 같이 공간을 활용하니 여간 좋아 보이지 않겠습니까?"

"아! 예, 그럼요! 그럼요! 우리 스테파노 추기경님께서도 아주 좋아하실 겁니다. 추기경님께서도 아마도 그렇게 하시라고 말씀하실 것입니다. 제가 한 번 추기경님께 말씀드려 보겠습니다" 하고 대답했으나 속으로는 "내가 미쳤냐? 어떻게 얻은 땅인데 한쪽은 성당, 한쪽은 불당이 같이 한 건물로 지어진다는 것은 말도 안 되는 일이고말고! 암! 말도 안 되지 안 돼" 하며 추기경님께는 여쭈어보지도 않았다.

겉으로는 이렇게 말하고 속으로 꿈쩍도 안 하는 이런 신부를 보안대장은 볼썽사납게 보았고, 부대 장교들에게 이상한 소문만 파다하게 내었다. "저 신부가 말이지 이 본당 저 본당 돌아다니며 부정한 방법으로 돈을 모으고 있다. 저 돈이 어떻게 모아지겠어?" 하며 어떻게 해서든지 성당을 못 짓게 하고, 법당과 같이 지어야 한다는 여론으로 몰고갔다.

나는 이런 보안대장의 기세를 꺾어야 했다. 그래서 전화를 걸어서 "보안대장님! 대장님 자택에서 술 한잔 대접 좀 해주시겠습니까? 대장님과 긴히 말씀도 드리고 회포도 풀고 싶은데요."

우리는 저녁에 술을 주거니 받거니 하면서 이말 저말 해가면서 본론적인 얘기로 들어갔다. 노골적인 얘기는 술에 취기가 들어가면서부터이다. "보안대장님! 뭐 신부에게 미운털이라도 박혔습니까? 왜 자꾸 나를 씹으십니까? 그래도 되는 겁니까?" 하면 "아! 신부님! 오해십니다. 그게 아니고…"로 응수하면서 법당을 꼭 같이 지어야 하는 이유를 길게 끌어갔다. 비싼 양주에 진수성찬에 비용을 많이 들인 만큼 본전은 절대로 손해 보지 않으려고, 얘기를 질질 끌고 다니며 훨씬 유리한 고지를 점령하고 있는 신부를 술로 쓰러뜨리려는 작전이었다.

하지만 나는 이미 오면서 "하느님, 제가 절대로 보안대장놈한테 지지 않게 하실 줄로 믿습니다! 신부인 제가 절대로 져서는 안 된다는 거 당신께서도 잘 아시지요?" 하고 기도를 했다. 그래서 그런지 보안대장은 점점 혀 꼬부라진 소리를 내면서 "신부님! 저! 화장실 좀 다녀오겠습니다" 하고 화장실 간 보안대장은 아무리 기다려도 돌아오지를 않았다.

기다리다 못해 나는 화장실로 가봤더니 화장실 앞에 누워있던 보안대장이 싹싹 빌면서 "신부님! 제가 졌습니다. 다시는 씹지 않겠습니다. 용서해 주세요" 하더니 다시 벌러덩 드러누워서 코를 드르렁드르렁 골기 시작했다. 나는 그 집을 나오며 "하느님! 감사합니다. 제가 저 놈을 술로 꺼꾸러뜨리게 해주셔서 감사합니다! 정말로 감사합니다!" 하고 기도를 했다.

다음날 완전 KO승을 확인할 필요가 있어 전화를 걸어 "보안대장님, 몸이 좀 어떠십니까? 괜찮으신지요?"라고 물어보았다.

"예! 아직 좀 그렇습니다만 제가 실례가 많았습니다! 죄송합니다."

"죄송하긴요, 뭘! 몸조리 잘하십시오" 하고 전화를 끊으며 나는 씩 웃었다. 군대에서는 술로써 이겼으면 그것으로 완전히 끝나는 것이었으니까 그 뒤로는 법당을 같이 짓자는 얘기는 완전히 사라져버렸다.

제25사단 군종장교 시절의 박성구 신부, 1981년 예편.

하느님의 성전

"여러분이 하느님의 성전이고 하느님의 영께서 여러분 안에 계시다는 사실을
여러분은 모릅니까? 누구든지 하느님의 성전을 파괴하면 하느님께서도
그 자를 파멸시키실 것입니다. 하느님의 성전은 거룩하기 때문입니다.
여러분이 바로 하느님의 성전입니다"(1고린 3, 16-17)

"하느님! 이 성전이 당신의 뜻이라면 반드시 이루어질 것이고 제 뜻이라면
절대 안 이루어질 것입니다. 무일푼으로 시작하지만 반드시 모든 것이 잘
이루어져야 될 것이니 인부들의 인건비를 틀림없이 당신께서 항상 넘치도
록 마련하셔야지, 당신의 집을 지으시는데 당신께서 그 누구보다 인심이 후
하셔야 되지 않겠습니까? 만일에 성전을 지어 나가는 과정에서 인부들에게
줄 인건비가 단 한 번이라도 떨어진다면 전 그 길로 당신의 뜻이 아닌 것으
로 알고 공사를 포기할 터이니 알아서 마련해 주셔야 됩니다."

이렇게 하느님을 협박(?)해가며 성전을 지어나갔다. 그러나 하느님을 협
박하기는 매우 쉬운 일이었으나 본당 신부님들을 설득하기에는 큰 어려움
이 항상 뒤따랐다. 왜냐하면 돈은 어느 본당에서나 성전 운영에서 제일 소
중한 것이었기 때문이다. 성전에서도 이것이 잘 소통되어야 보이지 않는 사
람들의 성전에서도 절대적으로 안정되게 운영되기 때문이었다.

나는 본당 신부님들께 말을 아껴서 해야 되었다. 덮어놓고 성전 모금 건

축기금이 필요한데 돈을 걷게 해달라는 말을 먼저 해서는 절대로 안 되는 것이었다.

"저어! 선배님! 선배님과 귀한 만남의 시간을 갖고 싶은데 시간 좀 내주시겠습니까?" 하고 상대방이 영적으로 소중한 선배임을 내세워 상대로 하여금 후배에 대한 깊은 애정을 한 없이 갖도록 하는 것을 첫 번째 단계였다. 그래야 선배님과의 신뢰관계가 성립되게 하고, 그것은 비룡성전이 잘 지어질 수밖에 없는 여건이 되었다. 그런데 어찌 된 일인지 이것이 7개월 만에 이루어진 것이다.

참 기적적인 일이었다. 어떻게 7개월 동안 19본당 건축기금 모금이라니! 정말로 나에게는 있을 수 없는 일이 일어난 것이 분명한 사실이었다. 왜냐하면 모든 본당 신부님이 쉽게 허락한 일이 아니었기 때문이다. 신부님들에 대한 좋은 이야기만으로 모금 강론이 쉽게 허락될 일만은 아니었기 때문이었다?!

기껏 좋은 관계로 맺어졌다가 "박 신부! 그런 식으로 나를 홀려놓고 와서 하는 이야기가 그래 돈타령이야! 사람이 그러면 안 되지! 자네도 알다시피 지금 우리 본당 돌아가는 형편이 너무 어렵네그려. 너무 어려워. 너무…" 하시는 분도 없지 않았다. 박 신부에게 속았다는 허탈한 심정과 이것저것 생각해 보니 본당 형편도 어렵기 때문인 것이었다. 어느 본당 신부님은 하느님께로 향한 박 신부의 진한 열정을 인정해서 자신의 본당도 어렵지만 동참을 허락하는 정말로 소중한 분도 없지 않았다.

일일이 본당마다 전화를 거는 일도 만만한 일이 아니었다. 왜냐하면 이제 겨우 성전을 짓는 초년생으로서 신부생활 만 4년 차에 이런 일을 한다는 것은 하느님이 도와주시지 않으면 절대로 불가능한 일이었던 것이다.

군종신부 생활을 빈틈없이 하며 이 일을 해야지 하느님이 복을 주시지 다른 일은 내팽개치고 이 성전 짓는 일에만 매달렸다면 하느님이 철저히 박성구 신부를 완전 외면하셨을 것이 뻔하다.

하느님은 늘 박 신부를 드라마의 주인공으로 황홀하게 성령으로 취하게 만들어 생활하게 하셨다. 아무리 인간적으로 고달퍼도 성령에 취하면 하느님은 그 일을 반드시 해내게 하신다는 굳은 신념을 늘 갖게 하셨던 것이다.

그러나 성령 안에 아무리 취해 있어도 한 가지가 완전하면 이어서 한 가지는 절대적 어려운 문제에 직면하게 해서 쩔쩔매게 하신다. 아니 왜 이런 일이 계속 생기다니, 정말 하느님은 나를 아주 골탕 먹이기로 작정하셨단 말인가. 인간적으로 완전히 무릎 꿇지 않으면 안 되도록 영적인 일을 계속 꼬이고 꼬이게 하시는 것이다.

끝까지 모든 일을 영적으로 풀어가야 되는 것이다. 아무리 인간적으로 풀어나가야 될 수밖에 없다고 하더라도 끊임없이 영적으로 풀어가며 살게 하시는 것이다. 영적으로 풀었다, 육적으로 풀었다, 인간적으로 풀었다 하며 살게 하시지는 않으셨다. 큰일이든 작은 일이든, 아무리 가깝고 절대적인 사람이든 여태껏 영적으로 살다 하루아침에 인간적으로, 육적으로 살자고 돌변해도 영적으로 살다가 육적으로 그의 비위를 맞춰 산다는 것은 있을 수 없는 일이다. 하느님께서는 늘 나를 시험해 오시며 살게 하셨다.

이집트에서 이스라엘 백성이 홍해를 건너 가나안으로 오는데 십여 일밖에 걸리지 않는데 40년이나 걸리게 하셨듯이 육으로의 얘기와 영으로의 얘기는 아주 작은 이야기 속에 영으로 충만하게 하시는, 영으로 만리장성을 계속 쌓아 가시는 은혜를 풍요롭게 내리신다! 그것은 날마다의 십자가의 고통스런 삶의 과정을 통하여 이루어지는 것이지 십자가의 고통을 거치지 않고 그냥 영으로의 날마다의 영광스런 삶은 절대로 그냥 이루어 주시지 않는다.

흥하게 하셔서, 망하게 하셔서, 성하게 하셔서, 쇠하게 하셔서 감사합니다인 것이다. 흥하고 성하게 하셔서만 감사하는 일에는 절대 하느님은 온전하게 영광을 떨치실 수가 없다. 왜냐하면 천당도 지옥도 하느님이 만들어 놓으신 것이라고 온전히 믿어야 천당도 지옥도 다 하느님 뜻대로만 살게 될 때 영원한 생명을 내가 온전히 영으로 누리며 살게 되는 것이기 때문이다.

그런 면에서 하느님은 첫 번째 비룡성전을 7개월 동안 짓는 과정에서 한 번도 빚지게 하는 일 없이 진행하셨다. 19개 성당에서 모금하는 과정에 강벨라뎃다라고 하는 고마우신 분이 2천만 원을 기증하게 하셔서 큰 도움이 되었다. 또한 군부대 지휘관을 동원하고 장비지원을 받았다. 19개 성당을 뛰어다니며 근 6천만 원을 모금했다는 것은 기적적인 일이고, 하느님이 도와주시지 않고는 될 수가 없는 일이었다.

아들 신부가 성전 모금을 위해 본당을 도는 가운데 그 본당이 생긴 이래 모조리 최고의 모금 강론이 되다 보니, 어머니께서는 우리 아들이 얼마나 모금 강론을 잘하나 호기심으로 몰래 염탐하러 오셨다. 돌아가시면서 어머님은 내게 늘 야단을 치셨다.

"아니, 넌 도대체 어떻게 된 신부냐, 신자들 주머니에서 돈이 쏘옥 나오게 하다가 그대로 쑥 들어가 버리고 말게 하는 그런 강론을 하면 어떻게…. 도대체?"

"신자 여러분! 군부대에 있는 여러분의 아들이라 믿고 진국으로 돈을 내셔야지 마치 인심이라도 쓰는 양 내신다면 하느님은 그런 거 결코 원하시지 않으시는 일이니 그런 돈 아예 내지 마십시오. 어떻게 천주교가 개신교에 얹혀살아야겠습니까? 천주교가 당연히 큰집이어야 되듯이 여러분의 아들들이 종가집의 왕손이라는 그런 긍지로 내놓은 돈이라야만 하느님께서 기쁘시게 받으신다는 것을 잊지 마십시오" 하는 나의 강론은 우리 어머니로 봐서는 매우 위태위태한 강론으로서 도대체 최대의 모금 강론이 될 수 없었던 것이다. 어머니 생각에는 그렇게 자존심 부리며 강론을 한다면 신부가 교만하게 모금을 하기 때문에 절대 돈이 잘 모아지게 될 리가 없다는 지론이셨다.

그러나 아들의 성전이 지어져야 될 원칙이 있다면 성전은 동정을 구해서 지어서는 안 되는 일이니, 모든 것이 다 하느님의 것인데 하느님의 것을 내면서 자기 것을 내는 양 해서는 하느님을 기쁘게 해드릴 수 없다는 것이 나의 지론이었다.

그래서 나는 어떤 사람도 건축모금은 당연히 자기를 창조해 주신 하느님께 최고의 경의를 표하며 자기를 온전히 바치는 정성으로 헌금해야지 그렇지 않은 돈은 한 푼도, 단 한 번도 받은 일이 없는 것의 시초가 비룡성전이었던 것이다. 그래서 최고의 경의를 표하지 않은 것은 양심에 찔려 미사 끝나고 저만치 가시다가 지갑에서 돈을 톡톡 털어 주고 가는 신자들도 많았던 것이다. 어머니의 생각과는 정반대로….

하느님께 헌금을 제일 잘해야 됨에도 불구하고 술에다 돈을 온통 다 써가며 세상에서 술을 제일 잘 마시는 사람이라고 자랑하고 다니는 어떤 키가 작은 대령이 있었다.

"하느님! 저 친구의 콧대를 제가 꼭 꺾어놓고 말겠습니다. 하느님께 헌금을 잘해야지, 저렇게 바보 같은 얼간이 친구가 어디 있겠습니까. 세상에 제일 못난 인간 중의 하나가 술 자랑하는 친구 말고 누가 있겠습니까. 자기 몸 망가지게 할 뿐만 아니겠습니까. 사람과 사람 사이를 사랑으로 하나 되게 하는 정도로 마실 때가 제일 아름다운 것 아니겠습니까. 한 잔의 술로 사랑으로 하나 되고 한 존재로 기쁨이 넘칠 때에 이보다 더 좋은 술이 세상 어디에 또 있겠습니까" 하는 것이 나의 한결같은 술 마시는 주도였다.

나는 키 작은 대령 집에 가서 조니워커 세 병에 치즈를 안주로 하여 각각 한 병 반씩 대접에 따라 마셨다. 그리고 그것으로도 양이 차지 않아 맥주집에 가서 맥주를 우선 열 병씩 놓고 마시기 시작했다. 일고여덟 병째를 서로 마시는 가운데 상대가 먼저 비틀거리다가 결국 열 병까지 마신 후에는 완전히 쓰러져 버렸다! 나는 그 모습을 바라보며 씩 웃으며 "하느님! 이기게 해주셔서 감사합니다" 하며 사제관으로 돌아왔다. 그 다음은 나도 잘 모른다. 사제관에 무사히 도착했다는 안도감과 함께 쓰러져 버렸으니까.

한번은 이런 경우도 있었다. 신자 장교들과 함께 정말 기쁘게 술을 잘 마셨는데 생각지도 않게 취기가 빨리 오면서 나를 어질어질하게 비틀비틀하게 만드는 것이 아닌가! 예기치 못한 낭패한 상황이 벌어진 것이다. 나는 있는 힘을 다하여 사제관으로 달리고 또 달렸다. 절대로 신자들에게 추태를 보여서는 안 된다는 것이 내 주도였기 때문이었다. 간신히 사제관 화장실에 들어와 여덟팔자로 밤새 안녕하고 잠을 잔 일도 있었다. 그러나 이것을 본 어머니가 나를 그냥 둘 리가 없었다.

"어디서 신부가 그따위로 술을 마시고 품위 없게 화장실에 누워 잠을 잘 수가 있어! 그따위로 하려 거든 신부생활 그만둬!" 하셨지만 그 뒤에도 그런 일이 여러 번 더 있었다.

어머니께는 큰 죄를 지었지만 나에게는 그날이 많은 사람들을 하느님의 사랑스런 사람들로 황홀하게 만든 날이었다. 나에게 있어서 술이란 참으로 많은 사람들을 하느님의 사람으로 만든 은총의 술이었다. 어머니는 술을 좋아하는 아버지를 몹시 싫어하셨지만 나에게는 한량기가 많은 그런 아버지의 주(酒) 핏줄을 계승케 하심이 한없이 감사한 일이 되었다. 그런 아버지의 아들로서 세상을 술로 평정케 하심을 늘 감사했다.

비룡성당을 다시 방문한 박성구 신부. 자료사진

작은 주님, 작은 하느님

1980년 11월 24일, 김수환 스테파노 추기경님을 모시고 19개 본당에서 온 귀하신 손님들과 부대 장병들은 죽죽 쏟아지는 소나기가 내리는 가운데 성전이 넘칠 만큼 수많은 사람들이 미사를 드렸다. 김수환 스테파노 추기경님은 입에 침이 마를 겨를도 없이 이 놀라운 성전을 보며 박성구 신부를 치켜세우셨다.

"사랑하는 교형자매 여러분! 실로 엄청나게 훌륭한 일을 한 젊은 신부가 해냈습니다. 하느님의 영광이 성전 모든 곳에 가득 찼고, 어디에도 빈틈이 없었습니다. 성령의 기운으로 가득 차게 성전을 영광 떨치게 하는 이 성전을 지은 박성구 신부에게, 모든 사랑나눔 사람들에게 뜨거운 박수를 보내 주시면 감사하겠습니다. 짝! 짝! 짝!"

비는 쫙! 쫙! 쫙! 내리는 가운데 신산리가 생긴 이래 이보다 많은 사람들이 모여본 일이 있었을까. 신산리 전체를 자가용들로, 부대 장병들로, 군용차들로 가득 채울 수가 또 있을까. 신부의 눈 속에서 터져 나오는 굵은 눈물이 폭포수를 이루며 뺨을 바위 삼아 흘러내리고 있었다.

오 복된 석두여! 그렇게 신학교에서 12년 동안 꼴등만 해온 박 신부는 평생에 한맺힌 꼴등 우울증을 말끔히 치유받은 날이었다. 만년 꼴찌 박성구 신부가 2천명이나 세례를 준 군종신부단 사상 초유의 영세식 하며, 19개 본당을 돌아다니며 빚은 한 번도 진 적이 없는 깨끗한 성전을 완공시킨 일이며⋯. 성전 모금 건축기금 2천만 원을 내신 강 벨라뎃다 님께도 진심으로 감사한다. 그분을 만났을 때 그분으로서는 최선을 다하셨기 때문에 그분의 성전임을 깊이 감사했다. 그분은 참 외적 내적 틀이 너무 좋으셨고 누가 봐도 덕망이 높으신 분이라서, 그냥 정이 철철 넘쳐흐르는 분이라서 분명 그분의 입장에서는 언제까지나 그분의 영원한 성전이심을 감사하며 박수를 보내드린다. 짝! 짝! 짝! ⋯.

그러나 박성구 입장에서는 아니 이럴 수가! 아니 이럴 수가! 아니 이럴 수가 정말 있을 수가 있단 말이야! 정말이야? 이거 내가 지은 성전 맞아? 내가 정말 지었던 말이지? 와! 나는 해냈어! 정말 해냈단 말이지!

"하느님 뜻이라면 이루어지고 내 뜻이라면 이루어지지 말고' 하고 기도했는데 하느님의 뜻대로 물론 하느님이 이루어주신 건 맞지만 순전히 나도 최선을 다했기 때문에 나의 최선에 하느님이 확실히 감동하신 거야! 감동하실 수밖에 없으셨던 거야."

나는 정말로 한도 끝도 없이 쏟아지는 비를 맞으며 엉엉 울며 하늘을 향해 외친다.

"하느님, 감사합니다. 정말 감사합니다."

1980년 11월 25일, 나는 성전 맨 앞자리 예수님이 십자가에서 바라보시면 오른쪽 중앙 통로 맨 앞자리에서 무릎을 꿇고 손을 들어 하느님께 감사 기도를 바쳤다. "오 하느님! 정말 감사 드립니다. 제게 이런 큰 능력을 주셔서 이렇게 훌륭한 성전을 지어 하느님께 봉헌할 수 있게 하시다니요" 하고 기도하려고 들어갔는데 입에서 한 마디도, 단 한 마디의 기도도 튀어 나오지 않았다.

아니 이게 웬일이란 말인가? 그런데 이건 또 웬일인가. 그냥 눈물이 하염없이 뺨을 바위 삼아 쫙! 쫙! 흘러내리며 쏟아내는 말이,

"하느님! 참으로 감사합니다. 그 수많은 사제들 가운데 죄 많은 이 형편 없는 놈을 선택하여 주시다니 정말 정말 감사 감사 드립니다. 저는 정말 부끄러운 이야기입니다만 하느님 것으로 온전히 바치며 항상 살아왔습니다만 예쁜 여자를 보면 사족을 못 쓴 것도 사실입니다! 그래서 당신께 온전히 사랑을 다 쏟지 못한 것도 사실입니다요! 아무리, 아무리 하느님께 제 사랑을 전부 다 드려도 예쁜 여자를 보면 마음이 그 여자에게로 빠져 하느님! 왜 저를 장가가게 하셔야 될 입장이신데 깜빡 졸으셔서 사제로 만드셨나요?"

성무일도도 가끔 많이 빼 먹었고, 그리고 매일 미사를 드리고 열심히 한 신부도 맞지만 어떤 때는 사람들이 뭘 아나? 아무도 모르잖아? 하고 미사도 어쩌다가는 하지만 미사 안 드려도 다른 사람들은 세상에 박성구 신부만큼 미사를 좋아하는 신부가 어디 있담? 하고 인식들을 하고 있기 때문에 아주 가끔 미사를 드리기 싫을 때는 눈치 못 채게 미사를 빼먹었던 것이다.

글쎄 그 미사밖에 모른다는 박성구 신부가? 엥? 하지만 나에게는 예쁜 여자 속에도, 미사를 어쩌다 빼먹는 박 신부 속에도 하느님은 언제나 살아 계신 것은 사실이었다.

다만 1백 퍼센트 하느님께만 그래야 된다는 신학교 교육 속에서는 분명
히 부족한 신부인 것 또한 사실이었다. 그러나 개인적으로는 하느님이 이렇
게 부족한 신부를 이렇게 축복해 주시다니! 절대로 나를 선택하지 않으셔도
아무렇지도 않으신 하느님이신데 나를 선택해 주셨다는 것이 얼마나 고맙
고 감격스러운 일인지! 정말 고마우시고 사랑과 자비가 넘치시는 분이 글쎄
그 수많은 사제들 경쟁을 뿌리치고 나를 뽑아 비룡성당을 짓게 하시다니!
있을 수 없는 기적과 같은 일인 것이다.

정말 기적이 일어난 것이다. 그분이 어떻게 나를, 어떻게 나를 뽑아 성당
을 짓게 하시다니. 루가복음 18장의 바리사이의 기도를 세리의 기도로 시키
시며 은혜로 성당을 짓게 하시는 속에서도, 박성구를 그냥 새롭게 영을 부
으시며 당신 성전으로 삼으신 기적을 일으킨 것이다! 영원히 잊을 수 없는
1980년 11월 25일, 영을 부으신 날로 선포하신 것이다.

나는 어려서부터 누구보다도 열심히 산 사람으로서 늘 나만큼 열심히 산
사람은 이 세상에 단 한 사람도 없다고 믿었다. 그래서 나만큼 성령이 충만
한 사람이 없다고 믿는데 이날 진짜라고 느껴지는 성령이 내린 것이다. 성
령은 진짜 이렇게 내려야 되는구나. 여태껏 내렸다! 안 내렸다! 하느님이 내
안에 계셨다, 안 계셨다 해도 그것이 아주 자연스러웠다?!

그러나 11월 25일 받은 성령은 언제나 하느님이 계시는구나! 그래서 성
령을 온전히 받는다는 것이 나에게 그것을 완전히 쏟아부으셨어야 맞는다
는 것이었다. 이날이 하느님이 1백 퍼센트 나에게 영을 부으신 날이 되었다.
나는 분명 1958년 초등학교 3학년 때 영세를 받아 그래도 이제까지 세상에
서 나만큼 하느님을 진하게 만나며 기도하며 살아온 사람 있으면 어디 나와

보라고 하고 지내 왔지만 하느님이 온전하게 영을 부으신 것하고는 천지 차이였다.

영은 공로로 부어지는 것이 아니라 믿음으로 부어지는 것이고 주님 뜻대로 온전히 부어주셔야 되는 것이고, 주님이 직접 온전하게 머무르지 않는 것은 높낮이 지위를 막론하고 영을 받는 사람이 무조건 최고인 것이다.

교황님도, 추기경님도, 주교님도, 신부님도, 수도자님도, 평신도도 구별 없이 모든 사람들은 성령이 충만하라고 그 직책을 주신 것이 확신하게 맞으며 그렇지 못하면 하느님은 그렇게 축복하였으나 본인의 믿음 부족으로 말미암아 자신에게나 주변 모든 사람에게나 상당한 은혜내림을 방해하고 있는 걸림돌이 되고 있을 뿐인 것이다.

11월 25일이 지난 바로 다음주일날로부터 1981년 8월 31일까지 매일같이 주일 강론이 "사랑하는 형제자매 여러분! 이 성전은 제가 지은 것이 아니라 하느님이 직접 지으신 것입니다. 저와 여러분은 하느님이 직접 지으시고 이 성전에서 살라고 초대하신 것입니다. 나는 형편없는 사랑의 죄인입니다. 주님께 받은 사랑에 보답을 온전히 못하는, 못하고 있는 사랑의 죄인입니다" 라며 미사를 드렸다.

어머니의 불만은 "아니! 네가 어때서 죄인이냐? 너만한 신부, 이 세상에서 찾기도 힘든데. 네가 19개 성당이나 돌아다니며 모금도 하고 그래서 너처럼 대단한 신부가 없는데, 왜 늘 죄인 신부라고 하면 어떻게 되는 거냐?" 하셨다. 그러면 나는 언제나 "아니 어머니도 참! 내가 죄인이니까 죄인이라고 고백하는데 어떡하라고. 진짜 나 죄인이라고!" 하며 맞대응을 했다.

겉으로 보기에는 하느님이 어느 한쪽만 축복해 주시는 것으로 보여질 수 있으나 양쪽 모두 공평하게 뜨거운 사랑의 영을 그분은 한도 끝도 없이 서로 싸우게 하시며 폭포수같이 부으시고 계셨다고 믿는다.

군종후원회에서 발간하는 잡지 『등불』의 기자가 날 찾아왔다.

"신부님! 글 좀 써주시죠! 원고 7매 정도로 써주시죠."

"안 되겠는데요."

"원고 12매면 되잖겠습니까?"

"그래도 안 되겠는데요."

"원고 24매면 되겠어요?"

"그래도 안 되겠는데요. 저 그거 도무지 그것을 다 쓸 수가 없어요."

"그러면 마음대로 쓸 기회를 드릴 터이니 쓰시겠어요?" 하는 기자의 마지막 질문에는 짜증까지 섞여 있었다. 그러나 방문한 소기의 목적을 꼭 이루어야겠다는 사명이 있었기 때문에 이렇게 말을 한 것이었다. 나는 기자에게 민망하지 않도록 절대로 내 글이 나오고 안 나오고는 중요하지 않으니 다른 사람에게 청탁하시라고 정중하게 예를 갖추어 말씀을 드렸다. 정말로 그것은 예의 때문에 한 말이 아니었고, 원고 7매나 24매로는 하느님의 그 뜨거운 사랑 이야기를 도저히 다 쓰지 못하기 때문이었다.

그래서 마음대로 쓴 것이 『등불』지가 일 년에 네 번 나오는데 원고 102매에 걸쳐 "오! 복된 석두여! 하느님 감사, 감사, 감사합니다"란 내용으로 화제가 된 은총이 가득히 온 세상에 넘쳐흐르게 『등불』지에 글을 연재했다. 내 마음 안에서 그렇다는 얘기로.

1981년 5월 5일, 인도의 마더 데레사 수녀님께서 명동성당에서 강론을 하셨다. 그 수녀님이 제대에서 감실을 바라보며 기도하는 모습이 너무나도 아름다우셨다. 아 저분의 눈은 영락없는 예수님의 눈이로구나! 하며 경탄스러운 사랑의 마음이 내 온 가슴을 가득 차게 했다. 그분 강론은 하나도 귀에 들어오지 않은 상태에서 그분의 눈만이 내 가슴 가득히 아주 아름답고 눈부시게 새겨졌다. 참으로 사제관으로 들어오면서 그분의 눈부신 눈으로 밤새 행복한 잠을 잘 수 있었다.

그런데 이게 웬일인가! 아침 조간 신문에 대서특필로 그분의 아름다운 눈을 중심으로 기사가 실려 있는 것이 아닌가. 그러나 거기에는 나를 이길 수밖에 없는 문구가 대문짝만하게 쓰여 있었다. 그것은 그녀의 건강의 원천은 매일 오전에 1시간, 오후에 3시간의 기도라는 것이었다.

아니 이런 변이 있나. 아무리 대단해도 박성구 신부보다 더 기도가 대단한 사람이 나와서는 안 돼. 나는 성직자였기 때문에 아무리 마더 데레사 수녀님이 대단하다 하더라도 수도자였기에 그보다는 내가 성직자이니까 당연히 더 기도가 대단해야만 양이 차는 것이었다. 그래서 나는 오전에 3시간. 오후에는 1시간 1분 이상 기도하기로 5월 7일부터 기도를 시작하게 되었다.

항상 시작은 잘했으나 중간이 문제였다. 그렇게 기도를 안 하였기 때문에 맨날 중간에 잠에 떨어졌고, 끝판에 깨어나 기도를 완료를 해서 항상 문제가 클 수밖에 없었다. 한 달이 막 지난 1981년 6월 7일 나는 드디어 결심하였다.

"이대로는 절대로 안 된다! 나는 기어이 마더 데레사 수녀님을 완전 압도하여야 된다."

나는 있는 힘을 다하여

"십자가의 예수님! 당신은 저의 모든 것입니다!

십자가의 예수님! 저는 당신의 모든 것입니다!

십자가의 예수님! 당신은 저의 모든 것입니다!

십자가의 예수님! 저는 당신의 모든 것입니다!

십자가의 예수님! 당신은 저의 모든 것입니다!

십자가의 예수님! 저는 당신의 모든 것입니다!"

성당이 떠나가라 외쳤다! 아아아! 그런데 이게 웬일이란 말인가! 내 온몸이 로마서 8장 31절 표현대로 성령의 불가마를 이루니 이 세상 누가 예수님에게서 떼어놓을 수 있으리오. 아무도! 그 누구도! 가장 친한 친구도! 가장 악한 원수도! 그 누구도 그분과 나 사이를 도무지 떼어놓을 수 없는 일이었다.

내 온몸은 그냥 영원히 타오르는 거대한 성령불인 것이었다. 나는 내 속에 거대한 성령불 만이 타오르는 그분 자체의 장관 속에 사라져 버리고 없었다. 나는 그분 속에 그냥 타오르는 거대한 불길일 뿐이었다.

이 무렵 나는 30살 난 처녀가 마귀 들려 혼미한 모습으로 고생하고 있었는데 나에게 치유 기도를 하여 달라기에 나는 28사단 박충신 신부님에게 부탁을 했다. 신부님은 구마의 경력을 갖춘 신부이기 때문에 흔쾌히 승낙을 하셨다! 그래서 그 처녀를 기회 있을 때마다 한두 번 구마기도를 하여 주었다! 그리고 그후 신부님은 시간이 없어서 영영 오지를 못했다.

"이를 어쩜 좋담! 신부님이 바빠서 아주 못하게 되었다 하자니 신부 자존심 상해서 안 되겠고 기도를 함부로 하자니 잘못하면 반대로 마귀에게 되잡혀 혼 줄이 난다 하니 그렇게 될 수도 없는 길이고…"

아무리 혼자 중얼거리고 해봤자 답도 나오지도 않았다. 나는 하느님께 이판사판 매달렸다!

"하느님! 당신의 사제가 마귀를 못 떼어내 요리조리 피할 수 있겠습니까? 마귀에게 오히려 되잡히는 추태야 더더욱 말이 되겠습니까? 내가 기어이 이놈들을 박살낼 수 있도록 지혜와 힘과 능력을 주시옵소서! 지혜와 힘과 능력을 주시옵소서! 지혜와 힘과 능력을 주시옵소서! 지혜와 힘과 능력을…" 하루 종일 그분께 죽을힘을 다하며 외치고, 외치고, 또 외치고….

그 다음날 그날은 성령강림 주일날 저녁 때였다. 그 집안 식구들이 전부 모이고 그 가운데 나와 그 처녀와 마주보고 바로 양쪽 옆에 어머니와 집안 식구들이 자리를 같이하고 있었다. 나는 지난번에 그 처녀를 놓고 기도하기를 오늘과 똑같이 오밤중에 같은 시간에 그녀를 놓고 기도를 하려는데 그 처녀가 나를 노려보고 있는 것이 아닌가? 나는 순간 겁이 났다! 그러나 그 처녀 마귀에게는 절대 질 수는 없는 일이었다?

전날 하느님께 기도하기를 하느님 난 마귀가 있다는 것을 믿으니 나에게 마귀가 나타나는 일이 없게 해주시옵소서. 그 마귀가 나타나기만 하면 나는 몸이 달달 떨려 더 이상 기도를 할 수가 없으니 마귀가 나타나지 못하게 당신이 막아주셔야 합니다. 나타나서 내가 기도를 못하게 되면 당신 망신이 아닙니까? 맘대로 하십쇼. 당신 망신살이 하늘까지 뻗치시려면. 하고 기도를 어제 하루 종일 해두었던 것이다.

나는 그냥 어머니가 옆에 계시던 안 계시던 지난번에 했던 것처럼 고개를 팍 숙이고 기도를 계속하였다.

"하느님! 이 못난 신부를 죽여주시고 저 처녀를 살려주십시오. 이 못난 형편없는 신부가 죽일 놈이오니 이 형편없는 신부놈을 죽여주시고 저 처녀를 살려 주십시오. 저 처녀가 저렇게 된 것은 저 처녀가 잘못 산 것이 아니라 이 죽일 놈의 신부가 정말 못살아서 그런 것이오니 이 신부를 죽여주시고 저 처녀를 살려주십시오."

지난번처럼 두 시간을 연속해서 고개를 처박고 그 처녀 앞에서 그 집 식구들과 함께 이렇게 기도를 하였다. 그 처녀는 온전하게 나았다고 지난번에 그렇게 기도하시더니 오늘도 그렇게 기도하여 주셔서 온전히 나았다고 진심으로 감사한 마음으로 감사 또 감사 또 감사를 하였다. 허나 어머니는 그날의 악몽 같은 그 현장을 두고두고 수치스러워 했다.

"아니 이 바보 같은 신부야! 니가 무슨 썸씽이라도 있는 거 아냐? 그런 기도가 도대체 이 세상에 어디 있단 말이냐? 난 도대체가 창피하고 망신스러워 얼굴을 못 들겠구나. 다시는 그따위 기도하기만 해봐. 내가 그냥 안 둘 거야."

나는 이런 어머니를 도대체 이해할 수가 없었다.

"무슨 소리예요, 어머니. 그렇게 기도하니까 그 처녀가 나았잖아요. 나 같은 신부가 잘살았으면 그런 일이 없을 것 같아 내가 회개하니 그 처녀가 마귀병이 고쳐지고 얼마나 좋아요. 나는 그것밖에 알아듣지 못하는 어머니가 진짜 창피해요. 정말 그렇게도 어머니께서 나를 창피하게 생각하신다면 여기 다시는 오시지 않아도 좋아요. 다시는 안 오시면 될 거 아니에요?" 하고 같이 싸웠다.

그때는 정말 자랑스럽게 느껴졌고, 지금은 한도 끝도 없이 어머님 마음 상하게 해드린 것이 죄송스러워진다. 그런데 지금이라도 그때 같은 상황이 벌어진다 해도 역시 나는 같은 치유기도를 할 수밖에 없을 것이다. 왜냐하면 아무리 효도를 잘한다 할지라도 그 처녀가 마귀병에서 해방되는 것이 헤아릴 수없이 엄청나게 중요했기 때문이다.

그 뒤 어머니가 다시는 신부를 찾아 안 올 것같이 보였지만 계속 오셨고 돌아가실 때까지 오셨기 때문에 그때 그 싸움은 참 잘했다 감사하면서도 그것을 다 참고 인내하시며 변함없이 아들을 사랑하신 어머니! 그 놀라우신 사랑에 영원히 감사하며 용서를 청해 본다.

"어머니! 그때는 참 죄송했어요. 너무 어머니 마음 상해 드린 거 정말 죄송해요. 그러나 어쩔 수가 없었어요! 그 처녀가 나아지는 일이 정말 중요했기 때문이었어요."

그러나 그 무렵 우리 어머니를 매우 기쁘게 하는 이런 일도 있었다. 어느 날 나는 성전에서 정말 뜨겁게 기도를 하는 도중 그 성당을 지으시는 데 결정적 많은 공로를 쌓으신 김기택 사단장님! 나는 김 사단장님을 꼭 영세를 시켜 드려야 은혜에 보답하는 길이라고 믿었다.

비룡성당에서 정말 김 사단장님을 위해서 뜨겁게 기도했다. 어느 날 나는 검은 양복, 로만칼라 차림에 성경책을 들고, 어머니가 몰래(?) 뒤에서 훔쳐보신 것도 모른 채 사단장 공관으로 찾아갔다. 그 시간에는 감히 대위 계급장 신부가 별 두 개의 사단장을 방문한다는 것은 있을 수 없는 일이었다.

그러나 공관을 지키는 부관이 아무리 지금은 사단장님을 만나 뵐 수 없다고 해도 "아니! 반드시 만나야 됩니다. 아무리 사단장님이 안 되신다 하더라도 만나 뵐 수 있을 때까지 기다리겠다고 말씀드리십시오. 꼭 만나 뵙기 전에는 내려가지 않겠습니다" 하고 나는 예언자로서의 사명을 다해야 되었던 것이다.

드디어 사단장님이 파자마 바람으로 나오셨다. 신부가 좀 무례하게 보였지만 사단장님은 신부가 진국의 사랑으로 당신을 모시는 것을 잘 아신다. 그래서 들어오라고 하신다. 나는 사단장님과 커피를 마시면서 다짜고짜 말씀을 드렸다.

"사단장님! 꼭 성당 지으신 기념으로 온 가족이 영세를 받으셔야 됩니다. 아무리 별이 둘이시지만 예수님에 비해서는 형편없이 낮으십니다. 예수님한테는 지십시오. 지셔서 꼭 영세를 온 가족이 받도록 하십시오. 아셨죠? 사단장님. 제가 이 밤중에 사단장님을 찾아 뵌 것은 무례인 줄 아오나 사단장님이 영세받는 것은 결정적인 하느님의 선물을 받으셔야 되겠기에 이 밤중에 이렇게 찾아온 것입니다."

밤중에 잠자리에 들려던 사단장님 앞에서 나는 무려 두 시간이나 강론을 펼쳤다. 성령에 사로잡혀서 나는 아무런 죄의식을 느끼지 못하고 하느님의 사제로서의 자랑스러운 사명을 다하였다. 어머니도 이런 아들을 무척 자랑스럽게 생각하셨다.

그날 이후 사단장님은 예편하신 뒤 다른 신부님한테 온 가족이 세례를 받고 열심히 성당에 다니고 계신다. 얼마나 고마우신 일인가. 그렇게 하신 하느님께 뜨겁게 감사 드린다.

독재자의 성령기도회

"불행하여라. 너희 위선자 율법학자들과 바리사이들아! 너희가 사람들 앞에서
하늘나라의 문을 잠궈 버리기 때문이다. 그러고는 자기들도 들어가지 않을 뿐만
아니라, 들어가려는 이들마저 들어가게 놓아두지 않는다."(마태오 23, 13)

1981년 9월 1일, 나는 25사단 군종신부로서 전역금을 다 털어 신산리 가게
빵값, 사과값, 과자값, 음료수값을 다 갚으니 주머니는 완전 빈털터리였다.
쓰레기더미는 산을 이루었고, 지붕은 뚫어져 있어 여름에 비가 쏟아져 내리
면 양동이로 물을 받으며 미사를 지낼 수밖에 없는 성산동성당으로 전근되
어 왔다. 정말 산더미 같은 쓰레기는 왜 있으며, 하필이면 천정까지 뚫어진
성전인 전에 피아노 공장으로 쓰던 곳은 겉보기에도 정말로 있고 싶지도 않
았다. 내가 처음 이 성전에서 하고 싶은 일은 성령기도회였다. 성령기도회
로 뜨겁고 열정적인 하느님의 성령이 불타 올라야 그 다음에 뭘 해도 잘될
수밖에 없겠다 생각되었다. 9월 30일, 성령기도회 식구들을 모이게 하여 기
도회를 시작한 것이 성산동 사목활동의 첫 시작이었다.

　나는 분명 성령이 가득하지 않으면 이러한 성당에서 못 살 거라는 예감
을 가지고 있었기 때문이었는지 성령기도회는 생각보다 아주 호응이 좋았
다. 많은 사람들이 모인 가운데 나는 연설을 했다.

"자! 여러분. 하느님께 큰 영광 드리는 성령기도회를 이제 시작합니다. 열심히 성령기도회를 빛내주시기 바랍니다. 그런데 기도회를 망치려고 소리를 꽥꽥 지른다던지 괴성을 지른다면 기도회를 그만두고 무조건 내보내고 성령기도회를 시작할 것입니다. 아시겠습니까? 절대로 소리 지르지 마시며 성령기도회를 은혜롭게 행하시는 여러분 모두가 되시기 바랍니다."

이렇게 인사를 한 가운데 기도회는 나날이 발전에 발전을 거듭했다. 한데 한 3개월이 지났을까 했을 때 나도 모르게 한 가지 귀한 사실을 발견해냈다. 기도회 하는 백성들 중에 유난히 목소리 큰 친구가 떠올랐으니 그는 영락없이 박성구 자신이었다. 목소리 큰 나만 딱 빠지면 아무도 빠질 사람이 없었다.

해서, 하는 수 없이 내가 쫓겨나지 않으려면 모두가 다 큰 목소리로 기도를 해도 괜찮다고 하는 수밖에 없었다. 그래서 오늘까지 목소리 작은 기도회는 인정하지 않는 작은예수 성령기도회가 되었다. 아마도 작은예수 성령봉사회에 대한 평판 가운데 대표적인 것은 가장 목소리 크게 기도하는 기도회라는 것이 될 것이다.

한번 시작하면 상대방이 싫어하기 전에는 끝까지 하는 사람이 박성구 아니랄까 봐서 1981년 9월 30일부터 시작한 성령기도회 미사는 오늘날까지 한번도 쉬어본 일도 없이 꾸준히 성장에 성장을 거듭하며 미사를 드려왔다. 어쨌거나 본당이 은총으로 철철 넘쳐흐르고 작은예수회가 은총이 철철 넘쳐흘렀으며 모든 작은예수회 안에 일들 속에 성령기도회가 빠지는 것은 단 하루도 없었다. 성령이 작은예수인들에게 단 한 번도 비워지는 것은 상상조차 할 수 없는 일이 되었다. 성령이 충만하지 않는 이는 작은예수인이 결코 아님을 선언하기에 이른 것이다.

성령기도회를 본당 모든 활동 가운데 가장 중요시하며 "형제자매 여러분! 살아있는 성산본당이 되려면 무엇이든 고통받는 이들과 사랑을 진하게 나누는 공동체가 되어야 합니다. 언제든지 고통받는 형제자매들이 사랑나눔을 많이 받아서 행복한 성산공동체가 되어야겠습니다."

매년 성산공동체에서는 십일조를 고통받는 이들과 사랑을 나누었다. 다른 것은 몰라도 예산 부족으로 쩔쩔맬지언정 십일조는 정확하게 고통받는 이들의 몫이 되었다.

이런 가운데 한 해가 지나가는 1982년 7월경 우리는 바자회를 가졌다. 성전건축 마련을 위한 바자회를 가지면서 나는 바자회 티켓을 본당마다 돌아다니며 팔았다. 아마도 대한민국 최초의 티켓 발행 성전모금 행위가 아닌가 싶다. 나는 이 티켓을 억수로 잘 팔았다.

바자회에 여러 가지 많은 품목들을 내놓았더니 이것이 단연코 건축모금 바자회에 최고의 인기품목이 되었다. 당시 청담동 본당이 2,900만 원 성금을 모아 김수환 스테파노 추기경께서 최고라고 입에 침이 마르도록 칭찬을 하실 당시 나는 바자회에서 순수 이익금 5,500만 원을 올린바 이는 그 당시 최고의 기록이었다.

절두산성당에서 갈라져 나올 당시 성당을 지으라고 절두산성당에서 사준 땅 3백 평이 전부였다. 절두산의 사목위원들이 주류였던 성산동의 사목위원들은 한결같이 3백 평 이상 더 늘릴 필요가 조금도 없다는 주장을 펼쳤다. 한 평이라도 더 늘리는 것에는 결사반대였다.

"형제자매 여러분! 이러시면 안 됩니다. 성산동성당의 미래를 내다볼 때

땅이 적어도 7백 평은 되어야 합니다. 저는 제가 있을 동안 성당은 못 짓더라도 땅은 적어도 꼭 7백 평은 있어야 된다고 믿습니다" 하고 아무리 외치고 외쳐도 소용이 없었다. 절두산성당에서 갈라져 나온 사목위원들은 3백 평으로 족하다며 여기에다 그냥 성당을 지어야 한다고 주장하며 한 치의 양보도 하지 않았다.

방법은 사목위원 수를 늘리는 수밖에는 없었다. 아무리 생각해도 미래의 성산동본당을 생각할 때 그들의 주장을 반드시 꺾어야 한다는 것이 당시 나의 신념이었다. 그래서 표 대결에서 이기려면 젊은 사목위원들의 수를 많이 늘려놓아야 했다. 부지확장을 반대하던 성산동본당 사목위원들의 고집을 꺾고 첫 바자회를 열어 5,500만 원의 순이익을 내게 된 것이다.

그런데 이게 웬일인가. 성산동본당 주임신부로 온 지 1년 만에 5년 동안 돈을 모아 땅만 사고 본당을 떠나겠다고 했는데, 그 첫해에 부족분 4백 평을 단 한 번의 바자회로 다 사버리고 말았으니 이를 어쩜 좋단 말인가! 나머지 4년을 어떻게 지내야 할지 걱정이 되었다. 목표를 1년 안에 달성해 놓았다고 놀고 지낼 수야 없잖은가?! 에라 모르겠다. 논다는 것은 말도 안 돼. 암! 성당을 지어야지. 안 그래? 암, 성당을 짓고 말아야지!

"형제자매 여러분. 마땅히 성당을 지어야 한다고 믿습니다. 자! 성당을 지읍시다. 성당을 짓자는 것에 한 표 부탁드립니다."

이렇게 박성구 신부가 새롭게 주장을 하고 나오니 절두산에서 나온 주류 성산동본당 사목위원들은 박성구 신부가 증원한 비주류 사목위원들을 맹공격하며 "그것은 있을 수 없는 일이다. 신부가 땅만 사놓겠다고 신자들에게 철썩같이 약속해 놓고 이제 와서 1년 만에 다시 약속을 어기고 성당을 짓겠다는 것은 어불성설이다! 말도 안 된다! 박 신부는 성당 짓겠다는 계획을 포기하라! 포기하라! 포기하라"고 했다. 그들은 신자들에게 문제가 많은 박 신부를 꺾어야 한다며 모욕적이고 망신적인 발언들을 서슴지 않게 하였다.

한편으로 비주류 사목위원들은 이구동성으로 "하느님께서 우리 본당에 젊은 신부를 보내주셔서 너무너무 감사한 일입니다. 이는 5년 동안 땅만 사는 일도 우리로서는 버거운 일인데 우리를 축복하셔서 1년 만에 사게 하셨으니 이는 필히 성당을 지으라는 하느님의 뜻이 분명해진 것입니다. 자! 여러분! 성당을 지으십시다. 성당을 지으십시다. 성당을 지으십시다" 하며 목소리를 높였다. 결국 주류와의 불꽃 튀는 혈전을 벌인 뒤 성당 전체 신자의 표 대결에서 압도적으로 성당을 짓는 일을 확정하게 되었다.

아 글쎄, 그게 참 그렇지 그래. 5년 동안 땅을 마련해도 아무 문제없는데 이건 박 신부 죄가 절대 아니야. 절대 박 신부 죄는 아니고 하느님이 너무 성급하시기도 하지. 하느님만 여유로운 생각을 가지셨어도 주류 사목위원들의 마음이 상하지 않았을 거 아냐?

참 이상도 하다. 하느님이 계획을 앞당겨 주시고, 땅도 4백 평이나 더 마련했으면 기뻐 모두가 춤출 일인데도 주류 사목위원들은 성당이 완성될 때까지 끝끝내 박 신부를 미워하게 되었다? 그러나 대부분의 성당 신자들은 비주류 사목위원들과 함께 너무너무 감사해 했고, 뜨거운 사랑을 박 신부에게 보내게 되었다. 당시 성당을 짓자는 운동이 성공할 수 있었던 것은 성령기도회에서 넘쳐흐르던 성령의 힘이었다.

큰소리로 기도하는 것을 보고 미친놈, 신학교 쫓겨날 놈하며 야단을 쳤던 고등학교 시절의 본당 신부님과 대신학교 시절 큰소리 기도를 문제시해서 기도회에서 쫓겨나게 했던 친구들의 입장을 감안해 나는 처음에 성산동 신자들에게 성령기도회에서 조용히 기도할 것을 당부했었다. 그러나 성산동본당에서는 하느님께서 큰소리로 기도하는 공동체를 확실하게 좋아하신다는 사실을 알게 해주셨다. 하느님은 모두가 큰소리로 기도하는 것을 너무너무 좋아하신다는 것을 하느님이 직접 일의 성취를 통해서 드러내 주신 것이다.

고통받는 이들과 함께하는 교회

주님의 영이 내 위에 내리셨다. 주님께서 나를 보내시어 가난한 이들에게
기쁜 소식을 전하고 잡혀간 이들에게 해방을 선포하며
시각 장애인들을 다시 보게 하고 억압받는 이들을 해방시켜 내보내며
주님의 은혜로운 해를 선포하게 하셨다.(이사 61, 1 - 2)

내가 성산동본당에 와서 제일 먼저 외친 것은 늘 가난한 이들과 함께 사는 교회였다. 그래서 제일 먼저 눈에 띈 것은 집에서 푸대접받는 노인들에 대한 교회 안에서의 깊은 사랑이 있어야 그 교회를 주님이 사랑할 수밖에 없다는 생각에 제일 먼저 노인대학을 만들었다.

이 대학은 평생 졸업이 없다. 입학했다, 졸업했다, 입학했다, 졸업했다, 입학했다, 졸업했다를 계속하며 생전에는 입학과 졸업이 반복되며 죽을 때까지 계속된다.

세상적으로 잘 나가던 어르신들은 언제나 가진 것으로 행세를 할 수 있어서 좋긴 하지만 그것이 떨어지기가 무섭게 사람들이 떠나간다. 가난한 어르신들에게는 평소 사람들이 가까이 가려 하지 않는다. 내가 늘 그분들과 함께할 수밖에 없었다. 그들을 누가 조금이라도 푸대접하면 그냥 지나칠 수 없었다.

그래서 어르신들과 늘 맛있는 것을 같이 먹고, 같이 놀고 명랑하게 깔깔

거리며 함께 산다는 것이 할머니 할아버지들에게는 무엇보다 중요하다고 생각했다. 본당은 노인들이 한바탕 웃고 즐거워하고 행복해하는 활기 넘친 곳이 되어야 한다. 본당 안에서조차 가난하기 때문에 외면당해서는 안 된다. 잘사는 사람들은 나에게 큰 관심대상이 아니었고, 서민으로 살아가는 사람들이 기쁨에 넘치는 교회가 되어야 한다고 생각했다. 사목위원들, 단체 장 등 교회를 이끌어 가는 사람들이 먼저 솔선수범하여 그들과 함께 어울리도록 했다.

자연스럽게 빈첸시오회를 만들어 본당 지역의 모든 가난한 이들을 섬기며 함께 살도록 했다. 교회가 가진 것을 그들에게 아낌없이 나누었다. 그들의 얼굴에 기쁨이 넘쳐야 나는 살맛나는 본당 신부 생활을 할 수 있었다. 군에서도 장교 중심이 아니라 항상 병사들 가까이 있어야 내 양심이 늘 편했고, 본당에서도 고통받는 사람들이 역시 가장 중요한 사람들이었다.

그래서 나는 절두산에서 성산동 사목위원으로 자동이체되듯이 넘어온 주류 사목위원들의 비판 대상이 될 수밖에 없었다. 자기들을 인정해야 본당이 잘살게 된다는 그들의 논리는 비위에 맞지 않았다. 그들은 성당 건축기금을 내는 것에조차도 가진 것에 비해서 참으로 인색했다.

"아니 저만큼 가졌으면 좀 많이 내놔야 되는 거 아니야?"

언제나 쥐꼬리만큼 내놓고 본당에서 절대적인 귀족계급으로 군림하려 드는 것은 보통 신경질이 나고 화나는 일이 아니었다. 정말 화가 머리끝까지 치밀게 하는 일이었다.

이분들은 밥을 잘 사는 것으로 쥐꼬리만 하게 낸 것을 무마하고 아주 많이 낸 것처럼 둔갑시키는 수법을 썼다. 그러나 기묘한 방법으로는 하느님께 영광이 결코 될 수 없는 법이다.

해서, 나는 돈 있는 사목위원들에게 "밥은 내가 살 테니 돈들 좀 많이 내놓으십시오. 회개하십시오! 밥은 내가 살 테니까" 하고 아주 대놓고 말했다. 돈 있는 사목위원들은 다들 겉으로는 욕을 못하고 속으로 "저 신부가 우리 속셈을 어떻게 알았담. 저 신부는 하는 짓마다 우리를 참 곤란하게 만드는구먼. 어디 우리가 협조 안 하면 성당이 잘되나 두고 봅시다. 아니 이 정도면 됐지 얼마나 더 내 놓으라는 거야? 절두산본당 신부님도 이 정도면 우리를 최고로 우대했는데 저 친구 도대체 왜 저런 거야? 어디 누가 이기는지 한번 해보자. 어디 한번 골탕 좀 먹어보라니까" 하며 모든 본당 일에 비협조적으로 나오기 시작했다.

나는 아랑곳하지 않고 군대에서도 병사들에게 늘 돈을 펑펑 썼듯이 성산동 보통사람들과 보통 사목위원들에게 밥을 사주며 한바탕 웃음으로 사목생활을 하니 성당 건축기금도 팍팍 올라갔으며 성당 내 모든 일들이 아주 잘 돌아가게 되었다. 그러나 돈 있는 사목위원들에게는 온갖 비난을 받으며 문제투성이의 박 신부로 찍히고 말았다.

"사람들 참! 밥값도 실제로 많이 드는 것이 아닌데 화려하게 몇 번 있는 척 행세를 해서 자기 주가를 올려놓는 것이 도대체 말이 되는 일인가?" 도대체가 말이 되지 않지만 서민들 기준에서는 밥값도 만만찮게 보이니 얻어먹으면 자동 굽실거릴 수밖에 없게 되는 것이다.

나는 그들과 함께한 자리에서도 그들이 생색을 내지 못하도록 내가 밥값을 먼저 냈다. 그러니 돈푼깨나 있는 사목위원들에게 굽실거리며 밥을 얻어먹지 않게 된 신자들은 늘 기뻐하고 당당해졌다. "야! 세상 천지에 우리 신부님 같은 분이 어디 있노? 우리 신부님 역시 최고야. 최고라고" 하니까 돈 있는 부자 사목위원들은 거드름을 피우지 못하게 되어 안달이었다. 신부는 화려해지고 자신들은 형편없어지니 이를 부득부득 갈며 점점 더 악해져만 가는 것이었다.

주님은 서로가 극한 상황까지 치닫게 될 때마다 참으로 신비스런 사건을 하나씩 꼭 터지게 했다. 본당 주류파 노 부회장님이라고 있었는데 바로 밑에 동생이 암으로 죽어가고 있었다. 그들은 여의도 순복음교회 조용기 목사님과 잘 알고 있는 터라 조용기 목사님이 이 동생을 놓고 30분이나 되는 열정적인 기도를 받게 했다. 나하고는 본당 일을 가지고 티격태격했고, 바자회 때에도 아주 세게 부딪쳤다. 동생의 암으로 죽어가자 부회장님이 내게 "신부님! 제 아내가 조용기 목사님을 초대해서 기도를 받았지만 그래도 신부님이 오셔서 기도를 하셔야 되지 않겠습니까?" 하시길래 이런 데서 마다 할 일이 절대 아니기에 "그럼요! 당장 가십시다요" 하며 병원엘 갔다. 나는 아프신 그분이 정말로 안타까웠다. 진심으로.

너무너무 고통스런 모습을 한 그분에게 "제가 대신이라도 아팠으면 참 좋겠습니다. 얼마나 고통스러우세요. 잘 참으시고 하느님께 세상 모든 고통스런 사람들을 대신으로 고통을 하느님께 바치세요. 그러면 하느님께서 꼭 갚아 주실 거예요'라고 한 30분 진심어린 마음으로 말씀을 드리니 부회장님 아내 되시는 형수님의 얼굴에서도, 아파서 누워 있는 시동생의 눈에서도 하느님의 사랑을 가득히 담은 진한 감격스러운 은혜의 눈물이 주르르 흐른다. 나는 다시 2-3분 간략하게 그러나 내 온 마음을 다 바쳐 기도했다.

"하느님, 여기 이분을 꼭 살려주셔요. 네에? 꼭이요! 꼭! 이 몸을 다 바쳐

드리니 제가 대신 아프게 해주시고 이분을 꼭 완쾌시켜 주셔요"라고.

환자는 굳이 나오지 말라고 막아도 막무가내로 엘리베이터까지 형수님과 또 노 부회장님과 함께 나와서 정중히 인사를 나누며 헤어졌다. 그 뒤 환자가 목사님을 선택하여 세례를 받느냐! 신부님을 통하여 영세를 받느냐를 결정해야 되는 자리에서 그는 목사님을 선택하지 않고 신부인 나를 선택하였다.

그래서 한 주일이 지난 일요일 그는 영세를 받으며 하느님 품 안으로 떠나며 이렇게 말하였다. "열정도 기도도 조용기 목사님이 훨씬 유창한 것은 틀림없는 것 같은데 그래도 신부님의 진실하신 진국의 대화와 기도 속에 더 하느님이 실재하시는 것이 분명해. 나 그 신부님께 영세받을 거야."

나는 주일 미사를 드려야 되는 시간이었기에 가지 못하고 대신 본당 수녀님이 가셔서 영세를 주셨다.

노인대학의 할머님들은 진심으로 박 신부를 사랑했다. 박 신부도 할머님들을 어머님들로 여기며 진국으로 사랑했다. 형편들이 어려운 만큼 할머님들은 집에서 대접을 썩 잘 받으시는 편이 아니시었기에 박 신부는 그분들이 외로울 시간이 없도록 그분들의 기쁨조 아들처럼 행동을 하였다.

할머님들은 성당을 짓는 일에 방물장사까지 하며 최선을 다하여 돈을 모았다. 사람들은 이분들에게서 뭐 큰돈이 나오겠냐 하고 빈정거리며 외면을 하는데 당연하다 하겠지만 돈보다도 헤아릴 수 없는 정성스러움이 하느님을 최고로 기쁘게 해드리는, 많은 재물보다도 더 귀한 선물을 드리는 일이 아니겠는가.

내가 이 어머님들을 잘 모시며 살아가는 일은 본당 공동체가 영원토록 하느님의 사랑 넘치는 큰 가정 공동체를 이루며 영원히 웃음이 떠나지 않게 하는 일이라 굳게 믿었다. 내가 있는 한 그 어느 누구도 할머님들을 잘 대접할 수밖에 없도록 했다. 그들이 소외됨은 나를 영원히 슬프게 하는 일이었다.

빈첸시오회를 나는 사랑했다. 본당 지역 안의 모든 고통받는 이들이 본당 공동체와 진한 사랑을 나누며 사회로부터 받는 온갖 푸대접에 상처받지 아니하며 당당하게 살아가게 하는 것이 본당 공동체가 해야 할 일이었기 때문이다. 그래서 성당을 짓는 일과 똑같이 중요시해서 가난한 이들을 내 몸같이 사랑하는 일은 나에게는 언제나 최우선으로 중요한 일이었다.

가난하고 평범해서 눈물겨운 사람들이 빈첸시오회 사람들이었다. 그들의 소박하고 진실된 모습들은 본당 공동체에 생명에 대한 소중함을 일깨워주었다. 사랑나눔의 그들이, 사랑과 정의와 진리와 평화의 성령불이 되어 가난한 사람들을, 본당 공동체를 타오르게 하는 것이다.

수유리에 사는 어떤 중증지체장애인이 있었다. 그는 최 데레사라고 하는 여성 장애인이었는데 천주교가 되었든지 개신교가 되었든지 좋다는 데는 모두 찾아다녔다. 그래도 이 세상 그 아무도 자기를 기쁘게 해줄 수 있는 사람은 한 사람도 없었다. 그래서 마지막 지푸라기라도 잡는 심정으로 나에게 방문을 요청하여 그 집엘 가 봤더니 참으로 그 데레사님의 모습이 무척이나 안쓰럽고 고통스러워 보였다.

"하느님! 저 중증장애인은 저렇게 최선을 다해 기도함에도 아픔이 계속되어 어찌 견디게 하시란 말입니까? 참 하느님도 양심이 불량하시다. 어떻게 이럴 수가 있단 말인가? 말도 안 되는 하느님이시여. 데레사의 모든 고통을 다 나에게 내려 주시고 나의 이 건강함을 몽땅 데레사에게 주소서. 내가 대신 장애인이 되게 해주시고 데레사가 건강한 일반인이 되게 해주십시오" 하고 기도하며 나도 울고 데레사도 울고 또 울었다.

아니 울려고 한 것이 아니라 그냥 눈에서 눈물이 저절로 하염없이 흘러 내렸다. 그럼에도 불구하고 하느님은 아무런 변화도 주시기 않으시는 야속하기 짝이 없는 분이시었다. 그러나 왠지 둘의 마음은 후련하고 시원해졌다. 그 다음날 같은 시간 저녁때였다. 갑자기 내 온몸이 불덩이가 되며 온몸이 가시에 찔리듯 한 아픔이 생겼다. 도무지 어떻게 감당이 안 되는 아픔인지라 유독 데레사님이 생각났다.

"저어, 데레사님! 전화 받으셔요! 내가 전화를 건 것은 어제 제가 너무너무 미안했어요. 아무리 내가 위로를 해드린다 하더라도 어디 위로가 되겠어요? 그런데 오늘은 내가 너무너무 아픈 가운데 전화를 드리면 그래도 어제보단 꽤 위로가 될 것 같아서 전화를 걸었어요. 제가 아픈 상태에서 전화 건 자체가 위로가 될 것 같아서요."

아니 그런데 이것이 웬일인가. 내 불덩이 같고 가시에 찔리듯 온몸이 가차 없이 찔려서 아파서 죽을 지경인 그 고통이 언제 아팠냐는 듯이 감쪽같이 싹 사라진 것이다. 나는 그냥 기분이 좋아져서 어쩔 줄 모르는 가운데 "하느님! 감사합니다. 하느님! 정말로, 정말로 감사, 감사 또 감사 드립니다" 하는 기도만 계속하게 되었다. 무엇이 그리도 감사한지도 모르며 감사기도를 하였다.

그 다음날 아침이 되자 어제 전화를 받았던 최 데레사님에게서 전화가 걸려왔다.

"저! 신부님! 사실 어제 저녁에 수면제를 수십 알을 먹고 죽어야겠다고 생각하고 있었어요. 마침 그때, 제가 막 수면제를 먹으려는 순간에 신부님의 전화가 왔고 전화를 받자마자 '아니, 내가 미친년 아냐? 내가 왜 죽으려고 했지? 내가 왜 죽어? 미쳤어! 내가 왜 죽냐고. 내가 제정신 맞아? 정말 미친년이지! 내가 왜 죽냐고' 생각했습니다."

그리고 자살을 포기하기가 무섭게 그냥 하느님께 감사한 마음이 들어서 밤새도록 하느님을 찬양하며 감사기도 드렸다는 얘기를 들려드리면 신부님이 기뻐하실 것 같아서 전화를 걸었다는 것이었다. 신체적으로는 아무것도 나은 것이 없었으나 그 뒤 그녀는 교도소에 있는 사람들을 위하여 열심히 은혜에 보답하며 살게 되었다.

1982년 전국성령쇄신대회가 내가 다니던 소신학교 그 운동장에서 성직자 대표로 하느님 살아계신 증언의 말씀 선포가 있었다.

"사랑하는 전국 모든 성령가족 여러분. 저는 군대에서 이런 하느님 체험을 하였습니다. 바로 지난해 성령 강림절이었습니다. 30살 난 마귀 들린 처녀 집에서 제가 그 처녀를 보며 집안 식구들 앞에서 기도를 하였습니다. '하느님 저 처녀가 저렇게 된 것은 순전히 이 박성구 신부가 잘못 살아서 그렇습니다. 이 신부 놈을 죽여주시고 저 처녀를 살려주십시오. 이 신부놈을 죽여주시고 저 처녀를 살려주십시오' 하고 한두 시간 기도했더니 마귀놈이 몽땅 달아났습니다요."

아무리 어머니가 아들을 무지막지 혼내도 소용없었다. 마귀병에서 모두가 고쳐져야 되니까 말이다. 아무리 그것이 무식한 기도였다 하더라도 하느님은 진국으로 마귀 들린 사람을 사랑하는 그 마음을 모시고 사람들을 고쳐 주시는 것이지, 하느님도 감동하지 않고서는 못 견디는 그런 기도를 하는 사람을 사랑할 수밖에 없을 때 온통 세상은 하느님의 사랑으로 나를, 모두를, 70억을 가득가득 넘쳐흐르게 하는 것이다.

성전 신축 전의 구 성산동성당에서 기도하는 박성구 신부. 자료사진

70억 불멸의 영인

"이를 위하여 나는 내 안에서 힘차게 작용하는 그리스도의 기운을 받아 최선의 경주를 날마다 목숨 바쳐 다하고 있습니다. 그리스도 안에 세상과 우주의 온갖 지혜와 지식과 능력과 힘의 모든 보물이 담겨져 있습니다."
(콜로 1, 29 - 2, 3 리모델링 말씀)

나는 어려서부터 이 교회가 성인품에 오르게 하는 행위에 대해서 이해는 갔으나 너무 가슴이 답답함을 느꼈다. 아니 왜 자꾸만 세상과는 너무나 소극적이고 비생산적이게, 예수님도 그렇게 나가면 별 매력을 느끼지 못할 방법으로만, 세상을 변화시키는 것이 아니라 그냥 또 다른 성스러운 세상을 만들어, 거기에 안주하려는 모습만 취하려 하는 것인가?

대표적인 방법이 교황이 성인품에 올리는 방법이다. 50년 동안 두 가지 이상의 기적이 일어나야 되고 그래서 교황청이 그것을 심사숙고해야 되고 증인이 충분한 영적 물증을 가지고 있어야 되고 하는 그런 방법, 영세받고 견진받으면 누구나 늘 성령 안에서 살기만 하면 기본이 성인되는 삶이 되는 것이다. 성인품에 올리는 일도 중요하지만 모두가 늘 성령 충만함으로 성인으로 살아가게 하는 가운데 세상을 완전하게 바꿔 놓는 것도 그만큼 중요한 일이 아니겠는가.

예수님의 열두 사도들의 사도행전이, 아브라함, 이사악, 야곱의 믿음의 성조 이야기가, 엘리야, 엘리사, 즈카르야, 아모스, 이사야의 이야기가, 모세, 여호수아의 이야기가 왜 그분들 이야기로만 끝나야 되는 것인가?

그냥 영세를, 견진을 제대로 받아 모두가 성령 충만한 모습으로 제대로 살아야 하는 것이다. 그러기 위해서는 모두가 고통받는, 소외된 비참한 백성들을 그냥 끌어안고 자기 몸같이 사랑하면, 소박하기 이를 데 없는 사랑 나눔을 기초로 하고 살면 그것이 믿음의 성조, 예언자, 사제, 사도, 성인의 기본을 사는 것이다. 전 세계 모든 성직자들이 성령불이 온 백성에게 내리도록 섬기는 종의 모습으로 살도록 교황부터 솔선수범하며, 추기경님으로, 대주교로, 주교로, 신부로, 수도자로 먼저 앞장서야 하는 것이다.

세상을 정복한, 세상의 대단하다는 영웅들 중에 영웅으로 온 세상 천하 만백성을 영의 태양, 바다, 산을 이루는 백성들로 은하계를 영으로 휩쓸어버리는 하느님의 존재로 완전히 살고픈 열정이 날마다 내 가슴을 넘쳐흐르게 한다.

그래서 중증지체장애인을 만났을 때는 "오, 하느님. 완전 중증장애인으로 나를, 건강한 나를 그의 모습으로 바꿔주십시오" 하고, 암을 가진 사람들을 보았을 때는 그 암을 대신 달라고 했으며, 한센병 환자를 만났을 때는 한센병을 나에게 대신 달라고 하였으며, 죽을 수밖에 없는 사람을 만났을 적에는 대신 죽게 해달라고 생명 바쳐 기도를 하였다.

그렇다면 실제로 죽게 되고, 장애인 되고, 암 걸리고 하면 어떻게 할 거냐고 물어온 사람은 성산동본당에서 같이 영적 활동을 하시던 에르나 슈미트 독일 수녀님이셨다.

이분은 1970년도에 대한민국 최초의 성령운동가로 손꼽히던 분이셨다.

성산동 청소년 돈보스코 직업훈련 학교에서 수녀님으로 일하시는 빈첸시오 회 수녀님이셨다.

당시 이분은 성령기도회 계통의 거물로 대접을 받고 계셨는데 나의 이러한 영적 활동의 자세는 반드시 바로잡아야 하겠다고 생각을 하셨던 것 같다. 그래서 어느 날 내게 호통을 치시며 "신부님! 그렇게 기도하는 것은 위선자들이나 그렇게 하는 겁니다. 어떻게 마음에도 없는 가짜로 병자가 되겠다고 기도할 수 있겠습니까? 위선자예요. 위선자" 하고 어른이 어린아이 야단치듯이 말씀하셨다.

"뭐요, 뭐가 어째서요? 내가 가식으로 그렇게 기도한다구요. 당신네 독일 사람들 사고방식으로는 그럴지 몰라도 우리 한국인들은 그렇지가 않소. 아들이 두 눈이 없으면 엄마가 자신의 한쪽 눈이라도 그냥 내어주는 것이 우리 한국인들의 사랑이요! 알겠어요! 난 진짜로, 진짜로 그렇게 기도해야만 예수님처럼 살게 되는 것 아니겠습니까" 하며 수녀님과 한바탕 영적인 교전을 벌일 수밖에 없었다.

수녀님은 눈물을 흘리시면서 나를 이해 못하겠다는 듯이 "안 그렇습니다. 절대 안 그렇습니다" 하시고 나는 "말도 안 되는 소리하지 마세요. 말도 안 되는…. 하느님의 사람이라면 당연히 남을 위해 대신 죽을 수 있어야 하고, 또 병에 걸릴 수 있어야 하는 것이지요! 암! 그렇고말고…."

우리 어머니와 닭싸움하듯이 에르나 슈미트 수녀님과 기회만 있으면 논쟁을 벌였다.

언젠가는 수녀님이 날 붙들고 "신부님! 신부님! 성령이 왜 뜨겁습니까? 성령은 시원한 거예요. 시원한 거"라고 했다.

"햐! 참! 왜 성령이 시원하기만 하시겠습니까? 성령은 뜨거운 게 맞아요. 뜨거운 게 맞다니까요."

"아니에요! 성령은 시원한 게 맞아요. 시원한 게 맞다니까요. 무슨 뜨겁다는 말씀을 그렇게 하셔요. 참 기가 막혀서" 하면 나도 좀 가만히 있으면 좋으련만 기어이 따지고 든다.

"무슨 소릴. 무슨 소릴 그렇게 하셔요. 뜨겁기도 한 것이지. 아니 내가 뭐랬어요? 시원한 것도 맞는 것이고 뜨거운 것도 맞는 것이라니까요."

왜냐면 뜨거운 것도 시원할 수 있으니 이래저래 맞는 말이다. 결국 그 뒤부터 '성령을 뜨겁게 체험해야 된다'라는 말이 많이 퍼지게 되었다. 좌우지간 이상해 보이지만 '할 수 없다 맞는 것'으로 죽을 때까지 주장할 수밖에.

에르나 슈미트 수녀님과 함께 다 죽어가는 환자 방문을 갔다. 먼저 에르나 슈미트 수녀님이 그를 크게 위로하는 기도를 했다. 당연히 그의 기도는 분위기상 만점짜리 기도가 틀림없었다. 아니 그런데 이게 웬일인가? 내 마음이 자꾸 기쁨에 가득 차오르는 것이 아닌가! 아무리 슬프게 기도를 하고 싶어도 내 마음이 기쁨으로 가득 차버려서 어떻게 할 수가 없었다.

나는 기쁨에 넘쳐서 "오 하느님! 이분을 이렇게 아프게 해주셔서 정말 감사합니다. 이분은 병고를 치르게 하시는 가운데 당신께서 성령을 가득히 부으시니 축복의 병고를 주심에 무한 감사와 찬양 드립니다. 감사와 찬양을 영원히" 하고 기도를 마쳤다. 기도를 마치자마자 화가 머리끝까지 난 슈미트 수녀님은 "아니 그런 엉터리 기도가 어디 있어요? 환자를 놓고 그게 불난 집에 부채질이지 그게 기도라고 하는 거예요? 그런 기도를 어떻게 할 수 있단 말 이예요!" 참으로 환자 앞에서 민망스러울 정도로 야단을 치신다.

그런데 거역할 수 없이 기쁨에 넘치도록 성령을 부으신 하느님은 또 어쩌란 말인가. 수녀님과 대판 싸우는 것은 환자 앞에서 있을 수 없는 일이었으나 싸워야 했다.

"아니 수녀님! 내 안에 성령이 환자에게 기쁨이 넘쳐흐르게 기도케 하시는데 날더러 어떻게 하라는 말씀이십니까. 이 뜨거운 성령의 열정을 내가 내 마음대로 슬프게라도 조작해낼 수라도 있단 말입니까."

환자 앞에서는 절대 싸울 수 없는 일이었으나 성령의 역사하심은 완전하셔야 하는 것이기에 싸울 수밖에 없었다. 정답은 환자가 입으로 기쁘게 넘친 말을 하며 "신부님! 너무너무 기쁩니다. 하느님의 은혜가 이렇게 뜨겁게 내릴 수가 없습니다. 정말 오늘이 신부님의 기도 속에 나의 이 병고는 하느님을 뜨겁게 만나게 해주는 축복의 질병임을 깨닫게 해주셔서 너무너무 감사를 드립니다."

그 뒤로 에르나 슈미트 수녀님은 나하고 더 이상 성령기도회를 같이할 수 없다며 헤어져 교구 쪽에서 이범주 신부님과 같이 일을 하셨다. 사도 바오로와 바르나바가 갈라지듯이….

또 이런 사건도 나를 기다리고 있었다. 어느 날 P진실 여인이 나를 찾아와 하는 말이 "신부님! 저는 몹시도 악령에 시달리는 여인입니다. 너무너무 악마가 나를 무섭게 고통 속에 빠뜨려 놓아서 저는 천주교에서 유명하다는 분은 죄다 찾아 만나 보았고 개신교에서도 유명하다는 분은 모두 다 찾아보았습니다만 아무도 절 고칠 수가 없었습니다. 어떤 사람은 절 고치다 뒤로 넘어져서 두 손을 들었고, 어떤 분은 시름시름 병석에 드러누워 버렸고, 어떤 분은 나를 보자마자 그냥 두려워 몸을 오들오들 떨어 기가 질려 버렸습니다. 저는 이제 이 세상에 아무도 고쳐줄 수 없는 고독한 처지가 되었습니다. 어떤 사람이 혹시 성산동 박성구 신부가 당신을 고쳐줄지도 모르니 그냥 한번 가보라고 해서 왔습니다만 신부님 절 고쳐주실 수가 있겠어요?' 하며 마치 당신이 나를 어떻게 고치나 하며 '당신 나를 못 고쳐! 틀림없이 당신도 불합격일 것이야! 어디 한번 고쳐 보시지?' 하고 으스대며 나를 찾아온 것이다.

나는 P진실 여인에게 이렇게 말했다.

"당신이 나한테 오기를 참 잘하셨습니다. 내가 당신 앞에서 기도하다 뒤로 넘어지면 '내 믿음이 상당한 줄 알았는데 형편없다는 것을 이렇게 뒤로 자빠져서 깨우치게 해주시니 감사합니다. 더욱더 열정으로 앞으로는 자빠지는 일이 없도록 열심히 고치게 해주시리라 믿으니 감사합니다' 하고 기도할 것입니다. 또 시름시름 병석에 눕게 된다면 '오, 하느님! 감사와 찬양을 드립니다. 내 믿음이 아주 형편없는 줄 알았더니 그래도 이 사람을 위해서 대신 고통을 겪게 해주시니 참으로 감사 드립니다. 이 고통을 기쁘게 당신 거라고 바쳐드리니 P진실 여인을 완전하게 고쳐주시리라 믿습니다' 하고 기도해서 기어이 완전하게 치유하리라 믿습니다. 완전하게 고쳐주시는 당신께 감사와 찬양과 사랑을 영원히! 영원히! 영원히 바칠 것입니다.' 내가 당신을 보고 기도하다 말고 그냥 얼어버리고 만다면 나는 당신을 통하여 주님께서 마귀란 이렇게 내쫓아야 되는 거라 하시며 오랜 기간 동안 나를 자신감을 붙게 하시며 인내를 가지고 가르쳐주시는 당신께 감사할 것입니다. 1년이고 2년이고 3년이고 4년이고 5년이고 나는 영원히 당신이 완전히 고쳐질 때까지 주님께 한수 한수 배워가며 당신을 반드시 고쳐드리고야 말 것입니다. 저는 다른 사람처럼 당신을 고치다 말고 도망가는 일은 절대로 없을 것입니다. 어차피 나는 당신이 나타나지 않아도 내가 반대로 당신 같은 마귀병 걸린 환자를 찾아서 훈련을 해야 되는데 당신께서 이렇게 일부러 찾아 주시니 여간 반가운 일이 아닙니다. 당신께 마귀병에 대하여 완전히 공부하게 된 것을 하느님께 진심으로 감사 드리니 아무 걱정하지 마시고 저의 기도를 받아 보시지요" 하고 말했다.

그 뒤 P진실 여인은 무려 3년에 걸쳐 일주일에 서너 번이라도 매일같이 기도 받기를 계속하였다. 나는 나의 바쁜 하루 일정을 쪼개서 매일매일 기도를 해주기 시작하였다. 하루에 그저 10분, 15분, 길어야 대화 나누기까지 포함해서 20분을 넘지 않았다. 고쳐주시는 건 하느님이지 내가 아니기 때문에 내 하루 스케줄을 일부러 P진실 여인을 위해서 몽땅 소비할 필요는 없었다. 나는 그날그날 필요로 하는 모든 사람들에게 공정하게 시간을 분배해야 하기 때문이었다.

하지만 P진실 여인에게 3년이란 세월을 기도하는 것도 결코 예삿일이 아니었다. 왜냐하면 이렇게 3년 동안 매일매일의 기도를 바친 것도 처음이자 마지막이었기 때문이다.

어떤 때는 이런 날도 종종 있었다. 아무리, 아무리 봐도 기도받으러 온 P진실 여인이 나보다 훨씬 잘살고 있었다. 그래서 나는 이렇게 기도할 수밖에 없었다.

"오! 진실하시고 신실하신 하느님! 아무리, 아무리 생각해봐도 당신께 치유기도를 받아야 할 사람은 P진실 여인이 아니고 이 못살고 죄 많은 박성구 신부라고 여겨집니다. P진실 여인을 안수하고 있는 박 신부를 당신께서 바로 안수하여 주시니 회개의 영을 가득히 부어 주십시오" 하고 기도했다. 박 신부에게 회개의 눈물을 하염없이 흐르게 하시고 동시에 P진실 여인에게는 더욱더 많은 회개의 눈물을 한도 끝도 없이 흐르게 하시는 것이었다. 한도 끝도 없이 그런 눈물을 가득히 영원히….

3년이란 세월을 보낸 어느 날, P진실 여인은 나에게 이렇게 말했다.

"안토니오라는 성인은 평생 마귀와 싸우는 일이 하느님이 그에게 주어진 일이었습니다. 나에게도 그것이 사명이 되었습니다. 감사합니다. 진심으로 감사합니다. 춘향이와 이도령이 만나 사랑을 나눈 남원에 사놓은 땅 4천 평을 기쁜 마음으로 작은예수회에 기부해 드리니 기쁜 마음으로 받아주시어요. 이것은 제가 드리는 진심어린 선물이오니 받아주시어요" 해서 받았다. P진실 여인의 소중한 사랑은 박 신부에게 하느님의 영원한 사랑, 잊을 수 없는 사랑으로 남게 되었다.

땅값은 당시 팔아봤자 몇 푼 안 되는 것이기에 지금은 그 땅이 어디에 붙어 있는지조차 잊어버렸다. 물론 명동 본부 사무실에 분명히 번지가 있는 대장이 있고 매년 세금을 내고 있을 것이다. 여전히 하느님은 장난기가 많으시다. 이런 걸 안 잊어버려야 되는데 잊어버리게 해서 영적인 사람으로, 끝없이 회개하는 박 신부로 부려야 하니까. 역시 그 여인을 통해서 영원히 회개하지 않으면 하느님의 일을 할 수 없게 된다는 모습 보여주시려는 것이 P진실 여인의 마귀병을 완전하게 고쳐주시지 않으신 은혜 중에 은혜가 되게 하셨다.

살아생전에 영원히 회개하는 박성구라야 70억을 영의 태양, 바다, 산을 사는 한 명도 빠짐없이 구원하는 영의 광개토대왕, 징기스칸, 세종대왕, 알

렉산더 대왕, 간디, 만델라, 이순신 장군이 되는 것이라 믿기에 그분은 박성구를 늘 사랑하지 않을 수 없으며, 박성구를 늘 싱그럽고 신선하게 바라보며 끝없이 당신의 꿈을 이루어 가며 박성구 속에서 인류를 변화시킬 온갖 다양한 시도와 도전과 개척을 해나갈 수 있게 해드리는 그런 나로 그분께 바쳐드릴 뿐이다. 영원히! 영원히! 영원히! 그런….

신축 중인 성산동성당. 자료사진

성산동 성전 건축

"내가 너희에게 말한다. 나는 대한민국에서 세계에서 이런 믿음을
가진 사람을 본 일이 없다."(루가 7, 9. 리모델링 말씀)

"사랑하는 성산동본당 신자 여러분! 여러분에게는 하느님께서 큰 사명을 주
시고 계시니 앞으로는 앞에 보이는 성산대교를 통해서, 한쪽으로는 양화대
교를 통해서 한국에 살아계신 하느님을 만나 뵙지 못하고는 하느님에 대해
서 아예 얘기를 하지 마려무나 하고 외국인들이 인산인해를 이루는 차량 행
렬로 가득 차게 될 것입니다. 한국인의 종교심을 도저히 이 세상 그 어느 나
라도 따라가지 못할 것이니 한국인들은 분명 하느님께 선택받은 새 이스라
엘 백성인 것입니다."

당시 성산동본당은 비오는 날이면 사방 군데군데에서 비가 죽죽 새서 곳
곳에 양동이로 쏟아지는 빗물을 받아내야 했고, 쓰레기장 악취마저 심했다.
이런 누추하고 악취가 나고 비가 새어서 양동이로 빗물을 받아내야 하는 제
단에서 나는 신자들을 가득 채워놓고 열강(?)을 하는 것이었다. 얼핏 보면
좀 맛이 간 또라이 신부의 알아들을 수 없는 이상한 이야기라서 정신과 의
사에게 치료를 받아야 되지 않겠나 할 정도였다.

그런데 제단에 오르기만 하면 어디서부터 오는 힘인지 모르는 싱그럽고 생기 넘치는, 무어라 말할 수 없는 폭발하는 열정이 항상 활화산을 이뤄 온몸 가득히 그분의 열정이 철철 넘쳐흐르게 되었다. 언제라고 딱히 얘기할 수 없이 제단뿐 아니라, 식탁에서도, 음식점에서도, 토론장에서도 새로운 손님을 만날 때마다 나의 가슴은 벅차오르고 새날, 새 희망, 새 기쁨, 새 사랑, 새 정의가 불길처럼 타올랐다.

매주 계속되는 성령기도회는 항상 사람들로 가득 넘쳐흘렀는데 으레 모든 본당이 그러하듯이 본당 신자보다는 타 지역에 오는 신자들로 더 인산인해를(?) 이루었다.

외국인들이 성산동본당에 무엇을 보고 몰려들 것인지는 나는 전혀 알 수 없는 일이었다. 다만 나란 존재 한가운데 그 하느님을 보고 또 그런 한국인들이 모여 사는 불타는 열정의 성산동본당의 성령인들을 보고 몰려드는 것 같았다.

나는 다만 한국인들의 종교심은 세계 최강이 될 것이라고 얘기를 했던 것인데 부제 때 온몸에 가득히 체험했던 그런 생명의 빛이 쭈욱 내 일생의 연장선상에서 성산동본당으로 새롭게 폭발하고 있었던 것이다.

사실 외국인들이 몰려오리라고 예상을 해서 외친 것이 아니라 마음의 열정이 활화산되어 그냥 쏟아진 것 뿐이었다. 그런데 그 뒤로 한참 세월이 흐른 뒤 엄청난 쓰레기더미로 산을 이루었던 난지도가 당시 성산동본당 관할구역이었는데 지금은 우리나라를 대표하는 최고의 친환경 경기장으로, 자연경관 수려한 공원으로 바뀌었다. 그런 것을 보면 아— 그래도 이게 국제경기장이 되어 외국인들이 줄을 서니 또 그분의 예언 역사가 예언대로 이루어

겼음에 감탄을 금할 길이 없다.

교회는 지역 주민들과 영으로 함께 살기 위하여 늘 고통받는 이들과 사랑을 항상 같이 나누는 모습이라야 살아있는 모습이다. 성전을 짓는 일과 고통받는 이들과의 사랑나눔은 언제나 똑같이 이루어져야 했다.

한 치의 차이도 없이 꼭 똑같아야만 되었고, 사목위원들은 언제나 이러한 박성구 신부가 지나치다고 생각하였다. 나는 언제나 성전과 고통받는 사람들과의 사랑나눔이 동일선상에서 꼭 액수야 얼마가 되었든 비율적으로 절반 정도로 돈이 사용되어져야 된다고 믿었다.

사랑이 고통받는 사람들과 신나게 나누어져야 마음이 편하고, 성령 충만한 모습을 좋아하는 사람들과 "성당 돈을 늘 바닥 내놓고 언제 성전을 지을 수 있노?" 하고 항상 시비를 걸어오는 사목위원들로 인하여 성당 안에서는 팽팽한 성령파와 지성 성령파 간에 한판의 전쟁이 늘 벌어지고 있었다.

나는 물론 모든 사목위원들 편에 있었으나 사람들은 "누가 주님의 모습으로 그 옳으심과 성령 충만함으로 사는지 당당하게 드러내는가를 입증하고 있느냐?"의 문제를 놓고 자신들이 성령이 충만한 패이고, 자신들이 본당을 이끌어가는 진정한 충성파라는 것을 두고 선명하게 갈라져서 싸우게 되었다.

늘 싸우고 또 싸웠다. 나는 당연히 온 백성들이 영세와 견진을 제대로 받았으면, 성령 충만한 모습으로 제대로 신앙생활을 하게 되어야 함을 당연한 신앙인의 삶으로 중심을 이루어야 한다고 보았다. 따라서 본당충성파들도 당연히 성령으로 무장된 신앙생활을 해야 한다고 늘 강조했다. 하지만 본당충성파들은 영원히, 실제로 본당에 그리 충성하는 일도 없으면서도 항상 본당을 바르게 이끌어가고 있다고 착각하고 있었다. 반면, 나는 그들이 본당 내에서 실제적인 지지세력이 되도록 열과 성을 다하였고, 본당을 이끌어가는 당연한 중심세력이 되게 펼쳐나갔다.

나는 늘, 모든 사목위원들은 당연히 성령충만파가 되어야 한다고 주장했기 때문에 두 패로 나눠지는 것은 있을 수 없는 일이라고 주장했다. 이렇게 계속 주장을 하면 할수록 성령과는 거리가 먼 본당충성파들은 자신들이 본당을 살리는 중심 패거리가 되어야 한다며 본당을 혼란 속에 빠지게 하였다. 혼란을 야기한 그들의 주장은 성전을 먼저 지어야지 고통받고 소외된 사람들을 도와주지 말라는 것이었다.

생명의 빛

"아무도 등불을 켜서 그릇으로 덮거나 침상 밑에 놓지 않는다.
등경 위에 놓아 들어오는 이들이 빛을 보게 한다.
숨겨진 것은 드러나고 감추어진 것은 훤히 나타나기 마련이다."
(루가 8, 16-17)

1983년 10월 첫째 주일날이었다. 서울 청파동 성령기도회 주최 1일 피정이 있었는데 박성구 신부가 초청이 되었다. 강의 장소는 서강대 마리아홀에서 있었는데 강의를 마치고 내려오니 가롤로라는 중증지체장애인과 그의 가족이 나를 기다리고 있었다. 그들은 자신들을 도와 장애인 마을을 만들어 달라고 하였다. 그러나 나에게는 그럴 능력은 없지만 어디 한번 연구해 봅시다라고 한 뒤 "성산동본당으로 한번 찾아와 보세요" 하고 헤어졌다.

1984년 3월경 사순절 특강으로 하루 종일 미사 때마다 강론을 하게 하며 마을을 이루어 줄 수 있는 사람이 나타나기를 열심히 신자들에게 기도를 시켰다. 나는 이렇게 하기 전에 먼저 하느님께 기도하기를 "하느님 제가 지금 성전을 짓고 있는데 이 장애인들을 어떡하실 작정이십니까?" 하고 말씀 드렸더니 하느님께서 루가복음 10장 25절의 말씀을 상기시키며 길에서 강도를 만나 피를 흘리며 죽어가는 비참한 모습으로 장애인 가족들을 보여주는 것이었다.

"네가 만약에 저 장애인 가족을 돕지 못한다면 성경에 나오는 가짜 사제가 바로 네가 되는 것이란다. 네가 아무리 다른 좋은 일을 한다 한들 이 일을 안 하면 가짜 사제가 되는 줄로 명심하거라" 하시는 것이 아닌가.

아무도 날 쳐다보는 사람도 없는데 그분의 해맑은 눈동자가 나를 뚫어져라 보시고 있는 것이었다. 나는 양심이 찔려 어떻게든 장애인 마을을 만드는 수밖에 도리가 없었다. 그렇다. 아무도 안 보았다고 그분을 피할 수는 도무지 없었다. 성당을 신축하고 있지만 전혀 상관없다고 하신다.

"네가 아무리 성당을 짓고 있다 하더라도, 다른 좋은 일을 아무리 잘한다고 할지라도 그것은 소용없다는 것이다. 이렇게 저렇게 요렇게 그렇게 피하기만 해봐. 넌 국물도 없이 가짜 사제인 거야" 하시며 또렷이 바라보고 계신 것이다.

5월 첫째 주일날 여의도광장에서 한국 103위 성인시성식이 요한 바오로 2세 교황에 의해서 거행되었다. 내 눈에 비친 교황 요한 바오로 2세는 하느님이 매우 기뻐하시는 대사제님이셨고, 하얀 교황복과 빨간 모자와 품위 있는 신체와 지·덕·용이 넘쳐흐르는 사도 중의 사도다운 모습이었다. 과히 하느님을 대신하는 위대하신 빛으로 찬란한 성자다운 풍채이셨다.

한국말로 미사 드리는 모습은 너무나도 대한민국 백성들을 사랑하시는 모습으로, 성령이 넘쳐흐르는 미사였다. 150만이 운집한 시성식은 우리나라 사상 초유의 대행사였고, 쓰레기 하나 없는 행사는 각 텔레비전마다, 신문마다 대서특필되었고, 성스러운 시성식을 한층 크게 5천만 국민들의 가슴에 아름다운 영의 대자연으로 아로새겨지게 하였다.

1980년도의 11월 25일은, '전날 비룡성당 축성식과 함께 제대로 성령을 받아 영세를 받은 날로 규정한 날이었다. 1981년 6월 7일, 예수님과 나는 당신께, 당신은 내게로 고백케 되어 견진을 받았다고 사람들에게 공적으로 선언을 하였다. 분명히 초등학교 3학년 때 영세받았고, 6학년 때 견진받았고, 신학생 신부로 1976년 서품을 받았고, 1980년 11월 24일까지 사제생활을 했지만 진짜 성령은 1980년 11월 25일 내렸다고 했으니 그전까지는 나는 예비 신자였을 뿐이다라고 만나는 모든 사람들에게 고백하였다.

그래서 성산동성당에 와서도 계속하여 성령기도회뿐 아니라 본당 신자 전체를 상대로 성령세미나를 개최했다. 주일 매 미사 때마다 성령세미나 강론과 팀 대화를 하니 본당 신자들이 박성구 신부를 그냥 둘 리는 없다. 주교님들에게 불려가서 미사 때 "아멘, 아멘 하고 길게 어메이징 그레이스로 노래하지 마라. 거양성체, 거양성혈은 왜 그렇게 오래하냐? 빨리 좀 내려야 되지 않겠냐?" 하시며 꾸지람을 들어야 했다.

그러나 아무리, 아무리 생각해도 그건 너무 부당하신 말씀이셨다. 아니 어떤 신부는 강복을 주시는데 손바닥을 위로 하며 강복을 주시고 어떤 분은 아래로 손바닥을 펼치며 강복을 주시잖는가. 또 어떤 분은 팔을 넓게 벌리시는가 하면 어떤 분은 팔을 짧게 벌리시고 하는 이런 것은 안 따지시고 꼭 박 신부의 성령기도 문제만 따진다는 것은 있을 수 없는 일이라 생각되었다. 순명할 아무런 필요성이 없었기에 그냥 말만 들었을 뿐이지 모든 사제들에게 다 똑같이 적용될 수 없는 것을 꼭 박성구 신부만 문제가 된다고 해서 시정하라는 것은 있을 수 없는 일이었다.

주교관 식탁에 주교님들이 세 분 계셨고, 선대 성령 신부님들이 죽 둘러앉아 식사를 하시면서 김수환 스테파노 추기경님이 입을 여신다.

"박성구 신부! 철야기도회 하지 마! 문제가 아주 많아. 왜 그렇게 광적으로 기도회를 하냐구?" 하시며 또 꾸중을 하신다.

"추기경님! 저 성령기도회 하는 거 싫어하시는 분들 얘기만 듣지 마셔요. 거 병신도들이 얼마나 신하게 철야기도회를 통해 은혜를 받고 있는데 그냥 성직자들은 철야기도회를 하시지도 않으면서 누가 조금만 뭐라 하면 당장 성령기도회를 문제시하고 이래라저래라들 야단들을 치시는데, 추기경님 그런 분들 말 듣지 마셔요. 교회는 고요와 장엄 그리고 거룩함만 좋아할 것이 아니라 열정적이고 적극적이고 능동적인 기도도 좋아해야 됩니다. 광적인 것과 열정적인 것은 전혀 다릅니다. 생각을 해보세요. 그냥 의료보험도 없는 가난한 사람이 그냥 길바닥에서 죽을 수밖에 없는데 철야기도회를 통해서 병이 다 나았다면 얼마나 좋은 일인가요. 춤을 덩실덩실 추며 기뻐해야 될 일이 아닌가요?" 하니 주교님들과 선배 성령 신부님들이 아무 말씀 못하시는데 거기에다 젊은 신부가 한마디 더 붙인다.

"추기경님! 거 아무것도 모르는 분이 또 박 신부를 문제시하면 '거 아무것도 모르면 나한테 뭐라 뭐라 말하지 말고 성산동 박성구 신부에게 가서 자세히 알아본 뒤에 나한테 와서 얘기하게나' 하고 말씀하십시오" 하니 사실 주교님들도 어이는 없으셨을 것이다.

그러나 주교님들의 말씀을 그대로 다 들었으면 작은예수회도 성령기도회도 아무것도 할 수 없었을 것이다. 새파랗게 젊은 신부가 미운 짓만 골라 하며 주교님들의 속을 썩이니 어르신들에게 인정받는 신부로서의 삶은 이미 물 건너간 가운데 나의 사제 생활은 계속되었다.

1984년 연초부터 장애인 마을을 구축하기 위한 철야기도회를 해가는 가운데, 금촌본당의 비비안나 자매로부터 임시 가건물을 빌려서 드디어 6월 7일 가롤로 가족, 도밍고라는 청년과 중증지체장애인 엘리사벳, 정 유리안나와 그리고 성산동 성령기도회 식구들과 함께 파주 운정 사랑의집으로 장애인 마을의 시작 미사를 드렸다.

교구에서는 사회복지 담당 최선웅 신부님이 참여한 가운데 정동후 교육분과장, 김인태 재정분과장, 제기동 성령기도회 고영희 봉사회장, 김 헬레나 총구역장, 성산동기도회 사람들이 참석한 가운데 미사를 드렸다. 마태오복음 25장 40절 말씀에서 "가장 고통받는 형제에게 해준 것이 나에게 해준 것이다"를 봉독하는 가운데 조명탄이 대낮같이 환하게 머리 위로 터지니 온몸이 환하게 밝아지는 것이 아닌가.

감격스러워진 나는 열정에 사로잡혀 "저 장애인의 얼굴에서 미소가 영원히 사라지지 않게 하는 것이 하느님께로부터 받은 나의 사명입니다. 나는 저 장애인의 얼굴에서 영원히 미소가 사라지지 않도록 생명을 다 바칠 터이니 주님께서 풍성한 결실을 맺을 것이라 믿습니다. 사랑하는 형제자매 여러분! 저 장애인 못지않게 여러분 또한 영적인 장애인이라고 고백할 수밖에 없다면 사랑나눔 회원이 되시고 그렇지 않다면 사랑나눔 회원이 되지 마십시오" 하고 외쳤다. 그러다 보니 "아니, 내가 미쳤나! 눈물로 하소연을 해도 될까 말까 한 사랑나눔 회원들을 네가 영적 장애인이 아니면 회원이 되지 말라구? 그런 말할 수 있는 거야! 정말!" 하고 자문을 할 정도였다. 그러니 마음 한가운데 살아계신 하느님께서 "근심하거나 걱정하지 마라! 네 생명 바치는 소리를 들었다. 그것으로 족하다. 내가 이 세상 끝까지 네가 어느 곳을 가든지 너와 함께 항상 영광 떨치겠노라" 하시는 것이 아닌가. 나는 이렇게 고백하는 것으로 오늘까지 살아왔다. 그동안 수많은 고통의 세월이 흘렀건만 이 말씀만이 가슴에 살아 움직이는 말씀으로 늘 새롭게 넘쳐흐르고 있는 것이다.

운정 사랑의집으로 장애인 마을을 개원하면서 나의 휴일인 월요일이 없어졌다. 나는 월요일마다 무슨 일이 있든지 운정 사랑의집으로, 작은예수회로 가서 사람들을 만나고, 계획을 세우고, 회원들을 모집하고 철야미사를 드렸다. 그러다 보니 1984년부터 지금까지 휴일도 휴가도 없이 365일을 풀가동하며 하느님의 일을 계속해오고 있다.

매주 계속되는 월요일 철야기도회가 사람들로 인산인해를 이루어 많은 사람들이 은혜도 많이 받고 각종 질병도 치유되어 만원사례를 계속해 나갔다. 그러던 어느 날 가롤로 장애인은 마치 큰돈을 벌기라도 한 것처럼 사람이 변해도 이상하게 변하여서 하는 말이 "이제 내가 전국을 돌며 순회강연을 해야 되니 봉고차 한 대를 내 앞으로 사주셔요"라고 졸라대며 공갈과 협박을 하는 것이었다.

'아니 이런 고약한 친구가 있나! 내가 죽어라고 사람들을 모은 건 하나도 인정 안 하고 자기가 갑자기 뭐라도 되는 양 이렇게 엉뚱한 소리를 하고 다니다니 이런 정말 말도 안 되는 소리하고 있는 것이다.'

이건 정말 도무지 용서가 안 되는 허무맹랑한 친구의 괴변이기에 거절을 했더니 그 친구는 또다시 헛소리를 늘어놓았다.

"박 신부는 장애인들을 상대로 돈벌이를 하는 도둑놈입니다. 이런 놈은 철저하게 도둑질을 못하도록 엄단의 조치를 가해야 합니다" 하고 나를 도둑놈으로 누명을 씌워 고발해버렸다. 그런가 하면 성령기도회를 무허가 집에서 계속하는 것을 늘 눈엣가시처럼 바라보던 비비안나 측에서는 "주교님! 이런 사람들의 괴상망측한 기도는 참으로 주변 주민들에게 너무나도 피해를 끼칩니다. 이들의 고성방가 성령기도회, 괴상망측한 성령기도회는 더 이상 주변 사람들을 그만 괴롭혀야 되겠습니다"라는 투서를 올렸다. 매주 인산인해를 이루며 수많은 사람들에게 은혜로웠던 성령기도회는 1984년 10월 하순 서울 아카데미하우스에서 진행된 서울대교구 사제연수회에서 김수환 스테파노 추기경님의 한마디 꾸중으로 막을 내리지 않을 수 없었다.

추기경님께 불려간 박성구 신부에게 하시는 말씀이 "박 신부! 더 이상 이상한 소리 들리지 않도록 하게나. 알겠나?" 하시며 한마디 변명할 기회조차 주시지 않으시니 단 한 방의 말씀에 그냥 그대로 나는 운정 사랑의집을 닫을 수밖에 없었다.

"사랑하는 성령기도회 가족 여러분. 저는 수개월 동안의 장애인들과의 사랑나눔에 정말 하느님의 큰 은총을 입었습니다. 저는 아무런 상처를 입지 않았고, 빛을 한 아름 가득 안고 물러갑니다. 감사합니다."

인사말을 끝내는 박 신부에게 큰 박수를 보내며 성령가족들은 눈시울을 붉히며 흐느껴 울었다.

한마디 소명 기회조차 얻어내지 못하고 왠지 모르게 그냥 이렇게 그만두는 것이 신의 뜻이라고밖에 받아들일 수 없었던 것은 하느님의 생명의 빛이 가득히 신부님을 감싸 안고 있는 신비스런 모습 때문이었다.

그냥 김수환 스테파노 추기경님의 엉뚱하신 한 마디 말씀을 좋다 나쁘다 말할 필요조차 느끼지 못했다. 그분이 박 신부와 성령가족들에게 내리시는 성령 충만함의 은총을 모두의 가슴에 영원히 남기시며 영광 떨치시는 것이 당신께서 하실 일의 전부였을 뿐이었다.

그로부터 한 달이 지난 11월 하순경 가롤로 장애인 가족을 뺀 오륙 명의 식구들이 날 찾아와 하는 말이 "신부님! 우리는 신부님 없이는 어떻게 살 방법이 없습니다! 우리를 살려주셔야 합니다! 우리는 갈 데가 없습니다. 우리를 꼭! 우리를 살려주세요. 살려주세요."

나는 아무 말 없이 이제 금방 영세받는 김주열 대건안드레아 형제에게 "이보시오 형제! 어떻하나! 잘 곳이 없는 이 식구들을 형제 집에 좀 묵게 해야 되지 않겠나?" 하고 물어보았다.

"그렇게 하시죠! 저희 집에 그냥 머물게 하십시오."

갈 곳이 없는 장애 식구들을 고마운 형제 집에 살게 하며 나는 어머니를 찾아가 말씀을 드렸다.

"어머님! 제게 6백만 원만 꿔 주시겠습니까?" 하니 어머님께서 하시는 말씀 "내가 미쳤냐? 너에게 돈을 꿔 주게? 그러지 않아도 내가 망하라고 기도했더니 그대로 망하게 해주셨는데" 하시며 언짢아 하신다.

나는 그런 어머니에게 기가 꺾일 아무런 이유가 없었다. "어머님! 그만 두십시오.! 두고두고 후회하실 것입니다." 나는 이래저래 개망신당한 것에 아랑곳하지 않고 "여러분! 내가 갖고 있는 돈이 4백만 원이 있으니 6백만 원이 마련되도록 하느님께 열심히 기도합시다! 하느님께서는 꼭 들어주실 줄로 믿습니다. 암은요! 꼭 들어주시리라 믿습니다."

하느님의 영이 고영희 실비아 작은예수 운정 사랑의집 성령봉사자에게 뜨겁게 내리게 하는 가운데 2주 만에 6백만 원을 참으로 순식간에 마련케 하셨다.

가지고 있던 4백만 원과 6백만 원을 합쳐서 망원동에 전세를 들어 장애인들의 수를 18명으로 늘려 한 사람이라도 더 구제할 마음으로 1985년 1월 13일 작은예수회로 새롭게 문을 열었다. 어떻게 운정 사랑의집이 작은예수회가 되었느냐구요?

김주열 대건안드레아 형제 집에 장애 식구들을 머물게 하고 있는 동안 나는 운정 사랑의집 초대 부회장 정동후 님과 이제는 운정 사랑의집이 아닌 다른 이름이어야 하지 않겠냐며 얘기를 나누었다. 나는 '우리가 이런 공동체를 운영하는데 한 사람이라도 더 예수를 살게 하는데 열정을 쏟아야 되지 않겠냐? 하는 데에 동후 형님이 동의를 했다. 동시에 '그러나 그냥 예수라는 이름만으로는 더 큰 예수님이 맨날 쌈질을 일삼을 테니 서로 가난, 겸손해지도록 동후 형님이 좋아하는 작은형제회의 작은이라는 이름을 같이 붙입시다' 해서 '새로 공동체를 이루는 것은 작은예수회로 합시다.' 이렇게 하여 이름이 지어지게 된 것이다.

처음의 이 공동체의 특징은 운정 사랑의집에서도 그랬듯이 고통받는 사람들만 보였지, 남자 여자가 따로 따로 보이지를 않아 그냥 남녀칠세부동석과는 관계없이 남녀가 한 지붕 아래 자유롭게 살게 되었다.

그런데 진짜 알 수 없는 것은 추기경님이 공동체를 해산시킨 것도 참으로 엉뚱하고 받아들이기 힘든 상황인데도 모두가 자연스럽게 하느님의 뜻으로 빛을 가득히 받았다는 사실이다. 새롭게 공동체를 이룸에 있어서도 추기경님께 당연히 허락받았어야 되는 일인데도 전혀 그렇게 하지도 않았을 뿐만 아니라 죄의식도 전연 없었다. 이렇게 하면 자연 말을 안 들었으니 징계도 감안했어야 되었는데도 그런 생각이 전연 들지 않았고, 이건 그냥 자연스럽게 이루어져야 될 일이라고 믿었다. 추기경님하고는 전혀 관계없이 장애인의 인권은 어디까지나 장애인 편에서 지켜져야 되는 것이 당연한 것이라고 생각했기 때문이었다.

작은예수회

"아! 믿음이 없고 비뚤어진 세대야!
내가 언제까지 너희 곁에 있으면서 너희를 참아 주어야 한다는 말이냐?
네 아들을 이리 데려 오너라."(루가 9, 41)

작은예수회관 정식 명칭은 정확히 1984년 10월 하순 김수환 스테파노 추기
경님의 해산 명령으로 그해 11월 하순까지 쉬었다가 11월 하순경에서 1985
년 1월 13일까지 김주열 대건안드레아 형제 집에 머무르는 기간 동안 설립
되어졌다. 우리 형제는 성품이 아주 좋았고, 아내와 자녀들 또한 성품이 좋
아서 언제까지나 머무른다 할지라도 하느님 품안과 같은 따뜻한 성품의 소
유자였다. 온 집안 식구들 모두가 아주 착했고, 아내 역시 성품만큼이나 아
름다운 외모를 지녀서 김주열 형제는 요셉님, 아내는 마리아님이라 해도 조
금도 손색이 없었다.

사람과 사람 사이 관계에서 너무 눈치 못 챌 정도로 착한 일을 해주다 보
면 그 사람의 고마움을 잊어버려서 속상해지는 일이 많다. 짧은 기간이었지
만 영원히 잊을 수 없는 사람들은 '하늘을 나는 새도 둥지가 있고 여우도 굴
이 있는데 인제는 머리 누일 곳조차 없다'고 하신 예수님의 말씀대로 예수
님께서 직접 이름을 지어주셨다고 고백할 수밖에 도리가 없는, 영락없이 그

냥 예수를 사는 김주열과 그의 아내 그리고 그 집안 자녀들이었다.

그때는 그게 별로 크게 감사한 일이라고 생각하지 못하였으나 이 글을 쓰고 있는 지금 이 순간 감동과 함께, 사랑과 함께 어디 있는지 만나면 영의 잔칫상을 벌려놓고 한바탕 울었다, 웃었다 하며 시간 가는 줄 모르며 회포를 풀고 싶은 사람들이다.

"사랑하는 나의 가족들아! 난 정말로, 정말로 가족들을 사랑한다! 보고 싶다! 만나고 싶다! 김주열과 가족들아."

정 유리안나, 도밍고, 엘리사벳, 글라라, 최 데레사로 새롭게 시작된 작은예수 망원공동체는 정말 살맛나는 싱그러운 공동체가 되어갔다. 너도나도 도움의 손길을 내미는 장애 식구들로 금방 1천만 원짜리 전세방 공동체는 삽시간에 18명으로 불어났다. 콩나물시루 공동체로는 더 이상 사람을 받을 수가 없는 지경이 되었다.

어느 날 잠잠하던 가롤로 중증지체장애인이 나에게 전화를 걸어왔다.

"한 번만 용서해주시고 저를 받아주세요" 하길래 나는, "형제, 나는 벌써 하느님 안에 형제를 용서했다네. 그런데 형제하고 나하고는 원래가 성품과 기질과 행동하는 모습이 같지를 않아, 또다시 같이 산다고 해도 헤어지게 되는 경우가 생길 확률이 아주 높아서 안 돼. 그래서 우리는 같이 살면 안 된다는 거야" 하고 전화기를 내려놓았다.

그는 계속해서 다섯 번이나 전화로 살려달라고 했고, 세 번이나 긴 장문의 편지를 보내왔다. 그러나 나는 정말 하느님 안에 이 사람은 같이 살아서는 안 된다는 것을 절감하고 있었기 때문에 이 사람을 또 받았다가는 공동체가 완전하게 풍비박산 나겠다는 생각 때문에 도저히 받을 수가 없었다.

한밤중에 망원공동체에서 사제관으로 전화가 걸려왔다.

"신부님! 신부님! 지금 큰일 났습니다. 공동체 식구들 중 두 사람이 지금 집안에서 소동을 벌이고 있습니다. 힘이 세서 아무도 말릴 수 없고 유리안 나와 데레사는 지금 소리소리 지르며 죽는다고 난리법석을 떨고 있어요! 빨리 오셔요! 빨리요."

공동체로 달려가 보니 말 그대로 대소동이 벌어지고 있었다. 한눈에 봐도 그것은 병원에서도 못 고치는 마귀병에 시달리는 모습이었다. 나는 유리 안나와 데레사를 방바닥에 그대로 눕히고 두 사람 머리에 양손을 얹어 기도를 시작했다.

"하느님 아버지! 이 두 사람 모두에게 주님의 성령을 가득히 부어 마귀들을 완전 소탕시켜 주십시오" 하고 한참을 진정을 시키며 기도를 했다.

이제 식구들이 기도를 해도 되겠지 하고 다른 식구 한 사람에게 기도를 맡겼더니 다시 소리소리 지르며 온통 집안을 돌아다니며 소동을 피웠다. 나는 다시 두 사람을 방바닥에 그대로 눕힌 채 머리 위에 양손을 얹고 기도를 시작했는데 새벽녘에야 잠잠해졌다. 참으로 놀라웠던 것은 방바닥에 그냥 눕힌 채로 머리에 안수를 한다고 해서 무슨 힘이 있겠냐만은 성령의 힘이 얼마나 센 것인지를 그냥 주님께서 보여주신 기적 같은 일이었다.

"따르릉! 따르릉!"

"예! 말씀하십시오. 박성구 신부입니다."

"저어 오냉정이라는 사람인데요. 제 어린 딸 최말썽이라는 아이가 10년 전에 집을 나갔는데요, 어떻게 찾았어요. 아이가 다 죽어가고 있는데 와서 도와주셔요. 우리 딸 꼭 살려주셔요. 큰일 났어요. 어서 오셔서 살려주셔요."

나는 그 집을 다섯 명의 건장한 남성들과 함께 방문하였다. 왜냐하면 그 아이 힘이 대단하고 집안을 마구 돌아다니며 폭력적인 행동을 서슴지 않는다고 했기 때문이다. 틀림없이 마귀병이라 생각하고 원래 마귀란 놈들은 힘이 세기 때문에 대세라도 주려면 남성들의 힘이 좀 필요할 것 같아 함께 간 것이었다.

그런데 이 어찌된 일인가? 열일곱 살 소녀는 내가 대세를 주려고 접근만 하면 살기 띤 눈으로 나를 노려보며 기를 팍 죽이지 않는가. 나뿐만 아니라 다섯 명의 건장한 남성들도 완전히 꼬랑지 내린 똥개 모양이 돼버리는 게 아닌가. 다시 붙잡아 다섯 명의 건강한 남성들로 힘으로 누르려 하니까 "에잇! 저리 안 가!" 하고 때까치 같이 마른 소녀가 힘을 쓰니까 다 뒤로 나자빠지고 말았다. 어둠의 삼손녀 최말썽 소녀를 아무도 힘으로는 당해낼 도리가 없었다.

이 광경은 너무 코미디라서 박장대소하며 텔레비전 시청률 1백 퍼센트 인기 최고의 프로가 되고도 남을 일이었다. 어휴, 창피해. 한 명의 때까치 마른 불독에게 6명의 똥강아지들이 무참히 KO패 당하고 도망가는 이 모습을 무어라 표현할 수 있겠는가?

그 다음날 아침미사를 드리며 하느님께 기도드리기를 "하느님! 제가 어제는 교만하고 건방지게 기도 준비를 하지 않고 가서 하느님께 큰 죄를 저

질렀습니다. 하느님을 큰 망신시킨 이놈을 용서해 주십시오. 죽여주시고 다시 한 번 기회를 주십시오! 제가 꼭 이 마귀새끼들을 쳐 죽이고 오겠습니다. 사제로서의 명예를 꼭 회복시켜 주십시오."

나는 두 주먹을 불끈 쥐고 하느님께 사자처럼 포효하며 기도했다. 그리고 미사가 끝나기가 무섭게 어제 저녁에는 다섯 명의 장정과 함께 갔지만 오늘은 까만 양복에 로만칼라 와이셔츠에 한 손에는 성경책을 들고 혼자서 뚜벅뚜벅 영의 삼손 신부로서 걸어갔다.

"똑똑똑"

"누구세요?"

"박성구 신부입니다."

"예? 신부님! 아니 어쩐 일이세요?"

"어제 너무 죄송스러웠어요. 하느님께 면목도 없고…. 오늘은 제가 혼자 그 소녀를 고쳐 보겠습니다. 그 소녀 어디에 있어요?"

"저기요. 저기. 애! 말썽아! 이리 오려무나. 얼른 와서 신부님한테 인사해야지?"

말썽이는 어제 저녁때처럼 나를 살기 띤 눈으로 노려본다. 그래서 나도 '주님, 내 눈이 예수님의 눈이 될 줄로 믿습니다.' 고백하니 그분의 눈으로, 생기가 넘치는 사랑이 넘치는 눈으로 그 소녀를 바라보았다. 그러니까 그 소녀의 살기 띤 눈이 꼬리를 내리더니 감아 버린다. 나는 서서히 다가가서 "어디 눈을 떠 보시지? 감지 말고 눈 좀 떠봐! 눈을 떠보라니까!" 하고 눈을 억지로 뜨게 하면 할수록 꽉 감아버린다.

엄청난 힘으로 뿌리치려 발버둥치는 소녀의 팔을 잡으며 "주님! 제 손에 주님의 영을 가득히 부어 주십시오." 기도하기가 무섭게 팔에 힘이 쫙 빠져 나가는 것을 느낄 수 있었다. 한 팔로 소녀를 안으며 방바닥에 앉으니 그 소녀는 온몸을 요동치며 괴성을 지른다.

"야! 이 신부새꺄! 꺼져 버려!"

"이 더러운 악령아! 이 소녀에게서 떠나거라! 어서 떠나거라!" 하니까 찍소리 하지 못하고 온몸에 힘이 쫙 빠져버린다.

잠시 후 소녀는 완전 거짓말같이 착한 양이 되어버렸다. 어젠 기도도 별로 안 하고 장정만 다섯 명이 갔는데도 그 힘을 당해내지 못하고 망신, 망신 개망신만 당했는데 오늘은 나 혼자서 충분히 감당하고도 남아 한 팔로 소녀를 안고 한 팔은 주전자에 물을 담아 최 막달레나로 어머니의 도움을 받으며 대세를 주었다.

"오 하느님 감사합니다. 이 소녀를 귀한 딸이 되게 하소서. 감사와 찬양을 드립니다. 감사와 찬양을…."

그 소녀는 결국 그 다음날 하느님 품으로 떠나버렸다. 아주 평화로운 모습이었다.

많은 사람들은 어둠이 자기를 지배하고 있는지조차도 모른다. 특히 정신병자들은 그냥 스스로 신체적 질환으로 정신병이 걸리게 된다고 믿으나 신앙인은 이 병은 걸려서는 안 되는 병으로, 1백 퍼센트 어둠의 병이라고 믿는다. 내가 그분 안에서 산다고 믿고 있으면 빛의 자녀로 그분 빛으로 사는 것이고, 내가 그분 밖에 있다고 믿으면 어둠의 자녀로, 악마의 어둠으로 지배를 받게 되는 것이다.

남녀칠세부동석인 것임에도 불구하고 나는 많은 고통에 빠진, 빠질 수밖에 없는 사람들을 한 사람이라도 더 구출해야겠다는 사명감으로 남녀 가리지 않고 고통받는 사람들을 받아들였다. 그러다 보니 공동체에 있는 남자 도밍고가 여자 소아마비 엘리사벳이 깊게 사랑하게 되었다. 둘은 사랑에 빠져 깊은 황홀경에 빠져들어가 버렸다. 그래서 일을 일찌감치 벌려 버렸다.

엘리사벳이 나한테 문제가 생겼다고 아우성치면서 "신부님! 난 이미 도밍고하고 그만 일을 저질러버렸어요. 우리 이제 이걸 어떡해요. 돌이킬 수 없는 이 사건을 해결해 주세요. 꼭 해결하지 않으면 우리도 어쩔 수 없이 도망갈 수밖에 없잖아요?"

참 이상도 하다. 그 콩나물시루 같은 방에서 어떻게 남녀가 일을 벌일 수가 있담? 참 재주도 좋다. 아니 사방에 경계의 눈으로 둘러싸여 있는데 글쎄, 사랑의 행위를 버젓이 한다?! 아무리, 아무리 생각해도 머리가 너무 좋다. 이렇게 머리가 비상할 줄이야 정말 몰랐지만 우선은 안심시켜 놓아야 했다.

"엘리사벳! 도밍고! 괜찮아. 괜찮아. 뭐 남녀가 그럴 수도 있지 뭐. 남녀 구별 없이 마구 받은 내 잘못이야! 내 잘못! 한 사람 한 사람 따로따로 시차를 두고 나가서 자연스럽게 수색본당에다 혼인 신청을 해놔! 그럼 아주 둘의 결혼을 아무렇지도 않게 주례할 수 있잖아."

나는 이렇게 말했고, 둘은 내 말에 따라 행동하였다.

그 뒤 나는 시치미 뚝 떼고 아무렇지도 않게 결혼 주례를 섰다. 눈치 못 채게 혼배를 주었더니 여간 기쁘지 아니 할 수 없다. 가슴 두근두근 방망이질하면서 붙잡히면 안 되니까 죽기로, 도망가기로 하면서 사는 것 중에 이런 방법을 선택한다는 것은 여간 배짱 있는 일이 아니었다. 배짱 한번 두둑했고, 사고뭉치 결혼을 지혜롭게 성사시킨 자랑스러운 대한의 청춘남녀의 호쾌한 결혼식이었다.

내 일생 처음으로 공동체 식구들 전혀 눈치 못 채게, 이 세상 사람들 아무도 모르게 결혼을 주례했길 망정이지 이걸 그대로 야단만 쳐서 내보냈다면 지금까지 가슴 아픈 절망적 추억으로 남게 되었을 것이다.

세월이 흐른 뒤에 둘이 딸아이와 함께 나타나서 우리 넷은 마냥 행복하기만 했다. 햐! 참! 기가 막히게 와 이리 좋노! 야단 안 치고 몰래몰래 결혼시키길 얼마나 잘했노! 그치?

사나이 대장부 가는 길

"그러자 예수님께서 박성구에게 말씀하셨다. 하느님을 믿어라. 내가 진실로 박성구에게 말한다. 내가 이 산더러 '들려서 저 바다에 빠져라' 하면서, 마음속으로 의심하지 않고 성구가 말하는 대로 이루어진다고 믿으면, 그대로 될 것이다."(마르 11, 23 리모델링 말씀)

"사목위원 여러분, 저는 성산동본당 땅만 사놓고 떠나겠습니다. 3백 평 부지 가지고는 절대 성당을 지어서는 안 됩니다. 미래를 내다봐서라도 안 됩니다"라고 주장했다. 그러나 절두산에서 성산동본당으로 분가하면서 그 책임을 맡은 김몽은 신부님과 성산동본당을 짓는 임무를 맡은 일부 사목위원들은 3백 평에다 성당을 지어야 된다고 완강하게 버텼다. 젊은 사제 박성구에게 그것은 절대로 용납할 수 없는 일이었다.

이를 통과시키려면 방법은 단 한 가지밖에 없었다. 사목위원 수를 대폭 늘리는 일밖에 없었고 나는 그렇게 했다. 1982년도의 바자회를 끝으로 순이익을 5,500만 원 올려서 땅을 4백 평 더 사놓았다. 부지확보 1백 퍼센트 목표를 조기에 달성을 하였으니 내친김에 성당까지 지어야겠다고 생각했다. 이어서 성전 건축을 강행하게 되니 또다시 성전 건축에 사람들을 시달리게 한다 하여 시끌시끌 와글와글 투닥투닥 이짝저짝 계속해서 닭싸움이 벌어졌다.

본당마다 돌아다니며 1982년부터 1984년 6월 달로 매우 성공적인 바자
회로 성황을 이뤘다. 가장 큰 도움은 큰 성과를 이루었던 것은 바자회 성공
을 위한 티켓 발행이었다. 티켓 발행은 순이익의 절반을 이룰 정도의 큰 성
과를 이루었다. 드디어 1984년 8월 15일 성모승천대축일을 이용하여 건축을
시작하였다.

성모님은 그냥 예수님의 백그라운드이시지 앞장서시는 분은 아니셨는데
예수님께 성모님이 만만찮은 분이셨듯이 박성구 신부에게도 이정자 어머
님은 만만한 분이 아니셨다. 어머님은 그해 예루살렘 루르드 성지순례를 가
셔서 신체의 질병을 말끔히 고치셨다 하셔서 굉장히 많은 루르드 성수를 사
오셨고 그것을 성전 기공식 마당에 온통 뿌리셨다. 그랬으면 평화롭게 성전
건축이 이루어져야 했는데, 그 반대로 왜 성전을 지어야 하는지 모르겠다는
사람들로부터 박성구 신부는 이리저리 걷어차이고 반대 패거리들에게 몰매
를 맞으며 성전을 지어야 했다.

"따르릉 따르릉"

"예, 박 신부입니다."

"미친놈!"

"따르릉 따르릉"

"예, 박 신부입니다."

"개새끼!"

미친놈, 개새끼 소리 듣는 일은 예삿일이었고, 여러 사람들 앞에서 공개
적으로 수모도 많이 당했다. 고통받는 이들과의 사랑나눔 때문이었다. 성전
짓기도 바쁜데 왜 이웃들과 사랑을 나누냐는 것이었다. 1년 분기 때마다 신

축금도 많이 부족한 입장에서 고통받는 이들과의 사랑나눔은 상당한 지출 (?)이라는 것이 불만의 요지었다.

"성당 다 짓고 난 다음에 고통받는 이들과 사랑을 나누어야지 지금 꼭 나눠야 속이 시원해요?" 하는 것이 반대 이유였고, 박 신부는 언제나 변함없이 성전 신축과 영원히 고통받는 이들과의 사랑나눔은 늘 함께 이루어져야 제대로 성전을 짓는 것이라고 주장하며 성전을 계속 지어나간 것이다.

눈에 보이는 성전은 눈에 보이지 않는 마음의 성전을 짓는 일과 병행해야 한다는 신념으로 성전을 지어나갔다. 그래서 유난스레 여러 사람들과 마찰이 많았다. 그냥 모든 사람들을 존중해서 성당 지을 때는 일체 아무하고도 사랑을 나누지 말고 좋은 게 좋은 거라고 찬바람이 쌀쌀 불을 정도로 일체 아무것도 행사도 하지 말고 손가락 쪽쪽 빨며 허리띠를 졸라매며 고통받는 사람들이 굶어 죽든지 말든지 본당 신자들의 팔자 좋은 이러저러한 행사를 몽땅 축소를 시킨다든지 하는 것이 돈 많은 사목위원들의 한결 같은 바람이었다. 그런데 박 신부는 고통받는 이들과 열심히 사랑을 나눌 뿐 아니라 여러 행사를 통해서도 열심히 사람들과 먹고 마시며 뛰놀아야지 진정한 성전이 지어진다고 계속 우겼다.

본당 신자 전체 운동회도 성지순례도 대대적으로 늘 아주 즐겁게 치루며 성전을 지어나간 것이다. 본당 신심 단체들과도 자주 회합도 열심히 가졌을 뿐만 아니라 잦은 회식과 술자리도 즐겼고, 음식점에서 손잡고 주의 기도도 노래로 했다. 항상 미사는 성전에서만이 아니라 회식을 그렇게 갖은 것도 나에게는 훌륭한 음식점 미사였던 것이다.

이런 모든 것들이 나이든 사목위원님들께는 별로 탐탁하지 않았던 것이다. 매우 마음에 들지 않고 하느님을 기분 나쁘게 만드는 행위라 여겼기에 '미친놈! 개새끼! 죽일놈!'이라는 욕이 터져나왔던 것이다.

나는 환자 방문도 아주 열심히 다녔다. 그래서 환자들에게는 인기가 참 좋았다. 많은 사람들이 따뜻한 마음으로 나를 맞이하며 세상을 떠나거나 병을 치유받는 일도 많았지만 제일 큰 치유는 질병 중에서도 변함없이 하느님은 자신들을 사랑하고 있다는 자신감을 심어준 일이었다. 그 환자를 진심으로 사랑하려는 박 신부를 통해 하느님을 만나는 기쁨이 환자들에게는 최고의 행복이 되었다.

이 모든 일에 진정한 중심을 이루는 것은 성령기도회 미사였다. 항상 성령기도회 미사는 모든 본당 활동의 중심을 이루는 주축이었다. 성령으로 충만한 모습이 너무나도 좋아서 이 모든 활동들이 활기를 띠었다. 비록 '미친놈! 개새끼! 마귀놈!' 소리를 들어도 끄떡도 없이 거침없이 신부로서의 생활을 해나갔던 것이다.

1984년 8월 15일 성모승천대축일이었다. 이날을 기해 3백만 원이 고통받는 이들에게 나누어져야 하는데 사목위원들이 일제히 반대를 하고 나섰다.

"신부님! 이번 한 번만큼은 고통받는 이들과의 사랑나눔을 연말로 미루시지요."

나는 너무 내 주장대로만 해온 것 같아 사목위원들 마음도 한 번쯤은 기쁘게 해드리는 것이 중요한 일이라 생각하여 모처럼 만에 1984년 9월 1일 토요일 사목회의에서 고통받는 이들에 대한 나눔 행위를 연말로 미뤘다. 이유야 어찌됐던 사목위원들은 처음으로 신부를 이겨먹은 기쁨에 희색이 만면하였다.

"햐! 살다 보니 이런 때도 다 있네" 하며 나를 바라보는 시선들이 여간 여유만만한 것이 아니었다. 신부 고집을 꺾다니! 저 고집불통을 내가 드디어 이겨냈다! 하는 승리감에 기상이 하늘을 찔렀다.

그런데 이게 웬일인가! 9월 1일 사목위원 모임 끝나고 저녁때부터 쏟아지기 시작한 소나기가 밤새도록 그치지 않았다. 새벽녘에도, 아침에도 점심때까지 퍼부으며 9시 미사를 드리고 있는데 갑자기 "신부님! 망원동 유수지 둑방이 터져 그냥 거리와 집들이 침수되고 있으니 신자들을 빨리 집으로 돌려보내세요"라고 하는 말이 들려왔다. 점심때를 기해서 신축 성전도 물로 가득 차게 되었다. 성산동성당 신자의 75퍼센트가 망원동 신자들인데 망원동 일대 전체가 물에 잠겨버린 것이다.

나는 잠실에 있는 어머님 집으로 가서 "어머님! 형님! 아무래도 성전 신축금 모아 놓은 것을 다 풀어야겠어요. 이 성전 신축금은 모든 성산동 신자들 마음의 성전을 위해 모은 것 아니겠어요?" 하니 형과 어머님은 대뜸 나를 만류하며 나섰다.

"너 미쳤냐? 그 돈이 어떤 돈인데 사람들에게 주느냐! 이제 그 돈마저 신자들에게 다 내주면 언제 성당을 짓겠느냐? 가뜩이나 신자들이 땡전 한 푼 없어지면 아예 성전을 짓는 것을 포기해야 되는데 도대체 어쩌려는 거냐? 어디까지나 이상과 현실은 다른 거야. 아무것도 아닌 일에 돈을 다 써버리고 나면 영영 성전을 못 짓게 될 터인데…"

나는 이렇게 말하는 어머님과 형을 도무지 이해를 못했다.

"아니 그럼, 신자들 대부분이 물난리를 겪고 있는데, 그들 마음의 성전이 폐허화되어 가는데, 우선 무조건 돈을 풀고 볼일이지 그걸 그냥 나중을 위해 가만히 못 본 척하고 내버려둔다는 것이 말이 되는 소리야!" 하고 소리를 버럭버럭 질렀다.

월요일 모든 사목위원들이 재정분과장 집에 모여서 회의를 하였다. 그러니까 1984년 9월 3일인 셈이다.

"사목위원 여러분! 성산동본당 신자들 80퍼센트가 수재민이 되었습니다. 이 성전 신축금을 우리 본당 신자들에게 다 풀어 드립시다. 이 성전 신축금은 원래 우리 신자들의 마음의 성전을 제대로 짓기 위해서 마련된 것 아니겠습니까. 그러니까 무상으로 10만 원씩, 유상으로 50만 원씩. 형편이 좋아지는 대로 갚으면 좋지만 못 갚아도 할 수 없습니다. 사목위원 여러분. 다 동의하시는 것입니다" 하고 외치니 아무도 반대하는 사람이 없었다.

모두의 마음속에 3백만 원을 고통받는 사람들을 위해 쓰지 말자고 결의하자마자 하느님의 벌을 받은 것이다라고 생각하고 있는 것이 틀림없기에 아무런 반대 의견이 없었다. 모아놓은 성전 신축금으로 수재민이 된 신자들을 돕자는 나의 제안은 이번에는 아무도 반대하는 사람 없이 일사천리로 통과되었다.

나는 총구역장 김 헬레나 어머님을 모시고 삽시간에 7,500만 원을 무상 유상으로 신자들에게 나누어주었다. 다 나눠준 뒤 나는 "참으로 수해의 연금으로 수백억씩 받아 처먹고 서울시는 왜 수재민들에게 이다지도 무심한 것인가? 받은 것은 코끼리인데 내놓은 것은 과자값밖에 되지 않는 것인가?"라고 중얼거렸다.

그래서 취재차 나를 찾아온 모신문사 기자에게 "나의 일은 아주 조그마한 사랑의 행위이니까 절대로 내서는 안 되는 것이고, 서울시에서 걷은 수재의연금을 당연히 전액을 다 풀게 하는 것이야말로 아주 중요한 일입니다. 이것은 무슨 일이 있어도 각 신문이 보도해야 할 사항입니다. 나는 우리 신자들에게 당연히 내주어야 될 것을 내준 것이니 절대 기사화하면 안 됩니다" 하고 강하게 서울시의 부정을 이야기했다.

수재의연금이 행방묘연금이 된 것을 기자들에게 폭로했고, 기자들도 고개를 끄덕끄덕하였기에 당연히 다음날 그 기사가 나올 것이라고 확신하였었다.

그러나 정작 나의 본당 신자들에 대한 사랑나눔은 모신문에 대문짝만하게 나왔으나 서울시 수재의연금 부정에 대해서는 단 한 줄도 실리지 않았다? 참 이상도 하다. 왜 고개는 끄덕였으며, 부정폭로 기사는 한 줄도 나지 않은 것일까? 어찌됐든 성산동본당의 사랑나눔은 KBS, MBC, 기독교방송 등 주요 프로에 한국판 해방신학으로 크게 보도가 되었다.

아니나 다를까? 1984년 9월 26일 한국순교성인대축일 전 금요일 4명의 저승사자 같은 사목위원들이 날 찾아왔다. 103위 성인을 주보로 모신 본당의 날인데 그전 금요일에 찾아온 것이다.

'박 신부는 성당 돈을 빼돌려 성당을 엉망진창으로 만든, 장애인들에게, 고통받는 이들에게, 엉뚱하게도 신자들에게 돈을 다 내준 마귀놈, 미친놈, 도둑놈, 개새끼 등 26개 조항의 잘못을 들어 본당 신자들에게 사죄하라'고 하는 내용이었다. 그렇지 않으면 본당의 날인 26일에 연판장을 돌리겠다는 것이었다.

나는 연판장의 내용을 보고 기절한 것이 아니라 가슴이 후끈후끈 달아오르는 예수님께로 향한 열정을 감출 길이 없었다. 나는 네 명의 사목위원들에게 "잘 알겠습니다. 돌아가십시오" 하며 벅차오르는 기쁨을 어찌할 바 몰라 하니까 서로 어안이 벙벙하여 머쓱하게 엉거주춤한 폼으로 일어나 낭패당한 기분으로 돌아갔다.

나는 2층 사제관으로 올라와 십자가의 예수님을 바라보며 "오, 하느님! 참으로 감사합니다. 제가 십자가에 못 박혀 당신 영광을 떨치게 하시다니 감사와 찬양을 드립니다. 감사와 찬양을 드립니다. 저를 십자가에 못 박아 제물 삼으시니 온 백성을 위해 기꺼이 바칩니다. 감사 받으시고 찬양 받으소서. 감사 받으시고 찬양 받으소서."

알 수 없는 일이었다. 그냥 모욕과 누명을 쓴 자 하늘에 큰 상이 마련되어 있도다. 내가 정작 하느님 사랑 때문에, 정의 때문에, 생명 바쳐 살다가 이렇게 당하는 일은 하느님을 너무너무 기쁘시게 해드리는 일이었기에, 그냥 일방적으로 그분이 성령을 부으시는 것이라는 것을 온전하게 깨우쳐주셨다.

사랑, 정의, 진리, 평화 때문에 날마다 생의 목표를 두고 사는 자들에게만 영의 충만함만이 영원한 것임을 깨우치니 뜨거운 감사와 찬양의 눈물이 흘러내렸다.

"오! 눈부시어라! 아름다워라! 찬란하여라! 황홀하여라! 나의 사랑, 내 님이시여. 나의 전부이시어라! 주 하느님은 영원세세토록 찬미 받으시고 영광 떨치소서."

영원히 이렇게 생명 바쳐 드리니 찬양케 하시는 것이다. 영원히! 영원히 그분으로 찬양을! 찬양을! 찬양을 영원히….

영을 받은 사도들

"이 복음은 하느님께서 당신의 예언자들을 통하여 미리 성경에
약속해 놓으신 것으로, 당신 아드님에 관한 말씀입니다. 그분께서는 육으로는
다윗의 후손으로 태어나셨고, 거룩한 영으로는 죽은 이들 가운데에서
부활하시어, 힘을 지니신 하느님의 아드님으로 확인되신 우리 주
예수 그리스도이십니다. 사도 바오로와 같이 박성구는 바로 그분을 통하여
사도직의 은총을 받았습니다. 모든 민족들에게 제대로 영세받고,
제대로 견진받아 주님의 거룩한 영의 사람들이 되라는 사명을,
이미 그렇게 박성구와 똑같이 영을 받은 불멸의 작은예수인들과 같이
영을 받아 생활을 온전히 불타는 영으로 사는 여러분들이 되십시오.
(로마 1, 2 - 7 리모델링 말씀)

1984년 9월 24일, 네 명의 사목위원들이 돌린 나를 본당을 팔아먹는 미친놈,
도둑놈, 개새끼, 마귀놈, 악마 신부로서 신자들에게 사죄하라는 연판장을
보고 정말로 뜨겁게 가슴이 타올랐다. 주님께서 그토록 십자가의 예수가 되
기를 늘 갈망하였던 나의 기도를 들어주셨기 때문이었다!

사람들은 내가 지나치게 느낌표를 좋아한다고 한다. 그러나 나는 '!'가
없으면 주님이 나를 얼마나 사랑하시는지를 표현하는 방법이 없어서 '!'를
쓸 뿐이고, 이것이 하나 가지고는 도저히 표현할 방법이 없으니 '!!!' 세 개
도 썼다가 '!!!!!!!' 일곱 개도 썼다가 '!!!!!!!!!!' 열 개도 쓰는 것이고 이것이
70억 명, 은하계를 이루는 별들 속에 주님이 성령으로 살아계시면 그냥 70
억 개, 은하계를 이루는 별들의 숫자만큼이나 그냥 '!' 표현할 수 있다면 그

냥 그것으로 족하다. 왜냐하면 그냥그냥 아니 그냥이라니까! 또 뭐야? 아니 그냥 이라니까!

"뭐?"

"아니 진짜, 진짜 그냥, 그냥이라니까!"

"어허 참 말귀 못 알아듣네. 아니 그냥, 그냥, 그냥이라구 그러잖아!!!!!!!"

허허 참 글쎄나… 그려! 그냥 내가 말 못하는 농아인으로서 온 인류가 성령을 가득히 받아야 된다고 외칠 수 있다면 지금보다 훨씬 수도 없이 많은 사람들을 성령 충만하게 했을 것이라고 믿는다!

요셉의집에 지적발달 장애인으로 박문호라는 형제가 있다. 그 형제는 멜키체덱 사제와 같이 언제부터인지 모르게 노트에 계속 '박문호! 박문호! 박문호! 박문호! 박문호! 박문호! 박문호! 박문호!' 하고 빙긋빙긋 웃으며 써내려가기만 했다. 그래서 "문호야! 네 이름만 써내려가지 말고 박성구! 박성구! 하고 좀 써내려가 줘!" 하고 말해도 안 된다! 절대 안 된단다! 그냥 자기 이름만 '박문호! 박문호! 박문호! 박문호!…' 계속 써내려가며 마냥 즐거워한다. 별다른 취미도 없다. 그냥 자기 이름을 쓰면 영원히 행복할 뿐이다.

내가 나 자신을 위해서는 '!'를 모든 사람에게 계속 70억 개 은하계를 이루는 별들 하나하나! 풀포기 하나! 모래알 하나! 나무그루 하나! 그릇 하나하나! 동식물 하나하나! 영원히! 성령불로 표시를 한다 해도 그 기쁨이 영원히 넘쳐흐르듯이 박문호도 자기 이름을 계속 써내려가면 마냥 행복한 것이다. 그렇다고 그에게 일거리가 없는 것도 아니니, 그에게 맡겨진 최고의 직업인 중증지체장애인 손천무 부원장을 돕는 일을 하고 있으니 자기보다 더

부러운 직장을 가진 사람이 또 없는 것이다.

그렇다고 그가 천사는 아니다. 그도 사람이기 때문에 손천무 부원장이 다 마음에 들어하는 것은 아니다. 맨 정신에는 그렇게 하지 못하는데 술 한 잔을 걸치면 휠체어라든지 그의 몸에 어쩌다 가끔 서너 차례 빙글빙글 웃으며 구타를 하기도 하는 여전히 사람으로서의 감각을 충분히 가지고 있다.

옆에 누군가가 있으면 자기가 능히 할 수 있는데도 옆에 사람에게 슬쩍 책임을 떠맡기는 데에도 선수급이다. 그러나 언제나 싱글벙글하며 행동을 하니 "이 얌체야! 이건 네 일이지 이 사람 일이 아니야!" 하면 아무 말 없이 생글생글 웃으며 자기가 할 줄 아는 온갖 인간의 감각을 다 갖고 사는 자연인인 것이다.

"언제든 화낼 줄 알면서도, 이래도 저래도 그저 싱글싱글 그래도 내가 최고야! 나 같이 웃을 수 있는 사람 있으면 어디 나와봐! 한번 나와보라구! 그러니까 세상 사람들 중에 나만큼 행복한 사람이 없다니까! 정말 나 같은 사람은 두 번 다시 있을 수 없어! 진짜 내가 최고라니까! 정말야! 내가 최고라니까! 세상 사람들은 다 나 같아야 돼! 나같이 행복하라구 계속 박문호! 박문호! 박문호! 박문호! 박문호! 박문호! 박문호! 박문호! 박문호! 박문호! 박문호! 박문호! 박문호! 하구 써내려가는 거라구!"

1984년 9월 24일 밤, 사제관으로 올라간 박성구 신부가 뜨거운 성령에 취하고 황홀경에 빠져 기도하는 동안 이들은 밤늦도록 사제관 불이 꺼질 때까지 기다렸다 한다.

"틀림없이 기절할 거야. 쿵하고 저 마귀새끼. 미친놈. 그냥 쓰러지고 말

걸' 하고 기대하며 사제관을 바라보았으나 여전히 사제관의 불이 밤새 환하게 켜져 있는 것을 보고 씁쓸히 발걸음을 돌렸다는 소문이 있었다. 그 뒤 나는 그들을 한 번도 다시 보지 못햇는데 그들 중 한 사람은 눈이 멀어버렸고, 다른 한 사람은 오토바이를 타고 나갔다가 교통사고가 나 즉사했다는 후문이 돌았다. 잘 나가다가도 못된 인간 박성구가 하는 한마디.

"아유, 잘했어요! 예수 형님! 그 자식 한 방 패주기를 정말 잘했어요. 잘했어. 그렇지만 영원히 죽이시면 절대로 안 돼요! 안 돼! 영원히 죽지 않을 만큼 혼만 내주시고 꼭 살려주셔야 돼요! 알았죠? 형님!"

연판장은 9월 25일, 26일 특전미사서부터 성당 들어오는 입구마다 103위 성인을 주보로 모신 본당의 날에 전 신자들에게 뿌려졌으며, 서울대교구 모든 본당에 뿌려졌다. 서울대교구 모든 본당 신부님들과 신자들에게 화젯거리가 되었다. 그래서 주교님께 불려가서 "너 총회장이 하라는 대로 안 하면 옷 벗길 줄 알어! 너는 풍전등화 같은 파리 목숨이야. 네 놈 목숨은 나한테 달려있으니까 알아서 잘해 이놈! 너는 대악마 같은 놈이라는 것을 잊어서는 안 돼"라는 호된 꾸중을 들었다.

이렇게 말하는 주교님의 말에 전혀 동의할 수가 없었고, 무슨 말씀을 어떻게 드려야 할지 난감했다. 나는 그냥 "네" 하고 주교관을 나왔다. 총회장을 찾아갈 일도 없었고 그를 따를 일도 없었으며 주교님이 옷 벗으라 하면 벗을 수밖에 없었다. 왜냐면 매일 밤 잠잘 때마다 옷은 늘 벗는 것이 아닌가. 주교님의 품위가 전혀 느껴지지 않는 말씀에 악착같이 제가 왜 벗습니까? 못 벗습니다! 뭘 잘못했다구요? 하고 따질 가치가 도무지 없는 것이니까.

영원한 친구 형님인 정 토마스 교육분과장님께 "형님! 어차피 이 동생, 박성구 신부가 쫓겨날 모양인데 그렇게 되면 우리 포장마차나 합시다. 내가 앞에서 끌고 형님이 뒤에서 밀며 포장마차를 운영하며 한 잔 먹세그려, 두 잔 먹세그려 하며, 손님들과 인생 살아가는 이야기나 나누고 퇴근해서는 산동네 셋방살이하면서 그날그날 벌어먹고 사는 노동자들과 밥상미사 드리며 하루하루 지내면 그보다 더한 아름다운 주님과의 눈부신 삶이 어디 있겠습니까?"

"네! 아주 멋진 생각입니다. 그렇게 하시지요."

일단 어머님에게는 주교관에 다녀온 일을 알려드려야겠기에 "어머님, 절더러 총회장 말을 잘 들으래요. 그렇지 않으면 신부생활 잘린대요."

"의미가 없는 사제생활할 필요도 없고 말도 안 되는 말은 들을 필요가 없다. 그냥 나하고 집에서 일생을 훌륭한 사제로 살자꾸나" 하며 어머니와 아들은 주교의 말에 겁내며 가짜 신부생활하느니 그냥 직접 하느님과 일대일의 사제생활이 훨씬 훌륭하다는 결론을 내렸다. 그래서 옷 벗으라면 벗기로 마음을 먹고 사제생활을 계속했다.

연판장을 낸 일부 사목위원들은 안방 드나들듯이 주교관을 드나들며 박신부 죽일 놈, 도둑놈, 미친놈, 마귀놈으로 고발하며 신부를 교체해줄 것을 계속 간청하고 있었다.

사랑하는 박 신부 팬클럽, 성령파 클럽에서 금호동 성령기도회에 10월 가르침을 부탁했고, 나는 강사로 초빙되어 열강을 했다. 그런데 주님께서 나를 초청한 서 마리아 회장님께 "보아라, 저 사람이 네가 그렇게 기다리는 구국제단을 도맡아 일을 해야 될, 고통도 많고 경험도 많은 훌륭한 사제란다. 기다리던 사람이 바로 저 사제이니 저 사제를 현리로 모시려구나."

나는 꼼짝없이 서 마리아 회장님께 이끌려 어머님과 함께 1985년 10월 하순 성산동본당 사제관을 떠나 현리로 향했다. 사제들이 쉬는 날 월요일을 택하여 택시를 타고 가는 동안 나는 허리를 비비꼬며 연신 피곤한 하품을 계속하였다. 아무리 생각해도 가기 싫은 일이었는데 착해빠진 박 신부가 거절하면 그 회장님을 너무 서운하다 못해 슬프게 하는 일이었기에, 마지못해 사랑하는 시늉이라도 내야 되겠기에 거절을 못하고 끌려가고 있었다. 사랑의 포로가 되어 스스로 사랑의 포승줄을 서 마리아 회장님에게 영락없이 묶어 놓고 가는 길이었다.

"아! 이 얼마나 아름다운 대자연이란 말인가. 작은예수회 마을을 들어서기가 무섭게 사시나무들이 노오란 빛깔의 바람물결로 흔들리는 모습은 진정, 하느님 찬양의 영물결로 파도를 타고 있지 아니한가." 언제 내가 하품을 했단 말인가.

"아! 아! 아! 이곳이 하느님 품안이로구나!"

나는 나도 모르게 경탄하지 않을 수 없었다. 서 마리아 회장님은 1980년부터 계속 5년 동안 기도해 오며 하느님께서 '그 땅이 대한민국 온 백성을 영적 백성이 되게 할 땅이니 참고 기다리면 훌륭한 사람이 나타날 것이다' 하고 영상체험을 주고 계셨다는 것이다.

어머님은 서 마리아 회장님이 5년 동안 기도하셨다는 텐트 앞에서 매봉산 중앙산맥을 가리키며 말씀하셨다.

"보아라 아들아! 저건 성부봉이고 오른쪽은 성자봉 왼쪽은 성령봉, 세 봉에서 성혈이 흐르고 있구나. 하늘을 보아라! 끝 간 데가 보이지 아니하며 성령의 불바다를 이루고 있구나. 양옆 병풍처럼 드리워진 산맥들을 보아라. 온통 영의 꽃들로 화려하기 그지없구나. 영의 장미꽃! 백합꽃! 목련꽃! 철쭉꽃! 끝 간 데 없는 영의 꽃들의 장관을 이루며 뒤를 바라보니 수천 대 수만 대 차를 타고 이곳을 성지라 믿으며 몰려오는 저 성지순례객들을 보려무나. 저 수많은 군중이 몰려들어 오는 모습들이여. 이곳은 대성인이나 살 곳으로구나" 하신다.

넋을 잃은 듯 이곳은 우리 아들이 살 곳은 아니고 대성인이나 살 곳이라 하신다. 괜히 속으로 좋으시면서….

이곳에 오기 전에 오산에 작은예수회가 살아야 될 땅을 보러 간 적이 있었다. 일천사백 평짜리 땅이었는데 아주 좋았다. 평당 7천5백 원에 준다고 해서 빨리 자리를 잡아야겠다고 했는데 빠르게 삼일 뒤에 갔더니 주인이 땅값을 배나 올려서 1만 5천 원이요 하는 바람에 기분이 나빠져서 그 땅을 살 수가 없었다. 이 땅은 평당 7천5백 원이면 뒤집어쓰는데 1만5천 원씩이나 불러서 서 마리아 회장님이 가지고 있는 오천만 원 가지고는 도무지 살 수 없는 땅이었다.

11월 25일, 나는 서 마리아 회장님께 구국제단이 되기를 5년 동안 열 자매와 함께 늘 기도한 그 텐트에서 미사를 드렸다. 두 번째 미사로 - 첫 번째 미사는 11월 초순 나중에 사들였다는 이 땅과 연결된 산 7천 평에서 미사 가방을 제단 삼아 이 땅을 주시는 하느님께 감사 김칫국 미사를 드린 이후 - 드렸는데 너무 은혜로웠고 성령의 불바다를 이루게 할 것이며 울며 곡식 단을 들고 살던 사람들이 기쁨에 넘친 곡식 단을 들고 돌아가게 된다는 말씀과 함께, 신을 벗고 들어와야 할 거룩한 땅으로 하느님의 은총이 영의 불바다를 이루리라는 말씀과 함께…. 그 길로 서 마리아 회장님은 땅주인을 만나러 갔는데 평당 1만 5천 원짜리 땅을 글쎄 7천5백 원에 준다는 것이 아닌가!

온양온천주식회사 가타리나 회장님은 박성구 신부의 치유기도로 '어이구 시원해! 어이구 시원해!' 하시면서 깨끗이 나았다는 분으로서 1억 5천만 원을 감사의 뜻으로 하느님께 기부하겠다고 약속을 하셨다. 서 마리아 회장님 5천만 원, 가타리나 회장할머님 1억 5천만 원으로 해서 3만 평의 작은예수회 마을을 2억에, 1985년 12월부터 1986년 3월까지 완불하기로 하고 계약을 맺었다.

참으로 기쁨에 넘쳤던 것은 1천4백 평짜리 평당 7천5백 원짜리 땅은 3일 만에 1만5천 원으로 올라서 기분 나빠서 안 샀고, 대신 평당 1만 5천 원짜리 이 땅을 7천5백 원에 사게 된 것이었다. 인생은 그저 기분에 살고 기분에 죽는다는 것이 확실하게 들어맞는 우리들의 인생극장 얘기인 것이다.

1986년 1월 21일에서 23일까지 우리는 현리 작은예수회 마을에서 서 마리아 회장님이 5년 동안 열 자매들과 기도하던 그 장소에 3백만 원이나 들인 새 텐트 안에서 하얀 눈을 맞으며 처음으로 피정을 하게 되었다. 작은예수회 마을에서의 첫 피정을 장애인과 일반인들이 함께 가졌으며 '작은 소망'이라는 노래를 처음으로 불렀다. 성령기도회의 요란스러움 때문에 주민들에게 고발되어 피정이 끝나기가 무섭게 텐트가 그대로 뜯겨지는 수모를 당해야만 하였다.

본당에서는 신자들에게 "사랑하는 교우 여러분! 목자는 결코 양들과 싸우지 않습니다. 나는 목자로서 양들을 위하여 목숨을 바칠 뿐입니다. 제가 싫으시면 제가 성령 세미나를 겸한 이냐시오 피정 40일을 수원 말씀의집에서 받을 예정이오니 이 기간 동안 마음 놓고 교구청에 가서 본당 신부 바꿔달라고 간청을 드리십시오."

나는 1985년 2월에서 40일 동안 수원 말씀의집에서 피정을 받으려는데 말씀의집 이한택 신부님이 당신이 미국에서 성령 신부님을 피정받게 했는데 그 신부님과 말썽이 많았기 때문에 박성구 신부도 받을 수 없다는 것이었다. 허나 "조용한 성령이 어디 있고 시끄러운 성령이 어디 있습니까? 성령은 하나이신 성령이시니 조금도 걱정하지 말고 받아주십시오. 나는 신학교 때 침묵을 제일 잘 지킨 사람이니 아무 걱정하지 마시고 받아주십시오" 해서 겨우 허락을 받아 놓고 위와 같이 성산동 하느님 믿는 백성들에게 이야기를 한 것이다.

사실 상당히 위험한 40일간의 성당 비움의 피정이었다. 열이면 열 어느 신부도 이렇게 위험한 상황에서는 절대 성당을 비우고 피정을 갈 수는 없는 일이었다. 그러나 나는 과감히 결단을 내리며 성당이 두 동강이 난다 할지라도 피정을 꼭 받아야겠다는 생각이 들었다.

결국 나는 수원 피정의집에서 40일 동안 매일 깊은 침묵 속에서 이냐시오 피정식 철야 성령 피정을 혼자서, 내 방에서 아주 뜨겁게 은혜를 받으며 받았다. 이한택 신부님과 더할 수 없는 깊은 사제적 만남 속에서의 열정의 피정을 마쳤다. 성당에 돌아와 보니 40일 동안 아무런 일도 일어나지 않은 기적과 같은 일이 발생하였다. 아니 오히려 멍석을 깔아주니까 이렇게 평화로워지다니.

드디어 1986년 첫째 주일날 성산동본당 축성식을 가졌으니 바로 1984년 5월 첫째 주 여의도에서 150만 가톨릭 신앙인이 운집한 가운데 요한 바오로 2세에 의해 103위 성인이 시성된 그날이었다. 본당 주보를 103위로 잡은 그날의 축성식은 사람들이 예상을 뒤엎고 성당 계단 밑까지 발 디딜 틈이 없을 정도로 하느님 믿는 백성들로 온통 가득 차게 되었다.

축성식 미사를 드리고 있는 김수환 스테파노 추기경은 몹시 긴장한 상태로 미사를 드리며 신자들 칭찬은 입에 침이 마르도록 하시면서 박성구 신부의 'ㅂ' 자도 꺼내지 않았다. 한마디의 칭찬도 겁나서 하지 못했으며, 미사 끝에 축하식이 있었는데 비서 신부를 통해 "박 신부! 축하인사 아주 간단하게 5분 안에 끝내게" 하고 쪽지를 보내왔다. 나는 그 쪽지에 동의할 수가 없었다. 불순종하기 위해서가 아니라 꼭 집고 넘어가지 않으면 하느님이 영원히 기분 상해 하실 일이 있었기 때문이었다.

"사랑하는 형제자매 여러분! 오늘 이 성전 완공에 영원히 잊어서는 안 될 귀한 사람들이 있습니다. 그것은 이 성전을 짓기에 단체적으로 봉헌금을 제일 많이 낸 단체가 있습니다. 그것은 작은예수회 장애인 공동체입니다. 비록 무허가 전셋집에서 살고 있지만 성산동본당이 잘되는 것이 작은예수회 공동체가 잘되는 일이라 굳게 믿으며 고영희 실비아님을 비롯하여 작은예수 성령봉사자와 함께 성당 신축 봉헌금을 가장 많이 낸 것을 여러분은 잊어서는 안 될 것입니다. 두 번째로 가장 많이 낸 단체가 노인대학이라는 사실입니다. 참으로 헌신적으로, 신체적으로 힘들고 물질적으로도 가난하게 사시는 가운데에도 불구하고 억수로 강건하고 부지런한 모습으로 방물장사를 하는 등 두 번째로 건축 봉헌금을 많이 내셨습니다. 돈 있는 사람들도 협조를 아끼지 않았지만 수많은 사람들이 익명으로 건축금을 내었으며, 어떤 분은 헌금 바구니에 익명으로 1천만 원을 그냥 넣으신 분도 있으셨습니다. 서민들이 중심이 되고 고통받는 장애인, 노인들이 봉헌금을 가장 많이 낸 성전이라는 사실을 잊지 말아 주십시오" 하고 20분을 강론하니 모였던 모든 신자들이 일제히 우렁찬 박수를 보내왔다.

추기경님께서 해체시켰던 단체의 장애인들을 맨 앞줄에 세워 제일 먼저 이들에게 일일이 추기경님께서 축하의 악수를 하게 해드렸다. 하느님이 추기경님의 생각과는 달리 박 신부에게 복을 내리지 않을 수 없게 하시니 지금까지 이 일을 박 신부에게 맡길 수밖에 없었노라고 믿는다. 다른 사람은 다 도망갈지라도 나는 마지막까지 남아서 지키는, 작은예수회가 무너질래야 무너질 수 없는 방벽과 같은 사람으로 하느님이 늘 함께 하시고 계시다는 확신을 가지고 작은예수회를 영원히 지키고 있는 것이다.

축하식이 끝나고 추기경님과 함께 사제관으로 들어왔다. 한창 마귀신부로, 미친놈으로 시달릴 때 어머니께서는 주교관에 찾아가 주교님께 "우리 아들은 성산동 신자와 절대 바꿀 수 없는 소중한 신부입니다. 주교님께서는 우리 박성구 신부를 똑바로 잘 보시고, 크게 인정하시지 않으면 안 됩니다." 하셨던 어머니가 허리춤에서 금메달을 꺼내시더니 동창 신부들이 다 모여 있는 가운데 내 목에 덥석 걸어 주시는 것이 아닌가.

"우리 아들이 누가 뭐래도 최고요. 최고!"

나는 얼굴이 빨개지며 어쩔 줄 몰라 했는데, 참 그 어머니가 너무나도 나에게는 소중한 어머니시다.

동창신부들은 일요일임에도 불구하고 총출동한 이유가 오늘 성당이 두

동강 난다고 해서 박 신부를 구출하러 왔다고 했는데, 게다가 강론까지 20분씩이나 하고 해서 벌벌 떨고 있었다고 했다.

그런데 어머니는 그런 추기경님과 동창신부들이 너무 야속했고 아들이 너무 자랑스러웠기 때문에 온갖 비난을 무릅쓰고 금메달을 목에 걸어 주신 것이었다.

어머님은 아들을 목숨처럼 늘 소중히 여기시며, 혀가 쇳덩이가 되도록 기도하신 분이시며, 김대건 안드레아 신부님의 영을 이어 받으라고 매주 목요일마다 미사를 한 번도 빠지지 않고 40년을 미리내 겟세마니 동산에 다니신 하느님의 등대 같으신 어머니시기에 하느님께 늘 감사 드린다. 허나 이러한 순간은 너무나도 나를 당황하게 하는 행동을 하시기도 했다.

"사랑하는 성산동 신자 여러분. 저와 5년을 같이 동고동락한 여러분은 참으로 행복하신 분들이십니다! 여러분은 그리스도와 함께 수난당하시고 죽으시고 부활하신 삶의 현장 사람들이기 때문입니다. 고향 사람들인 것입니다. 감사합니다. 사랑합니다."

1986년 9월 1일, 나는 하직 인사를 하고 화양동성당으로 출발하였다.

화양동으로 출발하기 일주일 전 주교님이 나를 부르시어 "박성구는 대성인이야 아무도 못해 내는 큰일을 했어. 어디 내가 추기경님께 잘 말씀드려서 좋은 본당으로 보내줄게. 한번 말해봐?"

"아니 괜찮습니다. 됐습니다."

"아니 그래도 한번 말해봐. 내가 꼭 좋은 본당으로 보내줄게."

"아니요. 됐습니다."

"아니 그래도 한번 말해보라니까?"

"그렇다면 작은예수회 공동체 집이라도 제대로 마련할 수 있도록 한 6개월 동안만 성산동본당에 있게 해주십시오."

"내가 그렇게 되도록 추기경님께 잘 말씀드려 줄게."

"감사합니다. 그렇게 믿겠습니다" 했는데 일주일 뒤에 발령이 주임신부님과 사목위원들이 멱살 잡고 싸워서 사목위원들이 해산된 화양동본당으로, 아주 좋은(?) 본당으로 발령이 내려온 것이다.

444국 화양동본당

"우리 주 예수님을 죽은 이들 가운데에서 일으키신 분을 믿는 박성구도
그렇게 살리실 것입니다. 이 예수님께서는 박성구의 잘못 때문에
죽음에 넘겨지셨지만 박성구를 의롭게 하실려고 되살아 나셨습니다."
(로마 4, 24-25 리모델링 말씀)

1986년 9월 1일, 화양동본당에 부임하는 날 성전에 들어와 보니 성전의 십
자가가 참으로 훌륭하게 멋진 예수님의 모습으로 걸려 있었고, 전화번호가
444국이라서 참 좋았다. 첫 번째 주일미사 강론을 하는데 왠지 모르게 가슴
이 벅차올라서 "성산동본당에 이어 십자가의 예수님의 모습으로, 444 전화
번호로 말미암아 한번, 두번, 세번 죽고 부활하는 성당으로 보내주시는 하
느님께 감사 찬양을 드립니다. 사랑하는 교형자매 여러분! 여러분을 진심으
로 사랑합니다. 성산동에 이어 십자가로 전화번호국으로 한번, 두번, 세번
죽고 부활하는 신부로 멋지게 살겠습니다. 하느님을 사랑하는 진실의 심장
을, 여러분을 사랑하는 진실의 심장을, 나를 사랑하는 진실의 심장을 화살
로 관통하는 사나이 대장부로 멋지게 살겠습니다. 여러분이 나이고 내가 여
러분의 모습으로 하느님을 사는 우리가 되도록 하십시다."

본당은 소문 그대로 사목위원들이 본당 신부님과 뜻이 맞지 않아, 연령
회사건으로 본당 신부님의 멱살을 잡고 쌈박질을 하였다 하여 본당 신부님

이 사목위원들을 몽땅 해체해 한 명의 사목위원도 없이 살게 되었다. 게다가 엎친 데 덮친 격으로, 설상가상으로 사무장이 본당 통장도 빈약한데 날강도 같이 1천만 원이나 도둑질을 해서 어디론가 날아버렸다. '나쁜 놈의 자식! 해먹을 게 없어서 불난 집에 부채질하듯이 1천만 원이나 가지고 사라지다니.'

허나 성산동본당 신부 노릇할 때보다는 훨씬 식은 죽 먹기이기에 나는 본당에 온 지 3개월 만에 사목위원들을 새롭게 뽑았다. 우리는 서로 쿵짝이 잘 맞았다. 성산동에서도 그랬지만 매일같이 사목활동을 부지런히 했으니 총구역장을 중심으로 열심히 가정방문을 매년 계속 돌아가면서 구역반장을 중심으로 미사를 참으로 열심히 드렸다. 어느 땐가는 몸에 열이 펄펄 오른 상태에서도 반에서 미사를 아슬아슬하게 마친 뒤 사제관에 들어와 막 바로 링거를 꽂고 이삼일 꼼짝없이 누워 지내기도 했다.

환자 방문 또한 매우 열심히 다니고 또 다녀서 신자들이 나를 좋아하지 않을 수 없는, 정이 철철 넘쳐흐르는 모습으로 나는 살았다. 나는 사람들이 나를 안 좋아할래야 안 좋아할 수가 없는 모습으로 살았다.

그때나 지금이나, 보좌신부 때나 군종신부 때나, 성산동본당 신부 때나, 화양동본당 신부를 하면서 남에게 대접받는 것보다는 늘 내가 돈을 내서 사람들에게 밥과 술 사주기를 매우 잘하는 신부였다. 아마도 공날이 되도록 밥을 사준 사람은 이 지구상에서 박성구 신부 하나뿐이잖은가 생각된다. 내가 내 돈이란 것을 모은 기억도 전혀 없으며, 사람들에게 밥을 사준 것 말고는 어떤 나의 물건이란 것을 특별하게 산 적이 없다. 아마도 밥 사주고 술 사주는데 돈을 다 써버린 사람으로는 70억 인류 가운데 내가 단연코 1등일 것이다. 왜? 이렇게 하며 살아온 사람은 아무리 생각해 봐도 박성구 말고 없다. 다른 사람들은 그나마 가정이 있고 식구가 있으니 그렇게 쓸래야 쓸 수 없는 반면에 나는 어떻게 하면 공날로 살 수 있을까? 밥을 늘 사주는 것으로 공날로 산 것 말고는 내 나이 65세가 되도록, 사제생활 37년이 되도록 아무것도 기억나는 것이 없기 때문이다.

그러니까 아무리 사목위원들이 해체되었다 하더라도 신부가 밥 사주고 술 사주고 하는데 사람들이 모이지 않을래야 안 모일 수가 없으니 3개월 만에 사목위원들이 새롭게 임명되어 초상집 화양동본당을 3개월 만에 잔칫집 본당으로 완전히 바꿔놓은 것이다.

1987년 3, 4월경에 김수환 추기경님의 사목방문이 있었다. 사목위원들은 사무장이 1천만 원을 가지고 사라진 것에 걱정이 태산 같았다.

"신부님! 이거 큰일 났습니다. 이 돈을 어떻게 채워 놓아야 하지 않겠어요?" 하길래, 나는 원래가 솔직하게 사는 사람이기 때문에 "걱정하지 마세요. 어떡하겠습니까. 그냥 도둑질당한 것으로 내버려두는 수밖에." 해서 그냥 도난당한 모습 자체로 추기경님 앞에서 그동안의 사목활동에 대해서 브리핑을 했다.

그것 말고는 흠잡을 데가 없고, 초상집을 잔칫집으로 본당을 확 바꿔놓은 그 자체로 교구청에서 사목방문 나온 신부님들로부터 대단하다는 칭찬을 들으며 악수까지 받게 되었다. 해서, 미사예물 대장을 점검받는 자리에서 김수환 스테파노 추기경님께 볼멘소리를 하지 않을 수 없었다.

"추기경님! 그래 성산동본당에 있을 때 신부가 얼마나 추기경님을 끔찍이 사랑과 존경을 했으면 누명을 계속 썼음에도 불구하고 한 번도 추기경님께 불평을 안 했을 뿐만 아니라 변명도 안한 이 신부가 얼마나 듬직합니까? 꼭 알아달라는 건 아닙니다만 이건 아시고 계셔야 됩니다"라고 말씀을 드렸다. 그랬더니 잠자코 듣고 계시던 선하신 추기경님께서 금방 내게 사과를 하신다.

"그래! 내가 자네한테 퍽 미안하게 생각하네. 정말 미안해."

영 안에 예수 살기

"여러분은 더 이상 외국인도 아니고 이방인도 아닙니다. 성도들과 함께한 시민이며 하느님의 한가족입니다. 여러분은 성령이 충만한 교황님, 추기경님들, 주교님들, 사제님들, 수도자님들, 평신도들로 구성된 사도들과 성령이 충만한 평신도들, 수도자님들, 사제님들, 주교님들, 추기경님들, 교황님으로 예언자들의 기초 위에 세워진 건물이고 그리스도 예수님께서는 바로 모퉁이 돌이십니다. 그리스도 안에서 전체가 잘 결합된 이 건물이 주님 안에서 거룩한 성전으로 자라납니다. 여러분도 그리스도 안에서 성령을 통하여 하느님의 거처로 함께 지어지고 있습니다."(에페 2, 19-22. 리모델링 말씀)

"봉헌자 여러분. 우리 세계에서 기도를 제일 최고로 잘하는 생명의 공동체를 이루십시다. 우리는 서로가 생명의 은인들입니다. 장애인은 비장애인의, 비장애인은 장애인의 인생 일대의 두 번 다시 만날 수 없는 서로가 서로의 최고의 생명의 은인인 것이니 서로가 서로의 살아 계신 작은 예수님이시고 작은 하느님이시기 때문입니다. 우리는 영 밖의 사람들이 아니며 영 안에 있는 사람들이기 때문입니다.

그리고 분명 나는 누구 편이 아니라 모두의 편입니다. 그런데 장애인과 비장애인이 똑같이 잘못을 저질렀다는 경우에는 하느님께서 장애인을 특별히 선택하셨으니 일반인들 편을 드는 신부님들은 수두룩하니 나는 당연히 장애인 편을 들어가며 살 것입니다."

1985년 이소애 데레사 봉헌자로, 1986년 윤석인 예수 다윗 보나 봉헌자로, 1992년 12월 8일 전까지 열 명의 봉헌자들로 늘 세계 최고의 기도공동체로 살아가기를 날마다 기도하며 살았으나 서로의 시기 질투, 쌈박질, 장애인 봉헌자들에 대한 거친 비판, 비장애인(일반인) 봉헌자들에 대한 강력한 비판으로 스타일 구겨진 원장 박성구 신부는 날마다 봉헌자들 간에 붙었다, 쓸개에 붙었다 하다가도 결정적으로 해결해야 할 문제가 있을 때는 나의 권한에 아무도 침범치 못하게 했다. 여기에까지 동참케 했다가는 봉헌자회는 영원히 낙동강 오리알로 날아가 버릴 것이 뻔했던 공동체였다. 그럼에도 스릴과 서스펜스를 늘 즐기시는 영원한 회장님 예수 형님을 대리하느라 나는 늘 진땀을 뺐다.

"형님! 꼭 이렇게 드라마틱해야 되나요?"

"동생! 어찌 나보고 뭐라고 그러느냐? 네가 편안하면 나하고 같이 일할 친구냐? 평범하고 편안하고 남들이 다 할 수 있는 일이면 네 놈이 여기 붙어 있겠냐구?! 나는 네 놈 때문에 이 공동체를 정신 바짝 차려 운영하구 있다구! 네 놈은 내가 끼지 않으면 이 공동체 절대로 운영 못해! 알겠냐구?"

"그럼, 그거 다 알지. 제가 왜 몰라요."

"그럼 왜 날더러 뭐라 뭐라 그러질 말아야지."

"그럼 제가 누구한테 스트레스 풀어요? 형님에게라도 스트레스를 풀어야 일이 되지."

"…. 하여튼 이 자식 물건은 물건이네."

"그런 형님은 더 물건이니까 제가 따르지."

"하여튼 이 자식한테는 아무 말도 못해."

"그거 다 형님한테 배웠잖아? 형 멋있어! 형이 너무 멋있으니까 이 길을 같이 가는 거 알잖아? 형!"

예수 형님은 씩- 웃으시며 "그래, 성구야! 우리 멋들어지게 세상 한번 변화시켜 보자구!" 하신다.

1986년 11월, 현 작은예수 수녀회 본원 위치에 3천만 원 전세 공동체로 세 번째로 이사하게 되었다. 집주인은 김제태 형제로 자기 동생도 장애인인데 이런 훌륭한 작은예수 공동체를 운영한다고 자랑스러워하며 전세를 내주었다. 이 당시에는 전국 각 곳에 교구별로 장애인 단체들이 교구장들의 허락과 상관없이 탄생되기 시작하였다.

단체들 모임이 형성이 되면서 1987년 1월경 첫 번째 서울을 중심으로 전국 모임이 결성되면서 초대 한국가톨릭장애인 복지협의회 회장으로 라이문도 맹인선교회 회장이 초대 회장으로 추대되었고, 내가 초대 지도신부로 선출되었다.

작은예수회만 가지고 나는 지도신부가 될 수 없었고, 1985년 6, 7월경 성산동본당 신부로 있을 때 어떤 자매님이 성산동본당에 나타나 "신부님! 국가가 장애인들의 직업 재활을 위해 반월재활작업소를 만들었습니다. 거기에 많은 장애인들에게 복음을 전할 수 있는 신부님이 꼭 있어야겠습니다. 신부님! 절대적으로 신부가 필요합니다. 꼭 도와주셔야 합니다" 하는 것이 아닌가!

나는 월요일이 쉬는 날이라 매주 월요일마다 그곳으로 갔다. 대한민국 국민의 51퍼센트가 자가용을 타는 날에는 나도 자가용을 타겠노라 주장하고 있었기에 자동차는 살 수가 없었고 돈도 없어 꼭 차량 봉사할 사람을 찾아서 매주 월요일마다 작업소에 가서 나는 사람들이 나오질 않으니 방송을 하며 "작업소 여러분! 여러분 중에 예비자 교리를 들으실 분들은 다 나와 들으십시오"라고 목이 터져라 방송을 하면 한 30분 정도 예정시간이 지나야 한두 명씩 어슬렁어슬렁 나왔다.

나는 한 사람도 놓칠세라 아주 친절했으며 꼭 밥도 사고 술도 사며 행여 예비자 교리를 안 받으면 큰일 날까 싶어 지극 정성으로 대했다. 이 일은 차량 봉사자를 매주 월요일마다 꼭 구해야 되었으며, 혼자는 절대 할 수 없는 일이었다. 제기동 성령봉사회장이시며 작은예수 공동체를 위한 성령기도회 실무 책임자 고영희 실비아님의 협력이 절대적으로 함께하였다. 차량봉사자 문 베드로 형제가 늘 함께 기쁜 마음으로 봉사할 수 있었기에 참으로 열과 성을 다하였다. 그리고 참 빼놓을 수 없는 사람, 기타를 치며 노래하는 가수 심현석 형제가 늘 감사하며 음악봉사를 할 수 있었기에, 교리 가르치고 밥 사주고 술 사주고 놀려도 가며 반월재활작업소 형제들을 영세를 시킬 수가 있었다.

그리고 그들을 중심으로 봉제공장을 세울 수가 있었으니 지체장애인 김한식을 중심으로 1천만 원을 들여 1985년 한 해가 저무는 11월경에 대한민국 최초의 작은예수회 봉제공장을 세울 수 있었다.

여상철, 한 토마스를 중심으로 대한민국 최초의 장애인 인권운동을 펼쳐 나갈 수 있었다. '장애인들에게는 자선이 아니라 사랑나눔이 필요한 것이다. 사람답게 사는 아름다운 세상을 건설합시다. 장애인들과 함께 사는 사람들은 누구나 똑같이 사랑으로 기쁨에 넘친 삶을 살게 될 것입니다. 인간 모두가 영적 육적 장애인이고 일반인인 것입니다.'

이런 가운데 1987년 1월경의 각 분야별 전국 장애인 모임이 있었고, 1987년 9월 12-13일 제1회 전국가톨릭장애인신앙대회를 서강대 체육관에서 열었다.

무슨 돈으로? 전국 모임을 다달이 가질 정도로 매년 모임을 가졌지만 매년 이것저것 경비를 내가 거의 전부를 다 마련해야 되었고, 전국대회도 내가 다 내지 않으면 아무도 할 사람이 없었다.

3천만 원 전세 사는 사람이 1천5백만 원 대회에 투자를 한다는 것은 이것저것 다 합쳐서 1년에 절반은 작은예수회에, 절반은 전국 장애인 모임에 시간과 돈을 투자하는 셈 치면 절반의 예산을 대회에 투자한 것이다.

누군가가 헌신하지 않으면 아무것도 이루어질 것이 없는 당시 상황에서 나는 모임 장소를 서울뿐만 아니라 전국을 선택했다. 서강대 체육관에서의 1회 대회는 장애인 거리 쏟아져 나오기, 장애인 1일 비장애인 숙소에 민박하기, 일반인 1일 장애인 체험하기 등등 라이문도 회장과 반월재활작업소, 작은예수 봉제공장 장애인들 대표 여상철, 김한식, 한 토마스를 대회 준비위원들로 임명해 대회를 치른 것이다.

장애인 인권운동의 의미를 아무도 알지 못했다. 그냥 장애인 자선모임을 가지면 그것으로 족하지 뭘, 거리에 쏟아져 나오기가 필요한 거냐? 장애인들 가지고 장사하는 거 아니냐? 쇼하는 거 아니냐? 왜 장애인들 편안하게 집에 있으면 되지 거리까지 나오게 하냐는 등 장애인을 무시하는 고약한 행동을 하는 것이다.

외국인 신부님으로 임실에 치즈공장을 낸 유명하신 지정환 신부님은 사랑의가족 장애인 공동체를 운영하고 있었는데, 장애인 거리 쏟아져 나오기 운동을 절대적으로 반대하는 신부님이셨다. 지 신부님은 장애인을 고생시키고 불편하게 거리로 나오게 하느냐는 생각 때문에 박 신부를 이해하지 못했다. 나는 이런 신부님들의 반대를 받아들이다가는 아무 일도 할 수 없었다. 그래서 전체 장애인들의 호응도가 절대적이었기 때문에 강력하게 밀어붙여 대회를 치뤘다.

나는 제1회 대회 때 거리로 쏟아져 나온 장애인들이 눈물겨운 눈망울로 나를 바라보며 손을 꼬옥 잡고 내게 한 말들을 고맙게 기억한다.

"신부님! 정말 고마워요. 그리고 진심으로 사랑해요! 신부님이 아니었더라면 제가 아마도 죽을 때까지 이렇게 밖에 나와 보지도 못하였을 거예요! 정말 고맙고 감사해요. 신부님, 사랑해요 신부님!"

그들의 모습은, 내가 죽을 때까지 잊지 못할 하느님께서 그 장애인에게 보여주신 감동! 감동의 눈물이었다! 대회는 장애인뿐만 아니라 일반인에게도 서로 속에서의 하느님을 진하게 만나는 사랑의 눈물바다를 이루었다.

대회를 훌륭하게 치루고도 5백만 원의 흑자를 냈다. 사실은 1천5백만 원을 투자했으면 2천만 원이 남았어야 5백만 원의 흑자가 맞는 것인데 그게 아니고 1천5백만 원을 다 쓰니까 이래저래 사람들이 수고했다고 얼마 안 되지만 받아두라는 식의 5백만 원이었지만 그래도 이게 웬일이냐? 들어온 게 신통도 하지! 그것이 5백만 원이었다.

남녀칠세부동석이란 말이 있는데 고통받는 사람들만 눈에 보였지 남녀가 따로따로 보이지를 않았다. 사람이 살다보면 서로 눈이 맞기 마련, 남자를 보면 여자가 좋아하고 여자가 보면 남자가 좋아지기 마련 서로 사랑에 빠지기 시작한다. 아찔한 생각이 들어 최초로 성남공동체로, 남자공동체를 분리하지 않을 수 없었다. 나는 현리 땅주인에게 1985년 12월에 1986년 3월까지 1억 5천만 원 할머니와 5천만 원 할머니를 모시고 가서 1억 9천5백만 원짜리 땅값을 이 두 할머님들이 다 갚아 줄 터이니 계약을 맺자고 해서 계약을 맺었다. 그런데 1억 5천 시사하시겠다던 할머님이 한 푼도 내지 않아 땅주인에게 내 몸을 담보로 매달 꼬박꼬박 정확하게 몽땅몽땅 내놓을 터이니, 내가 이 돈 절대 떼먹지 않을 테니 나를 믿어주쇼. 내 몸을 저당잡힐 터이니 믿어 주십시오 했더니 개신교 집사님이신 땅주인이 그대로 나를 정말로 믿어주셨다.

카타리나 할머님은 약속한 1억 5천만 원을 한 푼도 주시질 않았지만 나는 그분이 조금도 밉지가 않았다. 왜냐하면 그분이 가짜로라도 돈을 내겠다고 했기 때문에 계약이라도 되었기 때문이었다. 큰일 났다 하는 생각보다는 그래도 주님이 그분을 앞세워 계약이라도 하게 해주신 것이 얼마나 고맙고 감사한 일인가.

참으로 귀한 쌈짓돈 5천만 원을 1985년 12월에서 1986년 3월까지 다 해주신 서 마리아 금호동 성령기도회장님에 대한 고마움을 잊지 못한다. 영원한 하느님께서 보내신 귀한 회장님이셨다. 그분이 작은예수회가 관계하기 전 1980년부터 5년 동안의 밤낮없이 그 땅에서 구국제단이 되라고 열 자매와 함께 단식과 기도를 끊이지 않은 것은 작은예수회 마을이 기도하는 백성들의, 고통받는 이들과의 사랑나눔 마을로 정착하기에 참으로 든든한 기초와 배경을 이루는 장한 일을 하신, 영적인 영웅들의 모습으로 기억되어져야 할 것이다.

나는 사랑나눔 회원들과 부지런을 떨면서 열심히 돈을 모아 매달 꼬박꼬박 돈을 갚아나가다가 1987년 9월경에 "주인님! 사랑나눔 회원들이 박성구 신부가 돈을 꼬박꼬박 정말로 내고 있는지 궁금해 할 터이니 땅문서를 좀 등기이전해 줄 수는 없는지요? 회원들이 나를 신뢰할 수 있도록 문서를 내주시면 감사하겠습니다." 땅값의 절반밖에 지불하지 않은 상태에서 그 말은 너무나도 염치없는 이야기였지만 이게 웬일인가. 집주인은 흔쾌히 박성구에게 땅문서를 등기이전해 주었다.

참으로 세상에 이런 아름다운 이야기가 어디 또 있겠는가! 확실히 하늘이 무너져도 솟아날 구멍은 언제나 뚫리기 마련인 것이다. 해서 이제는 누군가가 이 땅을 확실히 지켜야겠기에 나부터 주민등록을 이 땅에, 이때부터 이렇게 '경기도 가평군 하면 마일리 102-2'로 옮기게 되었다.

남녀칠세부동석의 성남남자공동체를 현리로 옮기기 위한 작은예수 형제공동체를 준공하기까지는 1987년 11월부터 1988년 8월 15일까지 마일리 주민들과의 치열한 전투가 있어야만 되었다.

주민들은 장애인들이 들어오는 것을 재수가 없는 일로 여기고 절대로 들어오면 안 된다고 반대했다. 그 와중에 나는 매주 들어와서 금요철야기도회를 하면서 집을 지어나갔다. 내가 들어왔다 나가기만 하면 마일리 이장님께서 다시 가시철망으로 못 들어오도록 막아놓았다. 그러면 내가 다시 들어오면서 가시철망을 옆으로 치워놓고 또 막고 하는 실랑이를 줄기차게 벌였다.

"박성구 씨 우리 마을을 이렇게 장애인 마을로 만들면 안 되지! 우리 모두가 싫다는데 왜 자꾸 들어오려고 하는 거야? 이 사람아!"

"뭐 이 사람아? 야 이 양반아! 당신들만 대한민국 국민이야! 여기 이 사람들도 당신들과 똑같은 대한민국 국민이야! 이거 왜 이래!"

"허어. 뭐라구? 들어오지 말라면 마는 거지, 댁이 뭔데 그래. 이거 보다보다 못하니까 안 되겠구먼! 형씨! 우리하고 한판 붙자는 거야?'

"뭐! 뭐가 어쩌구 어째? 이 사람들이 이거 정말 안 되겠구먼! 그래 한판 붙자! 덤벼봐. 이 사람들아!"

그들은 더욱더 가시철망으로 튼튼하게 가로막았고 우리도 더욱더 거센 몸싸움 말싸움을 해가며 가시철망을 옆으로 치우고 기도회를 열심히 했다.

좌우지간 목소리는 크고 볼일이었다. 그들 여러 사람이 떠들어도 나 혼자 대적을 해도 충분히 내 목소리가 컸기 때문에 이길 수가 있었다. 정히 안되면 법적인 투쟁을 통해서라도 당신들을 기어이 이겨먹고 말겠다는 기세에 그들이 급기야는 풀이 꺾이게 되었다.

"오 하느님! 감사합니다. 키는 작아도 몸집이라도 94킬로그램을 주셔서 저들에게 밀리지 않게 해주셔서 감사합니다. 목소리도 저 사람들을 다 감당할 수 있는 목소리를 주셔서 감사하고, 저들을 완전히 장악할 수 있는 영적인 기세를 주셔서 너무너무 감사합니다. 오! 하느님!"

현리공동체가 6개월 만에 거뜬히 현리에 잡게 되었다. 자양공동체는 자매공동체로 자리 잡게 되었다. 현 구의공동체인 자양공동체가 자리 잡을 때의 일이다. 일반 신자 집들을 일곱 번이나 일곱 집을 돌아다니며 장애인들이 살 수 있도록 방을 내어줄 것을 신부가 부탁을 하다 못해 호소를 했어도 번번이 갖가지 이유로 거부를 당했다.

"오 하느님. 신자들이 이렇게 엉망이니 어찌하오리까?"

십자가의 예수님이 하시는 말씀이 "뭘 어떻게 하냐! 거짓말해야지. 우선 거짓말하고 나한테 징계 받으면 되잖아! 야곱과 같이 너도 이럴 땐 죽 한 그릇 바꿔치기 할 수밖에 없잖아? 야! 장애 식구들 살고봐야 되잖아. 괜찮아! 내가 다 봐줄게!"

예수님이 거짓말해도 괜찮다고 말씀하시길래 할 수 없이 신자들한테는 뽀록이 날 것 같아 신자가 아닌 일반사람을 찾아 그냥 사복을 하고 가서 내가 전세방 얻는 것으로 계약을 맺었다. 그리고 장애 식구들이 그냥 살도록 내가 나타나지 않고 봉헌사를 보냈다.

이미 계약을 맺었고 집을 차지했으니 들통이 나더라도 버틸 생각이었다. 법정싸움을 할 것까지 감안하고 단단히 마음을 먹고 있었다. 그런데 나중에 주인집 아주머니를 만났더니 그 아주머니는 외인이었지만 장애 식구들을 평소 사랑하는, 마음씨가 아주 아름다운 분이어서 오히려 장애 식구들이 들어와 살게 된 것을 기뻐했다.

원 이럴 수가 있단 말인가! 믿는 도끼는 녹이 슨 도끼였고, 믿지 못하는 도끼는 금도끼였으니! 그래도 큰소리치며 이 일을 해낼 수 있었던 것은 성질이 좋든 나쁘든 간에 봉헌자들이 있었기 때문이다.

작은예수회 마을

"아버지께서는 박성구가 목숨을 예수님처럼 내놓기 때문에 박성구를
사랑하신다. 그렇게 하여 박성구는 목숨을 다시 얻는다.
아무도 예수님에게서와 같이 박성구에게서 목숨을 빼앗지 못한다. 예수님이
스스로 그것을 내놓듯이 박성구도 내놓는 것이다. 예수님과 같이 성구는 목숨을
내놓을 권한도 있고 그것을 다시 얻을 권한도 있다. 이것이 예수님이 하느님
아버지에게서 받은 명령이듯이 박성구도 하느님 아버지에게서 받은 명령이다."
(요한 10, 17-18 리모델링 말씀)

땅주인님, 집주인님 어떻게 합니까? 땅이 있어야 살지, 집주인님! 집이 있
어야 살지, 땅주인님! 하고 박성구는 집주인에게 땅이 있어야 되지 않겠느
냐고, 땅주인에게 집이 있어야 되지 않겠느냐고 하며 내 몸을 담보로 삼아
매달 사랑나눔 회비를 모아 쪼개어 드리겠다고 말씀을 드렸다.

　1985년 12월부터 1988년 11월까지 땅을, 1987년 1월부터 1988년 11월까
지 집을, 2억짜리 땅과 2억짜리 집을 정확하게 매달 회비의 절반씩을 잘라
값을 치렀다.

　내 몸을 땅과 집과 고통받는 장애인과 함께 사는 사람들을 위하여, 사랑
나눔 회원을 위하여 온전히 제물 삼아 하느님께 바치며 산다는 진정한 하느
님 사랑, 인간 사랑의 열정은 이루 형언키 어려운, 어떻게 말로 표현키 어려
운 놀라움과 경건함과 신선함과 싱그러움의 영이 꽉 가슴을 벅차오르게 하
는, 불타오르게 하는 그냥 그분의 영원한 또 하나의 생명의 영이게 하였다.

　온양온천주식회사 가타리나 할머님의 1원 한 장 건네주지 않음이 나를 1

억 5천만 원과 비교도 안 되는, 내 몸을 산제물로 바치는 영원한 싱그러움이 되게 하였다. 서 마리아 금호동 성령기도회장님의 5천만 원의 봉헌은 인류와 은하계를 이루는 별들을 위해 내 몸뚱이가 바쳐지는 진정한 제물이 되게 하였다. 이 돈이 없었다면 나는 그분께 바쳐지는 제물이 될 방법이 없었다고 생각을 하니 이 얼마나 놀라우신 성령의 영원한 활화산이 되게 하는 일이 아닌가.

20만 사랑나눔 회원들의 바닷가 모래알처럼 사랑의 한도 끝도 없는 놀라운 기적들이며, 영성원 건축금, 은인들, 숨겨진 익명의 봉헌자들, 어쩌다 기뻐서, 감사해서 기부금을 낸 사람들의 순간의 사랑, 영원사랑 얘기들의 한도 끝도 없는 불의 영의 태양 해무리 사랑, 넘쳐흐르는 생명수 바다 사랑, 형언키 어려운 아름다움, 눈부심, 찬란함, 황홀함의 빛의 거대한 영산을 이룸이시어라.

풀 한 포기, 흙 한 줌, 모래알 한 알, 나무 한 그루, 아주 작아 보이지도 않는 불길, 물길, 빛길이 점점 커져 이루는 광대한 그 높이와 크기와 넓이가 도대체 가늠할 길 없는 불길이어라! 물길이어라! 빛길이어라!

너무 작기 때문에 크기를 알 수 없는 평화로움이어라! 너무 크기 때문에 전혀 보이지 않는 평화로움이어라! 너무 컸다! 작아졌다! 작아졌다! 컸다의 자유로움과 알 수 없음과 경탄을 금치 못함과 신선함과 싱그러움의 자유로움, 영원함이어라! 그냥 잘남, 못남, 대단함, 시시함, 있음, 없음의 영원한 살아있음이어라!

없는 것 같은데 할미꽃, 민들레, 장미, 백합, 철쭉꽃, 사철나무, 소나무, 향나무, 단풍나무, 개, 돼지, 말, 호랑이, 나비, 새, 벌레, 이 사람, 저 사람,

그 사람, 요 사람, 잘난 사람, 못난 사람, 대단한 사람, 시시한 사람들이 있음이어라! 그냥 존재하고 있음이어라!

영원한 하느님의 기운이 머무를 수 있는 것은 동물도, 식물도, 광물도, 사람도, 영원히 부족하고 모자라고 비참하고 소외되고 없어지는, 그리고 끊임없이 생명력이 영원히 커지려는 안간힘이 피를 토하는 진실! 진실의 영원한 꿈틀거림, 용약, 폭발, 넘쳐흐름 자체이어라!

내가 그분 것으로 이 모든 존재들을 위하여 날마다 목숨을 바치며 산다는 것은 영원한 목숨을 누리며 사는 것이고, 그로 말미암아 그 크기를 재볼수 없는 거대한 영원한 생명이 넘쳐흐르는 것이다.

1988년 11월경, 개신교 신자인 땅주인은 나의 손목을 꼭 잡고 "나는 당신 같은 신부를 처음 봤습니다. 내가 개신교 신자로서 당신 같은 신부를 보았다는 것이 대단한 영광입니다"라고 말했다. 외인이었던 집주인 내외분은 "신부님! 너무너무 감사 드립니다. 하느님께서 네 배로 값을 치뤄 축복하셨습니다. 제가 도저히 살 수 없는 땅을 사게 해주신 하느님께 너무너무 감사드립니다"라며 감사해 했다.

나는 이분들을 영원히 잊을 수가 없다. 세상에 이런 고마우신 분들이 어디 있겠는가? 세상에 3개월에 다 갚아야 마땅한 것을 3년에 걸쳐 1년 10개월 만에 완불했음에도 그분들에게 평생에 두 번 다시 볼 수 없는 생명이 철철 넘쳐흐르는 신부로 대접을 받다니!

그로부터 25년이 지난 오늘 나는 또다시 절대 절명의 위기 속에서 이번에는 효의전당, 172하느님사랑방 사람들, 영성원 리모델링에 조직이 반대하는 사채에 또 손을 대게 되었다. 조직의 중요한 한 사람이 내게 얘기를 건

낸다.

"신부님! 그것 아주 위험한 일이에요! 잘못하면 아주 큰일 날 일인데요. 절대 해서는 안 되는 일입니다. 안 됩니다. 신부님!"

"이 사람 왜 이러나! 자네가 운영자인가? 자네 월급은 누가 주는가? 내가 살아야 월급을 주든지 말든지 할 것 아닌가? 이 회사와 관계가 끊어지면, 영원히 영성원 리모델링 사업을 하지 못하게 되면 어찌 되겠는가? 내가 여기서 사업에 실패하면 누가 20만 작은예수 회원들을 책임질 수 있단 말인가?"

실패를 하든지 말든지 우선 작은예수회가 돌아가고 있어야 하기 때문에, 이 몸이 사채로라도 돌아가고 있다는 사실이 끊이지 않고 계속되고 있어야, 실패의 일들이 계속되고 있어야, 사는 것이기 때문이다.

일이 그냥 아주 끊어져 버리면 그냥 영원히 정지된 작은예수회가 되는 것이다. 그 적막함 속에서 그냥 아무런 이유 없이 아무 일도 못하면 그게 진짜 아주 망하는 것이다. 사람들이 계속계속 살아 움직이며 숨을 쉴 수 있게만 할 수 있으면 사는 것이다.

내가 진실되기만, 성실하기만 하면 반드시 절대 절명의 절망적 상황을 희망적 상황으로 주님이 꼭 반전시켜 놓으시며, 새롭게 살맛나는 세상을 살게 하시며, 여지껏 작은예수회가 점점 커져 나오게 하셨기 때문에 지금 사채를 안 지고 정지하면 안 되는 것이다.

사채를 지고라도 목숨을 20만 작은예수인들을 위해, 70억 인류에게 영을 내리는 작은예수가 되고자 사채로 산제물이 되는 것은 그대로 환한 생명의 빛이 되는 일이다.

사방팔방 아무런 살아날 길 없다 할지라도, 세상적으로 폭삭 멸망하는 모습일지라도 그것이 2천 년 전 십자가에 처형된 당신 모습이라서 그냥 나는 그분과 함께 영의 태양 해무리 속으로, 철철 넘쳐흐르는 바다 속으로, 눈부신 그 크기를 알 수 없는 영산자체로 나는 완전 분해되어져 버리는 것이다.

1989년 제2회 가톨릭장애인신앙대회가 전 대회에 남겨진 쌈짓돈 5백만 원을 밑천 삼아 다시 작은예수회 살림살이 중 절반에 합쳐져서 전국 역앞 광장에서 장애인 돕기 바자회로 열렸다.

부산에서 내일 대회를 치러야 되는 오늘, 일이 벌어졌다. 부산 장애인 형제들이 삥 돌아서며 나를 도둑놈 포위하듯 점점 가운데로, 가운데로 몰아세운다. 그 중 한 녀석이 마치도 대단한 비리라도 발견했다는 듯이 말한다.

"어이, 박 신부. 정부로부터 돈을 많이 뜯어냈으면 우리에게도 좀 나눠줘야 될 게 아닌가? 혼자만 먹으면 안 되지."

기가 막히고 어이도 없고, 바로 내일 행사를, 그것도 아주 크게 장애인들을 기쁘게 하는 대회를 치러야 하는데 이를 어찌하면 좋단 말인가! 이들이 이렇게 나를 막고 행사를 못하게 하는데 아무리 좋은 일이라 여겨져도 해봤자 그것은 모든 장애인들에게 기쁨이 되지 못하는 행사를 강행한 결론밖에 안 되는 일이었기에 나는 중대선언했다.

"사랑하는 부산 장애인 여러분! 나는 여러분 모두에게 기쁨을 주고자, 삶을 싱그럽게 신선하게 멋들어지게 하고자, 이 대회를 치르려 하였는데 여러분들의 썩은 정신으로는 사이비 엉터리 대회를 강행하는 것밖에, 이권을 챙기고자 여는 대회밖에 안 되니 차라리 이 대회를 열지 않고 그냥 서울로 돌아가니 그런 줄 아십쇼."

하자 그들은 아뿔싸! 우리가 잘못 건드렸구나 후회하며 대회를 열어줄 것을 다시 간청해 왔으나 나는 단호하게 거절했다. 땅에 떨어진 명예를 다시 회복하기 위해 내 스스로 결정한 것이 대회 취소였다. 아쉽고 안타깝지만 자신들의 잘못을 뉘우치는 모습을 뒤로한 채 난 서울로 돌아왔다.

명예회복을 위해 박 신부는 화려한 영의 강물로 철철 넘쳐흐르던 1989년 대회를 과감히 취소하였다. 참으로 하기 싫은 대회를 억지 춘향으로 치렀다면 겉으로 화려해서 나에게 도움이 되었을지 모르나 그것은 나를 완전히 땅에 내동댕이치는 일이었다. 아마 그대로 진행했다면 그해로 나는 장애인과 함께 사는 일을 마감했을 것이다.

가슴속에 흐르는 아름다운 그분 말씀과 함께하는 생명의 강물이 항상 넘쳐흐르게 살아야 정말 행복한 나와 너였기에, 우리 모두, 인류 모두, 은하계를 이루는 별들 모두이게 하는 나이기에, 그들의 강권에 의해 질질 끌려갈 수는 절대 있을 수 없는 일이었다. 지금도 두고두고, 앞으로도 두고두고 그때 대회를 취소한 것은 참 잘한 일이라고 생각한다. 역시 박성구는 참 멋있고 괜찮은 놈이야! 하고 거울을 들여다보니 요즘은 그때에 비하면 꽤나 늙어 보인다.

비록 얼굴은 그럴지라도 내면의 모습은 세월이 흐른 만큼이나 화려하고 푸르고 해맑고 눈부신 모습이다. 오, 하느님! 결코 후회할 수 없는 영의 풍부한 생명력 넘쳐흐름으로 당신을 깊숙이 아주 깊숙이 사랑하며 감사, 감사, 감사 찬양 드립니다.

1986년에서 1991년까지 본당 신부 생활은 안 하고 맨 전국장애인대회와 작은예수회만 챙겨먹었다는 말인가? 나로서는 언제나 그렇듯이 내가 화양 동본당 신부니까 화양동본당 일을 당연히 훨씬 더 많이 했다. 무엇을? 역시 가정방문을 제일 많이 했다. 다른 사람 이름은 잊어버릴 수 있어도 잊어버 릴 수 없는 이름은 총구역장 이정해 율리안나님이시다. 이 율리안나님은 성 격이 강하시고 의리파시다. 잘못된 꼴을 못 보시는 분으로서 본당 신자들을 위해서는 헌신적이신 분이시다. 나는 나름대로 있는 힘을 다하여 가정을 방 문했고 기도했다.

한 가정 한 가정이 살아있는 소교회가 될 때 본당은 본집으로서의 역할 을 다하는 것이다. 각 가정들이 살아있는 교회로서의 온 세상 생명의 빛을 가득 넘쳐흐르게 하는 본당공동체로 하늘 영광 영원토록 떨치시옵소서.

환자들 방문 역시 열심히 하여 고통받는 이들을 위해 최선을 다하는 만 남으로 이들과 사랑을 나누었다. 한 해에 한 번은 본당 신자 전체 성지순례 를 꼭 하였고, 한 번은 본당 신자 전체 운동회를 초등학교 운동장을 빌려서 치렀다. 기쁨으로 넘쳐나는 성지순례와 운동회 행사를 즐겁게 치렀다는 것 은 본당 신자와의 관계에서는 이 이상의 최고는 없었다. 언제 어디에서나 박성구 신부를 빼놓을 수 없는 이유는 단체들과 잔칫상 벌이고, 술 잘 마시 고, 담배 잘 피우고 이야기를 호탕하게 나누고 하는 모습들. 사람들을 데리 고 이집 저집 다니기 잘하고, 한 사람이라도 잊어서는 안 되겠기에, 열심히 사람들을 만나는 일을 정말 너무너무 잘했다.

내가 나를 아무리 거울로 들여다보아도 하느님께서 이래서 멋지고, 저래 서 멋지고 감동 먹을 정도로 훌륭한 일들을 너무도 많이 하는 친구로 역시 네가 만인의 연인이듯이 나 또한 그렇단다라고 하시는 것 같다.

가난하고 소박한 분들인 노인대학 할머니 할아버지들은 영원한 본당공동체의 아버님, 어머님으로 깍듯이 모셔지도록 하는 데 최선을 다했다. 십일조 사상을 여전히 투철하게 하여 본당 구역 내에 있는 모든 고통받는 이들이 기쁨에 넘친 생을 살게 하였다. 성산동에서는 빈첸시오회를 중심으로 활발하게 움직였다. 그러므로 빈첸시오회는 작은예수회에서 빼놓을 수 없는 최고의 가까운 동지적 단체였다.

나는 빈첸시오 회원들에게 영원히 감사하는데, 박상규 회장에게는 특별히 감사한다. 모두가 열심히 활동을 했는데 이분은 술을 잘해서 나하고 더 화통하게 만날 수 있어서 좋았다. 언제 다시 만나 술 한 잔 먹세그려 두 잔 먹세그려 세 잔 먹세그려 하며 밤을 지새며 함께 일했던 빈첸시오 회원들과 몇 날 몇 밤 아니 영원 속에 늘 나눌 수 있다면….

성산동 화양동 노인대학 어르신들 모두 모두, 성산동 아홉 명의 영적인 영웅들을 중심으로 끝없는 영의 음식나눔과 한도 끝도 없는 사랑 이야기를 나눌 수 있다면…. 이분들이 성모님들이고 요셉님들이라 춤을 덩실덩실 추며 몇 날 몇 밤을 지새우며 지내리라.

영원 속에 늘 덩거덩 덩거덩 예수사랑 우리사랑, 우리사랑 예수사랑 영원 찬미찬양의 그 기쁨 넘쳐흘러라! 흘러라! 흘러넘쳐 온 세상 온 우주 가득히! 김 헬레나 어머님, 세실리아 어머님, 젬마 어머님 합하여 아홉 명의 영웅들이여! 영원하여라.

작은예수회 마을과 장애인공동체의 집은 사랑나눔 회원들이 돈을 마련해 장만한 것이고, 본당공동체가 더 큰 집을 마련하는 것이 하느님 만나기에 소중하고 꼭 이루어야 될 것이었기에 새로운 성전 마련을 위해서 나는 집을 여섯 채나 사서 성전 부지를 크게 늘렸다. 그러니까 본당공동체의 재산을 늘리는 데에는 철저하게 본당공동체에서 건축기금을 내게 해서 본당 터를 늘이는 데에 썼다. 작은예수회 땅과 집은 철저하게 특수사목 활동으로 그것과는 별개의 일이었다. 그런데 그것은 진정으로 미사를 통해서 이루어지는 기적이었다. 내가 본당 신부로 있기 때문에 작은예수회 일로 따로 뛰어다닐 시간도 공간도 없었다.

그런데 어떻게? 나는 매주 수요일 본당에서 낮 2시 성령미사, 저녁 8시 성령미사, 철야 11시 성령미사를 드리며 본당과 각 곳에서 오는 성령 가족들과 미사를 드렸다. 여기서 거두어지는 모든 예물들로 기적이 일어났던 것이다. 이것은 분명 빵 다섯 개와 물고기 두 마리의 기적이 매일 매일 일어났다. 온 세상을 다 준다 해도 바꿀 수 없는 님의 사랑 내 사랑, 내 사랑 님의 사랑 목숨을 건 순애보 사랑의 기적이었다.

생각해 보자. 땅만 샀나! 집만 샀나! 공동체 식구들 먹고 살았지! 공동체가 얼마나 늘어났나! 전국 각종 장애인대회란 대회는 모조리 벌였지! 어디 그뿐인가. 이 대회에 주교님들, 신부님들, 수도자 백성들, 나라 대통령들의 관심, 당 총재들, 장관들, 연예인들, 고관들, 경찰들, 얼마나 많은 사람들이 수요일 낮, 저녁, 철야 성령미사 때마다 쏟아져 나왔으며, 얼마나 많은 사람들이 동원된 것이란 말인가.

이러한 일들은 모두가 잘한 것이었지만 하느님께 자기 몸을 저당 잡힌다는 것이 얼마나 대단한 것인지, 그렇게 한 친구는 그것 때문에 여전히 목숨을 건 한판 승부를 37년씩이나 한 것이고 또 영원히 하는 것이다.

2006년 남북한 장애인 복지대회 및 마라톤대회에서 인사말 중인 박성구 신부. 자료사진

요셉의집 사람들

"예수님께서 작은예수회에서 29년 동안 사시면서 군중들에게 말씀하시는 소리들을 군중들은 들었다. 아니 너희들에게 박 신부와 공동체 지적, 지체중증장애인들이 비장애인들이 예수인 나와 같이 살라고 내가 박 신부와 함께 외치고 있지 않느냐? 참으로 불쌍한 비장애인 여러분들! 차라리 여러분도 이 장애인들처럼 장애를 입어서 나밖에 바라볼 수가 없기 때문에 이들과 같이 '예수와 함께 삶의 기쁨을! 예수와 함께 삶의 기쁨을! 예수와 함께 삶의 기쁨을!' 하고 외친다면 얼마나 좋겠는가! 불쌍한 수많은 백성들이여? 어찌하면 좋겠는가? 회개하여라. 회개하고, 또 회개하여서 작은예수회 사람들 같은 장애인 비장애인들이 일반인들이 되어라! 소리 높여 예수와 함께 삶의 기쁨을 찬양하여라!"(루가 18, 35-43, 리모델링 말씀)

한국을 중심으로 브라질, 중국, 미국, 케냐, 우간다, 말라위, 탄자니아 8개 나라에 80여 공동체가 나가 있는 가운데 1번지 공동체가 작은예수회 마을 요셉의집이다. 온 세상 모든 사람들이 남녀노소 할 것 없이 누구나 변을 본다. 이 세상에서 변을 안 보는 사람은 한 사람도 없다. 하느님이신 예수님도 이 세상에 사람의 아들로 태어나서 우리와 똑같이 변을 보셨다. 그래서 변을 보는 일에 대해서 반듯하게 말씀하셨다. 하느님이 사람을 창조하셨고 사람은 하느님의 모상이라고 말씀하셨다. 그 하느님이 만드신 변이기 때문에 사람이 하느님이 주신 신체를 잘 관리하고 있는지의 여부에 대해서는 의학적으로 변이 굵고 냄새가 잘 나야 건강하도록 신체 구조를 튼튼하게 잘 보존하는 비결을 하느님이 직접 만들어 놓으셨다.

사람들이 서로 싸움을 할 때는 똥 같은 새끼, 똥덩어리 같은 놈 하고 더러운 사람을 욕하지만 건강이 나쁜, 아주 나쁜 사람은 변이 굵고 냄새가 잘 나야 건강의 푸른 신호등이 켜지는 일이기에 변을 잘 보았을 때 환호를, 탄성을 지른다.

장애인들은, 특히 중증장애인들은 지적장애든 지체장애든 변을 멋대로 본다. 시도 때도 없이 싼다. 그래서 기분파대로 싸기 때문에 공동체가 냄새로 진동을 한다. 아무리 깨끗이 일주일에 세 번씩 목욕을 시켜도 언제든 사람들은 몸에서 냄새가 난다! "냄새가 많이 납니다. 깨끗이 좀 씻기세요." 나를 쳐다보는 눈빛들이 비웃음의 눈빛들이다. 너 잘난 척하며 일반인들 보고 회개하라고 하지만 "이 사람아 너나 잘해! 자기는 잘하는 게 별로 없구먼, 맨날 우리 보고 뭐라 뭐라 하니 어디 그래서 되겠어?" 하고 주먹으로 친 거나 진배없는 언어폭력으로 내게 대항한 적이 가끔 있었다.

그래도 내가 장애인들과 잘살기 때문에 가끔이지 만일 그렇지 않았다면 그들의 말에 내가 벌써 KO패 했을 터이고 장애인 공동체 집도 벌써 접었거나 수많은 경우들처럼 장애인 수용소를 만들어놓고 비장애인들 눈치나 슬슬 보았을 것이다. 겉으로는 바리사이파, 율법주의자처럼 번들번들하게 꽤나 잘 운영하는, 공동체 식구들을 제법 사랑하는, 하느님 보시기에는 가증스럽지만 세상 사람들에게는 제법 장애인을 사랑하는 유명한 명사로서 오늘을 살게 되었을 것이다. 그러나 하느님 보시기에는 살아서 기껏 일 잘해 (?) 놓고도 지옥 가는 일은 없겠지만 호되게 야단맞으면서 연옥생활 꼴찌를 면치 못했을 것이다.

이스라엘 백성들이 식사를 할 때는 반드시 손을 닦게 되어 있는데 예수님과 그의 제자들은 예수님부터 잘 안 닦으시니까 그런지 제자들도 잘 안 닦아서 바리사이파, 율법학자들에게 자주 비아냥을 당하셨다. "저렇게 손 안 씻어도 되는 겁니까?" 하고 공격하면 예수님은 늘 "겉보다는 너희들 속 마음을 잘 닦아야 되는 거 아냐?" 하시면서 언제나 말씀으로 역전승하신 분이 예수님이시다.

공동체 식구들은 항상 변을 일정하게 보는 일이 없어 그들과 사는 박 신부까지 싸잡아 공격당하고는 있지만 언제나 나와 공동체 식구들은 마냥 좋다. 왜? 내가 좋으니까 공동체 식구들이 좋은 것이고, 공동체 식구들이 좋으니까 내가 좋은 것이다. 우리들에게 그것을 지적하는 사람들이 훨씬 더 영적으로 지저분하고 냄새나고 꽉 막히고 자기중심이고 자기가 최고라고 주장하는 만큼 지저분하고 악취가 나고 참을 길 없는 영적으로 볼 것이 없는 초라하고 비참한 꼬라지이다. 내가 냄새나는 장애인으로 차라리 살게 되었기에 일반적으로 꼴찌 인생을 살 수밖에 없는 일반인의 모습이기에 세상적으로 자랑할 것이 하나도 없기 때문에 그저 가난한 모습 그대로를 보여주니 하느님 없이는 하루도 못사는 세상 것이 너무나도 좋다. 아무것도 없는 사람으로 고백하는 만큼 공날이 공날이니 하느님의 사랑과 의로움과 진리와 평화만이 찬란히 빛날 수 있기 때문이고 빛날 수밖에 없기 때문에 참 좋다. 그래서 영원한 사랑과 정의와 진리와 평화로 그분이 머무르시는 나이니 얼마나 영광스러운가!

건물을 지을 때부터, 사용할 때부터 사용하고 있는 지금까지 건물의 파란만장의 역사만큼이나 사람들의 살아가는 모습 또한 파란만장했다. 나쁜 일만 있는 것도 아니고 좋은 일만 있는 것도 아니고 대단한 일만 있던 것이 아니고 시시한 일로 도배를 한 것도 아니고 성공적인 일만 있다는 얘기도 아니고 실패적인 일만 있다는 얘기도 아니다. 성하는, 번성하는 얘기만 있다는 것도 아니고, 쇄하는, 폐쇄하는 일만 있다는 것도 아니다. 지나온 30년의 세월을 늘 그렇게 살아왔다. 그래서 사람들에게는 제일 발전이 없는, 꼬라지가 초라한 공동체로, 언제나 봉사자 숫자들이 넉넉해본 적이 없다. 일반 직원들이 다 갖추어진 적도 없다. 집은 그만큼 싱그러워 보이지 않았다. 정말 이것이 세계 제일의 공동체를 꿈꾸는 모습이냐구?

장애 식구들끼리 코피 터지며 서로 싸우기, 봉사자가 장애인 구타하기, 수사가 장애인 때리기, 직원들이 장애인 때리기, 사람들이 서로 서로 욕질하기가 바람 잘 날 없는 요셉의집 30주년이 되었다.

그럼 좋은 일은 하나도 없었다? 좋은 일도 있었다! 아침, 낮, 저녁 끝기도 일반 수도자들도 잘 지키지 않는 시간 꼬박꼬박 지켜 기도하는 일은 언제나 그 누구보다도 잘하는 공동체 식구들의 모습이다. 수많은 사람들이 공동체를 방문하여 장애인들과 대화 속에 자신들이 얻어가는 것이 훨씬 많은 29년 동안의 끊이지 않는 칭찬의 이야기. 우리 식구들과 만나 음식을 나누고 놀러 같이 다니고 하는 순간순간들은 하느님의 사랑과 평화가 늘 자신들을 가득 차게 해서 살맛나는 세상을 살게 된다는 것이다.

사랑나눔 식구들을 만날 때마다 "어쩜 저렇게 장애 식구들이 훌륭할 수가 있어요. 너무너무 사랑이 넘쳐요. 너무너무 평화가 함께 있고요. 그냥 가슴이 뿌듯하고 너무너무 편안합니다" 하고 가슴을 활짝 열어 말씀들을 하신다. 우리 상애 식구들 몸에서 악취가 난다고 말해야 되는데 그것은 육적으로만 무엇이든 평가를 내리는 사람들에게 나오는 말이고, 영적으로 살려는 의지가 강한 사람들에게는 육의 냄새가 전혀 문제가 되지도 않고 생각조차 들지 않는 것이다. 장애 식구들은 입으로 들어가는 것도 뒤로 나오는 것도 죄 될 것도 없지만 마음에서 입을 통하여 밖으로 나오는 말도 별로 죄 된 것이 없이 깨끗하다! 같이 순수하다. 육이 입으로 들어간 것이나 영이 밖으로 나가는 수준이 같이 깨끗하다.

막상 서로 싸울 때는 얼굴이 깨지거나 이마가 터지거나 신체가 멍이 들 정도로 큰 죄를(?) 지은 모습이나 금방 언제 싸웠냐는 듯이 화해도 금방 이루어진다. 단지 순간을 못 참아서 외적으로는 크게 다쳤으나 영적으로는 단순히 한쪽이 분명히 잘못한 것이 있기 때문에 그렇게 했을 뿐 그것으로 그냥 영원히 끝난 것이다. 뒤끝이 없기 때문에 그냥 그렇다는 얘기다고 한번 표현했을 뿐인 것이다. 비장애인인 일반인들보다 비교도 안 되게 잘못을 빨리 시인하고 용서를 청한다.

도둑질을 했어도 일반인이라는 비장애인들에 비해서 죄질이 훨씬 가볍다. 도둑질 해간 물건도 남에게 그리 큰 손해가 가는 것이 아닐 뿐만 아니라 한 번 들키면 어디다 숨겨났는지 안 보아도 뻔하기 때문에 그리 걱정할 필요가 없고, 도둑질 안 한 것보다 한 것이 훨씬 사람들을 기쁘게 할 때가 많다. 빤도 볼 수밖에 없었어서 본 것이지 그 이상도 그 이하도 아니기 때문에 냄새는 많이 나지만 마음에서 나오는 숨겨진 더러움이 전혀 없기 때문에 그냥 초등학생이, 아기가 똥을 싼 것처럼 깨끗하다. 맑다. 해맑은 것이다.

겉은 깨끗하나 속이 더러운, 마음이 장애인에 비해 훨씬 지저분한 비장애인이라는 일반인들은 자기가 냄새난다고 구타를 하고도 안 했다고 시치미를 뚝 떼는 것이 비일비재하다. 나는 30년이 되는 동안 최근 몇 년 동안을 빼고는 20년이 넘도록 수많은 날들을 속아왔다. 때리고도 안 때렸다는 것이다. 어디 한 번 증명해 보시라는 것이다. 아무리 조사해도 안 나올 것 같은 구타사건들이 조사에 조사를 거쳐 확인이 된다. 각서를, 안 때리겠다는 각서를 받았으니 절대 구타 행위를 안 할 것 같은데 무려 다섯 번이나 각서를 쓰고 결국은 그 버릇을 못 고쳐서 쫓겨난 봉사자, 수도자, 직원 들이 너무도 많았다.

나는 30년이 되도록 매주 금요일마다 공동체 식구들을 꼭 챙기고, 조사하고, 얘기를 듣고, 기도하고 했기 때문에 내 수준에서는 한 번도 엉터리로 공동체를 점검한 일이 없다. 여지껏 비장애인들인 일반인들은 일을 저질러 놓고도 안 저질러 놓은 것처럼의 시치미떼기 작전으로, 겉으로 멀쩡한 똥을 잘 배설하는 품격 있고 격조 높은 사람들이 오히려 영적으로는 썩을 대로 썩어서 악취가 코를 찌르는 사람들을 수도 없이 봐왔다. 똥냄새 나고, 머리에 비듬도 있고, 비싼 옷도 입고 있지 못하는 장애인들 속내에는 하느님의 사랑과 정의가 숨 쉬고 있는 것이다. 비장애인이라는 일반인들에게는 영적인 생명들이 영으로 머물기가 무척이나 힘들다.

세상을 육으로 먹고 살아야 된다는 신념에서 해방되질 않기 때문에, 그것이 중심이기 때문에 영이 비집고 들어갈 자리가 전혀 없는 것이다. 그래서 겉으론 꽤 괜찮아 보여도 그것은 육의 것으로 화려한 포장이 잘돼 있는 것이지 속이 썩어 문드러진 세상의 욕심들이 당연히 감추어져 있는 것이다. 그런 것에 대해 전혀 죄의식을 느끼지 못하니 그냥 악취가, 영적으로 썩은 냄새들을 어떻게 제거할 방도가 없는 것이다.

아무리 근사하고 화려하고 지체 높은 품격의 사람으로 세상을 산다 할지라도, 아무리 존경받는 이들 속에서 산다 할지라도 속이 썩어 있으면 영원히 구제불능의 인간인 것이다. 아무리 겉이 초라하고 냄새가 난다 할지라도 속이 영글어 있으면 그냥 하느님의 영원한 아름다움과 신선하고 싱그러운 눈부심이 영원토록 빛의 화려함과 찬란함으로 오묘한 앙상블을 이루게 되는 것이다.

세상에는 겉은 미끈하고 화려하고 누가 봐도 앞뒤가 깔끔하고 완벽해 보이는 사람들이 많이 있다. 그들은 보이기 위한 외모에 신경을 다 써버렸기 때문에 속은 아무것도 영근 것이 없는, 존재가 새로울 것이 없는 허수아비 같은 공허한 사람들이 많다.

우리 장애 식구들은 세상적으로 아무것도 가진 것이 없기 때문에 줄 것도 없는 사람들이다. 주고받고 거래할 것이 없는 만큼 누구한테 모욕을 당한다 하더라도 잃어버린 것이 별로 없기 때문에 상처를 받는 일도 없다. 상대가 자기보다 많이 갖고 있어도 그저 상대방에게 많이 옮겨졌다고 생각을 하기 때문에 원래가 가진 것이 없고 쓸 줄도 모르는 장애인들에게는 아무 문제가 되지 않는다.

소유에 대한 거짓된 자랑과 상대에 대한 시기, 질투를 그저 물끄러미 바라볼 뿐 상대방이 모욕적인 행동을 하더라도 아무 공격할 필요나 가치를 느끼지 못한다. 이래도 흥 저래도 흥 요래도 흥 하는 모습들이 착해 빠져서라기보다는 터무니가 없고 지껄임에 대한 대답할 가치가 없기에 말을 안 하는 것뿐이다. 내가 뭔가라도 가지고 있어야 화병이라도 걸리는 것이지 아무것도 없고 가지려는 특별한 욕망도 없는, 그저 하루 세 끼의 식사만 할 수 있다면 그것으로 평화로울 수밖에 없다면 모욕도 누명도 구타도 기꺼이 당할 수 있는 것이다.

그래서 장애인들은 태어날 때부터 영적인 우수한 존재로 하느님께 은혜를 받았다. 하루 세 끼 밥만 먹을 수 있다면 그것으로 하느님의 사랑과 평화를 누리기에 충분하다. 존재 자체가 가진 것이 없기 때문에 영적인 것으로 충만해지도록 자기를 늘 비우고 있다. 세상적 가진 것으로 모욕하고 능멸하는 자의 우스꽝스러움이나 더러움을 자신이 가지고 있지 않으니 서로 지껄이고 쌈박질하고 하는 추한 자들과는 비교도 안 되는 생을 살아가고 있는 것이다.

일반인에 비해 세속적인 것으로 상처를 훨씬 덜 받으며 살아가기에 남을 해치겠다는 생각을 안 하는 것이다. 아쉬울 것도 없고 빼앗길 것도 없으며 남에게 빼앗아 올 것도 특별히 없는 것이다. 소유욕도 일반 사람들의 것과는 비교도 안 되게 소박한 것들이기 때문에, 무공해 소유욕이기 때문에, 다른 사람들에게 폐를 끼치지 아니하며 아름다운 생을 즐길 수 있는 것이다. 장애인들은 행복의 숙달된 조교로서 행복을 가르쳐 주고 있는 것이다. 행복을 즐기고 있는 것이다.

때 묻은 것을 즐기는 사람들이 자신들이 즐기고 있는 육의 것들을 나눠주러 왔다가 장애인들이 가지고 있는 영적인 것들이 훨씬 큰 것이기 때문에 오히려 그들의 영적인 것을 받아서 되돌아가곤 한다. 내가 공동체 장애 식구들에게 준 것은 육일 뿐인데 장애 식구들은 나에게 분에 넘치는 고마움과 사랑을 선물하고 있다.

그들의 변은 자연스럽고 건강한 존재들의 변이라 겉으로는 냄새가 요란한 것 같아 보이나 실상은 하느님의 뜻대로 가진 것이 없는 빈자(貧者)의 모습으로 살아가고 있다. 그들은 아름다우며 소박하며 눈부시며 찬란하다. 그렇게 바라볼 줄 알고 그것을 생의 최고의 가치로 알아주는 사람들이 함께 살아간다면 온 세상을 빛으로 가득 채우게 될 것이다.

1990년 남북한 장애인 복지대회 및 마라톤대회에 참석한 김수환 추기경. 서울 올림픽경기장. 자료사진

10분의 10

"가진 것이 없다고, 다 하느님 것이라고 고백하는 사람들이 렙톤 두 닢과 같은
자신들을 나에게 봉헌하는 것을 보았다. 이 사람들은 부유하지만 다 내 것으로
바쳐버렸기 때문에, 그 표시로 마음으로 따로 통장을 만든 적이 한 번도
없었기 때문에 그 존재 자체를 나에게 바친 것이다. 십일조가 아니라
나와 똑같이 10분의 10이 하느님 아버지 것이라고 고백하고 살았기 때문에
그 자체로 구원받았다."(루가 21, 1 – 4. 리모델링 말씀)

작은예수회는 파주 운정 사랑의집으로 1984년 6월 7일 김수환 스테파노 추기경님께 보고를 하였고, 사회복지회 최선웅 신부님이 참여를 하였기 때문에 공식적으로 김수환 추기경님이 설립한 작은예수회가 확실하게 맞다.

공식적으로 김수환 추기경님이 인정하셨기 때문에 작은예수회가 운정 사랑의집으로 시작되었다. 그런데 5개월이 지난 뒤 같이 시작한 두 사람의 모함에 의해, 장애인 가롤로에 의해 장애인들 등쳐먹는 도둑 신부로, 일반인 비비안나에 의해 이상한 기도회를 하는 신부로 고발당해 김수환 스테파노 추기경님으로부터 "자네에게 더 이상 어려운 말하지 않게 되길 바라네!" 하시는 한마디 말씀으로 장애인 공동체를 해산하게 되었다.

그러나 불과 한 달이 지나지 않아 장애인 식구들이 다시 몰려와 "신부님! 살려주세요. 우리가 갈 데가 없습니다. 우리 좀 꼭 좀 살려주셔요!" 하길래 "어쩌나! 이게 무슨 추기경님께 허락받을 일이겠나? 그냥 같이 살지 뭐!" 하

고 한 달 만에 같이 살기 시작하며 이름까지 작은예수회로 바꿔 부르기 시작했다. 그래서 운정 사랑의집에서 작은예수회로 바꾼 것 때문에 지금까지 서울대교구가 작은예수회를 등록시키지 않았다.

어쨌든 공동체가 펼치는 각종 행사에 김수환 추기경님은 사랑과 성성이 가득 담긴 모습으로 하느님께서 함께하시는 생명의 공동체임을 역설하시고 하느님의 은총 속에 성장하는 작은예수회임을 미사에 오셔서 강조하셨다.

그러던 어느 날, 그때가 1985년쯤 되었는가 했을 때였다. 성령신부님들끼리 교구청에 모여 성령기도회를 하고 함께 주교관에서 금요일마다 점심을 먹는 시간이었다. 김수환 추기경님이 김옥균 주교님, 강우일 주교님, 김대군 신부님, 송광섭 신부님 등 선배 신부님들이 모두 있는 자리에서 "자네 요새 이상한 소리가 들리네. 성령기도회를 그렇게 광적으로 하면 되나. 기도회를 하지 말게나!" 하시기에 곧바로 "추기경님! 아무것도 모르는 소리 하지들 말라구 그러십쇼. 교회는 장엄함과 고요함과 열정을 가지고 있어야 합니다. 그러면 돈 없어서 가난한 환자가 길바닥에서 죽어야 되겠습니까? 밤새 기도해서 그 환자가 병을 고쳤다면 얼마나 행복이 넘쳐흐르는 이야기겠습니까! 아무것도 모르는 사람들이, 철야기도회를 뒤에서 감독이나 하는 사람들 얘기 듣지 마십쇼! 다음에 또 추기경님께 고자질하거든 '자네 아무것도 모르면서 나한테 고자질하지 말고 먼저 성산동 신부에게 자세히 알아보고 오게나그려! 열정적인 것과 광적인 것은 구분해야 되네!' 하고 말씀하십시오." 추기경님을 비롯해 주교님들, 신부님들이 일제히 아무 말씀도 못하셨다.

그전에 1981년 제대하고 나서 본당 신자 전체를 8주 동안 성령 충만하게 한다고 성령세미나를 주일마다 시키다 추기경님께 불러가 호되게 꾸중받았으나 "그러면 본당 신자들에게 성령이 안 내려도 상관없다는 말씀이신지요?" 김옥균 주교님은 아무 말씀도 못하셨는데도 이번에 또…. 1986년 맹인선교회 라이문도 회장님이 나를 찾아와 한국가톨릭장애인복지협의회 지도신부가 되어달라고 하기에 전국 각 교구에서 모여온 장애인들 협의회 결성지도신부가 되어 전국적으로 맹렬히 뛰어 각 교구마다 장애인복지협의회가 활발하게 뛰게 하였다. 그래서 1987년 서강대에서 제1회 한국가톨릭장애인복지협의회를 열으니 김수환 추기경님께서는 매우 기뻐하셨고, 언제 박성구 신부를 야단치셨는지 전혀 내색도 없으셨다. 1989년 8월 15일에는 현리 형제 공동체의 집 축성식을 사랑이 넘쳐흐르는, 철철 넘쳐흐르는 모습으로 하셨다.

그러나 맹인선교회 라이문도 회장은 해도 해도 너무했다. 나는 회장에게 질질 끌려 다니는 지도신부는 도저히 더 이상 못하겠으니 회장인 당신이 다 해먹으라고 사표를 내려고 하는데 라이문도 회장이 자기가 회장을 그만둘 터이니 신부더러 회장까지 다 하란다? 그러면 내가 못할 줄 알구? 해서 회장까지 내가 다 해먹었다!

내가 이런 상황에서 그만두면 안 된다고 생각했다. 왜냐면 실제로 일할 사람이 아무도 없으니까! 내가 욕을 바가지로 먹더라도 장애인들은 행복해야 되고 그러기에 계속 행사를 해서 하루빨리 일반인들과 어깨를 나란히 하는 모습이 대한민국 국민으로서 떳떳한 대의를 당연히 받아야 될 뿐만 아니라 장애인 성직자, 수도자가 당연히 나와야 되니까! 함께 삶의 기쁨을! 함께 삶의 기쁨을! 함께 삶의 기쁨을! 사랑나눔 대잔치를! 사랑나눔 대잔치를! 사랑나눔 대잔치를!

　누구나 장애인이 될 수 있다. 오히려 후천적 장애인이 훨씬 더 많다. 오늘의 장애인을 대접함은 미래의 나를 보호하는 생명보험 들기 운동이다. 후천적 장애인들이 교통사고로, 질병으로, 산업재해로 수도 없이 쏟아져 나오는 것을 왜 모르느냐. 한 치 앞도 못 내다보는 오늘의 장애인 푸대접은 내일의 당신에게 푸대접하는 행위나 똑같은 것이다. 장애인들은 남쪽에만 7백만이다! 외치며 전국의 역광장을, 대공원을 함께 사랑을 나누며 같이 살자는 백성들로 가득 채웠고, 이 모든 일을 김수환 추기경님 이름으로 일들을 해냈다.

　김수환 추기경님은 장애인들을 깊이 사랑하셨고 확실히 그래도 박성구를 만나 감각이 점점 좋아지시며 기뻐하셨다. 내가 볼 때는 확실하게 하느님께 감사하고 계셨다. 그런데 이 무슨 청천벽력이란 말인가? 주교단의 이름으로 한국가톨릭장애인복지협의회는 매우 문제가 많으니 주교단이 조사에 들어가야 된다는 공문을 보내오셨다. 그러잖아도 박성구 신부가 장애인들 돈을 다 말아먹고 다닌다는 소문이 파다하게 돌고 있었는데 드디어 올 것이 왔구나 하는 생각이 들었고, 내가 좋은 일을 정말 죽을힘을 다하여, 작은예수회 재산의 절반을 쏟아가며 일을 해놓고 잘릴 수는 없는 일이었다. 그래서 주교단에서 손을 쓰기 전에 의장이신 김수환 스테파노 추기경님께 "주교단에서 이제 신경을 제대로 쓰시겠다니 잘되었습니다. 이제 저는 그만 물러가겠습니다" 하고 사표를 써서 주교회의로 보냈다.

　추기경님이 정말 왜 이렇게 변덕이 죽 끓듯 하시는지 나는 도무지 이해를 할 수가 없었다. 정말 왜 이러시는 거야? 왜 이렇게 귀가 얇으신 거야?

도대체 누가 어떻게? 왜 그러시는 거야? 겉으로 알 수 있는 물증은 하나도 없었으나 사회복지회 한 신부님과 나는 전혀 마음이 맞지 않아 지긋지긋할 정도로 아주 싫어했다. 그 신부의 요지는 "자선만 하면 됐지. 넌 왜 그렇게 요란하냐? 조용히 해! 제발 조용히 불쌍한 처지의 사람 자선하면 충분한 거 아냐!"

박성구 신부의 요지는 누가 울지 않는 애 젖 주는 거 봤냐? 울지 않는데 어떻게 장애인들의 심정을 알겠어? 그냥 골방에 갇혀 살다가 그냥 골방에서 죽는데 어떻게 조용히 가만히 있으란 말이야? 자꾸 거리로 쏟아져 나와야 돼! 자, 모두들 일반인이라는 비장애인들과 거리에 쏟아져 나오자구! 사람들이 많이 몰려드는 역 광장으로! 대공원으로! 운동경기장으로, 자 다들 모이시오! 함께 삶의 기쁨을! 함께 삶의 기쁨을! 함께 삶의 기쁨을! 사랑나눔 대잔치를! 사랑나눔 대잔치를! 사랑나눔 대잔치를!

1990년에 나는 김수환 스테파노 추기경님께 남북한장애인걷기운동본부 총재가 되어주실 것을 제안 드려서 허락을 받았다. 총재로 취임하시면서 하시는 말씀은 "내가 남북한장애인걷기운동본부 총재라고 사무총장 박성구 신부가 임명하셨습니다" 하시자 모여든 모든 사람들이 일제히 우렁찬 박수를 보내며 폭소를 터뜨렸다.

참으로 추기경님도 이렇게 하는 박성구 신부의 속마음을 전혀 알 수 없는 일이고, 박성구 신부 또한 이렇게 야단만 치시는 추기경님께 도대체 왜 자꾸 책임을 맡겨 드리게 되는지 알 수가 없었다. 그러나 분명한 것은 서로가 아무런 악의가 없었다는 것이고, 그냥 어떤 일이든지 다 하느님께서 영광 떨치는 일에는 아무런 이견이 있을 수 없었고, 하느님의 신비스런 사랑이 항상 철철 넘쳐흐르고 있었다는 사실이다.

우리 현리공동체 식구 중에 조원복이라는 지적발달장애 식구가 있었다. 내가 서울에서 현리공동체로 공동체가 있는 요한 성전으로(사실은 건축법적으로는 공동체 강당이지만) 갈 때마다 조원복 형제를 나는 먼저 만나야 했다. 그는 언제나 공동체를 들어갈 때마다 "너 앉아!" 하면 나는 꼼짝없이 앉았다. 반말로 명령하는 데도 나는 앉을 수밖에 없었다. 아주 자연스런 얼굴로 누런 이빨을 그대로 드러내며 환하게 웃으며 "너, 앉아!" 하니 앉을 수밖에 없었다. 왜? 웃는 모습이 하도 황홀하도록 좋아서! 그런 그가 어느 날 갑자기 사라졌다. 그가 맨날 하던 일은 운동장에서 나뭇가지들을 모아 집을 수십 채 수백 채 짓는 건설회사 사장이었는데, 그가 없어진 것이다? 도대체 어디로 갔는지 사방팔방 다 찾아보았으나 찾을 수 없어서 나중에는 맹호부대의 협조를 얻어 사단 병력이 동원되고 헬리콥터가 떴는데도 찾지를 못하였다. 결국 한 6개월이 지난 1989년 봄날이었다. 마을 사람들이 나물 캐러 갔다가 매봉산 중턱에서 그의 시신을 발견했다. 어느 비가 부슬부슬 내리는 날, 남자 봉헌자 8명이(후에 작은예수 수도자들이 됨) 산 중턱까지 올라가 이미 뼈만 남은 그의 시신을 하나도 다치지 않게 담요로 돌돌 말아 조심조심 운구해 왔다.

나는 미사를 드리면서 "사랑하는 신앙인 여러분! 조원복이는 하느님이 불러서 하느님을 만나러 매봉산을 올라간 것입니다. 도무지 올라갈 수 없는데 천사들이 원복이를 데리고 올라간 것입니다. 우리는 그의 죽음을 슬퍼할 것이 아니라 그와 같이 살 것을 하느님께 약속드리니 원복이가 환하게 웃으며 천국으로 들어가도록 하십시다."

군자공동체(현재의 수녀원)에 이연심 마리아라는 중증지체장애인이 있었다. 그녀는 제대로 일어서질 못하고 늘 기어 다녔다. 나는 유난히 그녀에게 관심이 갔다. 그녀도 나를 사랑할 수밖에 없었다. 우리는 이미 언어를 넘어서 진짜 사랑했다. 내가 그녀를 외적으로 인간적으로 사랑할 아무런 이유도 없었다. 전혀 잘 생기지도 않았을 뿐만 아니라 화려한 구석이라고는 찾아볼 수 없는 옷매무새하며 청순하다든지 깨끗하다든지 하는 것도 없었다. 그래도 그녀는 나를 볼 때마다 (그때는 내가 자매공동체에서 아버지로 같이 살았다) "딤부님! 딤부님! 딤부님!" 하면서 좋아 어쩔 줄 몰라 하며 환하게 웃었다. 계속 웃었다. 환하게. 우리는 겉으로 표현은 못했지만 속으로는 '늘 난 널 사랑해! 난 널 진짜 좋아하고 사랑해!' 하며 지냈다.

김수환 추기경님은 나를 반대해도 늘 아주 마음씨 좋은 아버지셨다. 그래서 그분의 반대 말씀에도 언제나 진정한 순명을 잘했다고 믿는다. 그분 또한 언제나 나를 아들처럼 생각하고 믿었기에 내가 그분과 상의 없이 일을 벌였을 때도 언제나 어린 아이처럼 언제 당신이 반대하셨느냐는 듯이 기뻐하셨다. 아니셨을까? 물음표 열 개를 붙여 봐도 그분은 그것이 나에게 전혀 표시가 안 나시는 분이시었다.

추기경님은 박성구에게 영락없이 조원복의 "너 앉아" 하는 모습이셨고, 박성구는 추기경님께 이연심의 "딤부님" 하는 모습이었다. 추기경님은 그래도 사랑이셨고, 그 아들 박성구는 노래하는 십자가 사랑이었고, 그냥그냥 부자지간을, 조원복, 이연심도 다 공날로 살아서 살아가는 모든 것이 박성구에게는 훌륭한 그분 생명의 빛님들이신 것이다.

1992년 제8회 작은예수회 창립기념 감사제에서 감사패를 받는 봉두완 회장. 자료사진

작은예수회의 간판과 방패막이

예수님께서는 이어서 그들에게 이르셨다. "너희는 온 세상에 가서
모든 피조물에게 복음을 선포하여라. 믿고 세례를 받는 이는 구원을 받고
믿지 않는 자는 단죄를 받을 것이다. 곧 내 이름으로 마귀들을 쫓아내고
새로운 언어들을 말하며 손으로 뱀을 집어 들고 독을 마셔도
아무런 해도 입지 않으며, 또 병자들에게 손을 얹으면 병이 나았다!"
(마르 16, 15-18. 끝부분 '나았다!' 리모델링 말씀)

김영규 사단장님! 그리고 김기택 사단장님! 당신들은 나를 꼴찌 신부에서
첫째 신부가 되게 해준, 비룡성당을 짓게 해준 영원히 잊지 못할 소중한 사
단장님들이십니다! 김영규 사단장님! 당신은 내가 자동차 사고를 다섯 번씩
이나 냈을 때 완전히 문제가 있는 사단의 미운오리새끼 꼴찌 신부로 생각하
고 있다가 웬 신부가 그렇게도 많은 돈을 병사들을 위해 돈을 펑펑 쓰는지
보안대를 시켜 뒷조사를 시켜보니 신부가 딴 짓 안 하고 사제관에서 일요일
마다 밥을 먹이고, 라면 먹이고, 해서 미사 보고 부대로 무사히 복귀하게 하
고 부대에서 훈련 잘 받으라고 끊임없이 사과 보따리, 빵 보따리 싸들고 동
분서주하느라 봉급이 남아나질 않았고 또한 전역금을 가지고 가게 외상값
갚으니까 플러스(+) 마이너스(-) 제로(0)가 되는 것을 보시고 "아니 우리 박
신부가 완전 미운오리새끼 신부인 줄 알았는데 이렇게도 훌륭하게 우리 25
사단 병사들을 위해 드러나지 않는 큰일을 했네! 하마터면 큰일 날 뻔했네
그려" 하시며 당신께서 다른 사단으로 가시기 3개월 전부터 나에게 참 여우

같이 대하던 오우쭐 목사님은 하늘 같은 목사님에서 맨 밑바닥으로 떨어졌고 나는 순식간에 하늘 같은 신부가 되었다.

좋은 목사님들도 세상에는 많이 계시는 것으로 알고 있지만 이분은 어쨌든 말씀은 잘하시는데 실천이 약하신 참모님이셨고, 박성구 신부는 사실 내가 나를 보아도 하느님 보시기에 너무나도 멋진 신부일 수밖에 없는 신부였다. 왜냐하면 사단장님께 생색내는 일에는 전혀 관심이 없었고, 어떻게 하면 우리 병사들을 아무 사고 없이 그래도 군대생활을 행복하게 마치게 할수 있게 할까에만 전심전력을 다하는 성실하고 진실한 신부였기 때문이다! 그런데 하필이면 그럴 때마다 자동차 사고가 무려 1년 내내 다섯 번이나 난것이다! 그래도 특별하게 사단장님이나 군종신부단에 잘못했다고 사정을하지 않은 것이다. 내가 최선을 다해 병사들을 위해 일하다 그렇게 됐기 때문이었다.

그런데 어디 누가 그렇게 생각하나. 좋은 일 한 건 다 잊어버리고 사단을불편하게 한 것만, 군종신부단을 불편하게 한 것만 생각하지…. 정말 병사들을 위해 헌신적으로 뛴 것은 다 감춰져 있었고, 더구나 목사님은 나를 좋게 여기실 리가 만무이셨다.

좌우지간 병사들에게 돈을 톡톡 다 털어 병사들을 행복하게 하는 그 모습이 너무나도 좋게 보여졌기에 막판에 목사님의 신세는 처량하게 되었고신부의 처지는 하늘같이 대접받는 귀한 신부가 되어서 사단장님으로부터성당을 지을 수 있는 허락을 맡게 하심에 하느님께 영원히 감사 드린다.

후임 김기택 사단장님은 내가 열아홉 개 성당을 뛰어다니며 모금한 일도중요하지만 정말로 마음이 따뜻하셔서 아무 특별한 신경을 안 써도 좋은 모습으로, 정말 부대에서 도와줄 수 있는 것을 최선을 다해 따뜻한 마음으로 협력해 주심을 진심으로 감사 드립니다.

원래가 마음이 따뜻하신 분은 드러나지 않게 협력을 잘하시기 때문에 정말 뜨겁게 감사 드리지 못함을 항상 미안스레 생각하며 당신의 우직하시고 진실하시고 다정다감의 뚝뚝함 속에 하느님을 찬양 드립니다.

처음엔 나 잘난 모습의 우쭐함에 나만 잘나서 가려진 당신을 생각하니 절로 고개가 숙여지며 당신의 진실한 묵직한 진짜 생명이 오고가는 뜨거운 사랑에 감사를 드립니다.

성령이 나에게 임하시니 온몸에 열정이 그대로 솟구쳐 올라온다. 정말로 이 세상 그 누구도 못 말리는 적극적 행동 자세로 나는 사단장 공관으로 힘차게 발걸음을 옮겼다.

인간적으로는 정말 무례하게 영세받으시라고 강요했음에도 그것을 저희 참하늘을 사는 사제의 모습으로 봐주시고 세월이 흐른 뒤에 온 가족이 영세를 받으신 것도 또한 영원히 박 신부가 기억해야 될 하느님의 모습임을 감사 드립니다.

강 엘리사벳 여사님! 2천만 원 성전 건립금으로 기탁하심을 참 소중히 여겼어야 되는데 내가 뛴 것만 잘나 보이게 한 것을 진심으로 죄송스럽게 생각합니다. 다른 분 같으면 속상해 하고 저에게 한없이 화를 내실 일인데도 나만 잘났다고 떠드는 일에만 충실했던 것을 깊이 사과드립니다. 나는 당신의 따뜻하신 미소와 훈훈한 사랑과 품위 있는 웃음과 덕스러움을 가슴에 간직하고 있습니다. 죄송해요. 정말 당신은 내가 간직해야 될 정말 훌륭하신 큰누님의 미소를 가지고 계십니다. 감사해요. 엘리사벳님 속에 계신 하느님께 정말 감사 드리고 사랑을 드립니다.

25사단 비룡성당을 영원히 잊을 수 없는 사연은 내가 그 성당을 짓고 진정한 성령을 가득히 받은 사실 때문이고, 이를 기반으로 사단장님들과 여사님이, 진정한 살아계신 하느님이 보잘것없는 종에게 결성적으로 생녕의 영으로 머무르시게 되었기 때문입니다.

착하고 성실하고 부지런하고 진실했던 박영현 장교단 총무님! 당신의 헌신적이고 착하신 모습은 어디다 내놔도 조금도 흠잡을 데 없는 영원하신 모습입니다. 우직하고 배짱 좋으며 한 가닥 실력을 발휘하시는 뚝배기같이 걸직한 행동가이며 실천가이신 박병균 가톨릭장교단 회장님. 당신을 내 가슴에 영원으로 가는 님의 사랑의 손 꽉 잡을 친구들이라고! 동지들이라고 말하려오.

김수환 스테파노 추기경님! 당신의 존재가 없으면 아예 작은예수회란 타이틀이 생겨날 수 없었으니 당신이 있고 나서 내가 있을 수 있었고, 20만 작은예수 회원들이 존재할 수 있었으니 당신은 영원한 우리의 영적 아버지 이십니다. 그러나 당신은 너무나도 귀가 얇으시어 우리를 없애버리기도 너무 많이 하셨습니다. 그래서 아주 큰일 날 일도 하셨습니다. 그래서 우리는 영원 속에 한가운데 내버려진 고아들의 모습을 한참 하고 있었습니다. 그래서 아버지인 당신이 우리를 찾아 왔어야 되었는데 그 기간이 너무 길어지면 안 된다는 생각에 30년 내내 김수환 스테파노 추기경님이 없어도 박성구는 없어서는 안 된다. 김수환은 없어도 되는데 박성구는 영원히 작은예수회에 없으면 안 된다는, 영원히 멸망하고 만다는 생각에 30년에 이르도록 불멸의 영인으로 영원히 살고 있는 것입니다. 어찌됐든 이 교회가 살아 인정해야 하는 입장에 있어서는 김수환 추기경님이 영원한 아버지이며 박성구 총원 장이 영원한 아들입니다. 박성구 총원장이 영원불멸 영인들의 아버지가 되게 하는 것은 영원불멸의 김수환 스테파노 추기경이 그의 아버지라고 그가 외치고 있기 때문입니다.

김수환 스테파노 추기경님은 1984년 확실하게 박성구 신부와 장애인들과 사랑나눔 회원들로 함께 설립한 것이 맞고, 1992년 12월 8일 작은예수 수도회·수녀회를 김수환, 박성구 이름으로 함께 설립한 것이 맞다. 또 1976년 사제서품에 이어 1998년 박성구를 예수 마리아 요셉 수도명으로 종신서원시킨 것 맞습니다.

1998년 장애인도 작은예수 수도회 성직자가 될 수 있다는 추천서를 최창무 주교로부터 확실하게 승인받아 신학교에 제출하게 하셨고, 신학교에 봉 하령 수사를 다니게 한 것이 사실입니다. 1999년 윤석인 예수 다윗 보나 수녀님을 종신서원시킨 것이 사실이며, 초대 작은예수 수녀회 원장으로 인정하신 것도 사실이었습니다.

이렇게 되게 하기 위하여 하느님은 1981년 성산동 주임신부 시절 성산동 성당이 지어지기에 성당 앞 도로가 도로로 확실하게 인정이 돼야 성당이 지어질 수 있는바, 이를 위해 절대적으로 저명한 인사의 도움이 필요했던바, 그분이 봉두완 국회의원이시며 작은예수회 고문이셨습니다. 한국가톨릭장애인복지협의회 내내 형님같이 사회적으로 저명한 인사들을 끌어들이고, 각 정당의 대표들을 끌어들이고, 주교님들과의 사회적 운동에 정당성을 외치기에 봉두완이라는 이름 석 자가 박성구란 이름과 운명을 같이한다는 것은 정말로 중요한 방패막이었습니다. 아주 유쾌하고 유머러스하며 장단이

척척 들어맞으며 강력한 사회 활동으로 교회 안의 주교님들, 나라의 통치자 장관들 국회의원들 백성들을 움직이는 데에 봉두완 회장님, 당신의 소중함은 박성구란 사람이 아무리, 아무리 감사해도 또 감사해도 잊을 수 없는 소중한 당신이십니다. 함께 사시는 안젤라 누님의 따뜻한 미소, 사랑 넘치는 미소는 영원히 가슴에 새겨져 있습니다, 누님!

이종남 법무부장관이며 감사원장님! 당신 없이는 무허가 장애인들을 위한 최초의 운정 사랑의집은 존재할 수가 없었습니다. 성품이 너무나도 온화하시고 저의 일이라면 발 벗고 나서신 당신이시며, 당신의 훌륭하신 덕망 있으신 능력이 운정 사랑의집을 유지하게 하셨습니다. 하마터면 폐쇄될 수밖에 없는 운정 사랑의집을 당신께서 사랑이 넘쳐흐르는, 아내 되시는 백모니카 사모님과 함께 꽉 붙잡으셨기에 오늘까지 영원히 존재하게 하셨음을 영원히 감사 드립니다. 하느님께서 저 큰 이종남 장관님을 영세하게 함은 영원 속에, 만세전에 하느님 계획이셨다고 믿기에 당신들 같이 영적으로 아름다우신 분들과 하나 되게 하셨다는 것을 하느님께 깊이 감사 드립니다. 모니카 님의 예쁜 미소는 영원히 새겨진 하느님의 사랑입니다.

박관용 전 국회의장과 정 엘리사벳 사모님! 만세전에 저는 하느님이 두 분을 영세 드리게 하셨음을 깊이 감사 드립니다. 기쁜우리샘물을 위험에서 도와주심을 깊이 감사 드립니다. 정 엘리사벳님의 정감 넘쳐흐르는 작은예수회를 사랑하심은 영락없는 기쁜우리샘물만큼이나 맑은 하느님 사랑이십니다.

최형우 의원님과 같이 사시는 누님이 작은예수회가 영원으로 발전에 발전을 하게 되는 고속도로를 뚫어 놓은 길만큼이나 시원한 하느님의 사랑이었습니다.

지학순 주교님! 남북한장애인걷기운동본부 초대 본부장에 이어 2대 총재를 하여주심을 영원히 하느님께 감사 드립니다. 박 신부의 장애인 인권과 복지방법에 반대했던 당시 교계제도나 사회복지 신부들로부터 절대적으로 신임을 받도록 지켜주시고 인정해주신 지 주교님을 영원히 잊을 수 없습니다. 특히 서울대교구에서 쫓겨날 수밖에 없는 처지에서 저를 구출해주신 주교님을 영원히 잊을 수도 잊어서도 안 되는 주교님이십니다. 내가 쫓겨나는 것은 곧바로 작은예수회가 쫓겨나는 것과 같은 것이기에 더욱 눈물겁고 당신의 전화 한 통화는 고마웠습니다.

2007년쯤에 보잘것없는 종이 매년 한 번씩 전 세계 작은예수회 공동체를 미사를 드리는 사목방문하는 기간에 미국을 방문했다. 시애틀에 들렀더니 바로 얼마 전에 김수환 스테파노 추기경님이 한인 성당에서 강론 중에 "나는 한국에서 제일 훌륭하게 사는 신부가 박성구 신부라고 믿는다. 그는 참으로 한국에서 내가 첫 손가락으로 꼽을 수 있는 신부입니다" 하고 강론했다고 박경순 사촌누나가 아주 자랑스러워하며 내게 말한 것을 기억한다. 내 손을 꼬옥 잡으며 말한 것을 진한 감동과 함께 지금까지 가슴에 간직하고 산다. 그분은 분명히 1989년인가 1990년인가 가톨릭 신학대학에서 사제 피정을 하실 때 우연히 산책로에서 서로 마주치게 되었는데 엄지손가락을 치켜 올리시며 "박 신부가 최고야! 요새도 성령 충만하게 살지?" 하시며 내 어깨를 툭툭 치셨다. 감사한 마음을 간직하고 있다가 2007년에 시애틀 한인 성당에서 다시 사촌누이로부터 그 이야기를 들어서 싱그럽게 그분의 사랑이 영원히 넘쳐흐르고 있는 것을 확인할 수 있었다.

2008년에서 그분이 세상을 떠난 2009년 사이에 나는 그분께 작은예수회는 확실히 서울대교구의 작은예수회란 것을 인정받기 위해 무려 열 번이나 권순기 본부장을 통해 면담을 요청했었다. 매번 거절되어서 면담이 안 되더라도 "당신이 20만 작은예수 회원들의 명실상부한 영적 아버지이신 것을 진심으로 하느님께 감사 드립니다" 하는 감사패를 본부장을 통하여 전해 드렸다. 틀림없이 누군가에 의해 반대되고 있는 것이 확실하다고 느꼈기에 무려 열 번이나 시도한 것이었다.

그분께서 떠나시기 전에 비디오로 남기신 유언 가운데 한마디가 "나는 고통받는 장애인들과 눈높이 사제 생활을 못한 것이 끝내 가장 후회스럽습니다"라고 했다고 어느 분이 내게 말씀하셨다.

"하느님! 진짜 김수환 추기경님은 바보 중에 상바보이십니다. 온갖 고통받는 이들에 대한 좋은 감각이란 감각은 작은예수회에서 다 배우셨고, 그래서 그들과 함께 뒹굴며 친구처럼 사는 아들 박성구 신부가 아마도 몹시 부러우셨으며 그분도 이렇게 사시고 싶으셨을 것이 분명합니다. 당신의 그 좋은 직책에서 그렇게 소신을 가지고 못 사신 것은 정말 바보 중에 상바보이셨습니다. 너무나도 안타까운 모습이셨습니다. 개별적으로 아무리 인정하시면 뭐 하시겠습니까? 세상 떠나시기 전이라도 면담 수락을 하셔서 자랑스러운 서울대교구의 작은예수회라고 선언을 하셨어야지."

나는 어머님이 나를 위해 사재를 다 털어 지어 놓으신 작은예수회 마을 경당에서 이렇게 예수님께 바보 아버지 추기경님을 흉을 봤다.

김수환 추기경님이 세상을 떠나시고 전국적으로 사십구재를 할 때 나는 확실하게 작은예수회마을에서 오십재를 드리며 이렇게 말한 바 있다.

"작은예수 회원 여러분! 여러분의 아버지는 분명히 김수환 스테파노 추기경님이십니다. 참으로 다정다감하시며 정이 철철 넘쳐흐르는, 자랑스러운 대한민국 5천만의 아버지이신, 세계 70억의 영적 아버지로서도 손색이 없으신, 다정하시며 정이 넘쳐흐르시는, 사랑이 넘쳐흐르시는 여러분의 아버지십니다. 여러분은 그분의 자랑스럽고 영광스러운 아들딸들이십니다."

대구공동체 사목방문을 마치고 신자들과 함께한 박성구 신부.

한 알의 겨자씨

1989년 한국가톨릭장애인신앙대회는 김대건 신부님 유해가 모셔져 있는 미리내에서 있었다. 1989년 7월 5일, 햇볕은 아주 뜨거웠고 도대체가 무슨 군용 텐트와 침대 모포 등이 대형트럭 열 대분이 필요하단 말인가? 그것은 자그마치 대회에 참여한 2천여 명이 머무르며 잠을 잘 수 있는 물량이었다!

병사들이 뜨거운 태양 아래 땀을 뻘뻘 흘리며 작업하는 모습을 보는 나는 얼굴을 들 수 없을 정도로 미안해 얼굴은 홍당무가 되어 있었다. 지학순 대주교님이 국무총리에게 특별히 3군사령관에게 어렵사리 부탁을 하여 수송하여 온 2천 명분의 텐트 침대 모포였기에 더욱더 그러했다. 아니 그런데 이게 웬일인가! 밤중이 되니 빗방울이 떨어지기 시작하여 가랑비가 되고 가랑비는 이내 소나기로 변하는 것이 아닌가!

사람들은 웅성거리기 시작했다. 비를 피할 마땅한 방법도 없었지만 철야 기도회 미사를 드리느냐 마느냐의 중대 결정이 필요했다. 나는 거수로 표명을 확인해야 되었고, 또 표명되었다 하더라도 강행한다는 것은 상당한 모험

이 요구되는 일이었다. 일반인들은 그렇다 할지라도 중중장애인들이 비를 쫄딱 맞는 것은 건강상 매우 안 좋을 수 있기 때문이었다. 모든 것은 하느님께 맡길 수밖에 없었다.

"친애하는 대회 참가자 여러분. 여러분의 열렬한 하느님 찬양하심은 한도 끝도 없는 은혜가 쏟아지는 빗줄기 속에서도 분명 뜨거운 은혜의 강물 되어 생명의 영으로 흐르게 될 것입니다."

정말로 빗줄기는 하염없이 겟세마니 동산의 2천 명의 사람들에게 세 시간 동안이나 계속 쏟아져 내려 생명의 강물 되어 사람들을 정화시키고 있었다. 어떤 사람 하나 불평 한 마디 없이 감동! 또 감동! 또 감동의 흘러내리는 하느님 사랑의 눈물로 마음 바다를 푸르게 넘쳐흐르게, 우주 삼라만상을 흘러넘치게 하고 있었다.

고영희 실비아 부회장님의 묵주기도로 시작한 미사는 교황님 호위병처럼 네 명이 미사 책, 제병 등이 안 젖도록 비닐에 막대기 네 개를 만들어 들고 시작했다.

비에 젖은 몸들로 2천 명이나 되는 사람들은 어제 만들어 놓은 텐트로 돌아와 잠깐이지만 잠을 잘 수 있어서 얼마나 행복했는지 모른다. 사령관으로 하여금 텐트, 침대, 모포를 빌리기를 얼마나 잘했는지를 나는 하느님께 뜨겁게 감사를 드렸다. 허나 그도 두 시간 정도의 수면으로 족해야 했다. 윤석인 수녀가 만들어 놓은 십자가의 길을 걸을 시간이 되었다.

"사랑하는 신앙대회 참가자 여러분. 밤새 너무 고생들 많이 하셨습니다. 여러분들 보고 힘들게 십자가의 길에 참여하라고 말씀을 못 드리겠습니다. 자유로이 그래도 십자가의 길을 같이 걸으실 분들은 자유롭게 저를 따라 걸으시고 쉬실 분들은 계속 쉬시기 바랍니다" 하고 나는 선두에 서서 십자가의 길을 걷기 시작했다. 그런데 이게 웬일인가!

2천여 명 전원이 십자가의 길을 따라 긴 행렬을 하는 참으로 성령의 감도하심 아래 모세와 이스라엘 백성들처럼 감동적인 십자가의 길 순례 기도가 시작된 것이다. 윤석인 수녀님으로 하여금 만들게 한, 일반인들과 장애인이 함께 삶의 희로애락을 나누는 십자가의 길 15처 기도행렬이 시작된 것이다. 한밤중 두세 시간 비가 내리는 가운데 철야미사와 이어지는 가랑비가 간간히 쏟아지는 십자가의 길 기도 행렬에 이어서 지학순 주교님과 함께 하는 신앙대회 미사는 은총의 빗줄기, 감동의 눈물에 절은 하느님께 드리는 열정의 감사 찬양의 2천여 명의 살아있는 영의 존재들의 축제였다. 일반들과 장애인, 장애인과 일반인들이 함께 삶의 기쁨을 하나인 사랑의 영 되어 드리는 은총의 바다를 이루는 잊을 수 없는 추억의 미사가 모두의 가슴속으로 영원히 흐르고 있는 것이다.

이런 대회를 치른 것 하고는 상관없이 한국가톨릭주교회의는 박성구 신부를 장애인들 돈 뜯어먹는 놈, 대회를 치루며 자기 인기몰이나 하는 놈으로 아주 고약한 신부로 몰아세우며 협의회 비리를 조사하겠다 해서 그러느니 차라리 내가 사표를 던졌던 것이다.

그런저런 일은 계속해야 되겠고 해서 가톨릭신문사 수원 지부장이었던 권순기 님을 이찬근으로부터 소개받았고, 고영희 실비아 부회장님과 함께 새롭게 남북한장애인걷기운동본부를 창설하게 되었다.

장애인복지협의회장으로부터 나를 제적시킨 것이나 다를 바 없는 추기경님이셨지만 나는 그것이 전혀 문제가 되지를 않아 김수환 추기경님을 찾아가 총재님으로 추대해 드렸다. 확실히 다른 주교님들과 김수환 추기경님은 다르셨다. 당신이 잘못하셨을 때는 확실하게 시인하셨다. 언제나 마음이 따뜻하신 분으로서 근본적으로 남을 미워한다거나 당신 아니면 안 된다는 그런 고집이 없으신, 다른 주교님들과는 비교가 안 되는 뛰어난 따뜻한 사랑을 간직하고 사시는 분이셨다.

그렇지만 따지고 보면 박성구가 박성구를 봐도 이상하고 신비로운 부분이 있다. 간도 쓸개도 없는 인간이나 할 수 있는 일이다. 그렇게 잘리고도 여전히 그래도 추기경님이 좋다고 자꾸 말씀을 드리는 입장도 따지고 보면 자존심도 더럽게 없는 놈이고 철판 깔고 일하는 모습은 아무리 봐도 맨 정신에는 사실 하기 매우 힘든 일을 거침없이 하는 것을 보고 내 스스로도 많이 놀라고 있다.

성령이 마음을 그렇게 먹게 하지 않으면 절대 안 되는 것인데 박성구가 눈치 차릴 겨를도 없이 성령께서 마음대로 아주 자유로이 주무르시고 계신 것이다.

전국에서 장애인들 1백 명을 모아 대한항공에서 고맙게도 처음으로 장애인들 항공료 50퍼센트 할인을 시작하여 김포공항에서 제주공항으로 몸을 싣고 떠났다. 오늘까지 장애인들에게 혜택을 주시는 대한항공에 감사를 드린다. 한라에서 백두까지 국토종단 걷기대회가 시작되었다. 말이 장애인 백 명이지 여기에 중증지체장애인들이 상당수 끼어 있다는 것은 정말로 보통 힘든 일이 아니다. 제주에서 다시 부산에서 마산, 마산에서 광주, 광주에서 대구, 대구에서 전주, 전주에서 대전, 대전에서…. 서울—임진각으로 행진을 했다.

수많은 군중들이 무리를 지어 행진을 했다. 주교님, 신부님, 장관님, 신앙인, 비신앙인 들이 한데 모여 걷는다. 함께 삶의 기쁨을! 함께 삶의 기쁨을! 함께 삶의 기쁨을! 보이는 장애인의 모습이 안 보이는 우리의 모두의 참모습임을 깨닫고 삽시다!

예수와 함께 삶의 기쁨을! 예수와 함께 삶의 기쁨을! 예수와 함께 삶의 기쁨을! 사랑, 정의, 진리, 평화와 함께 삶의 기쁨을! 사랑, 정의, 진리, 평화와 함께 삶의 기쁨을! 사랑, 진리, 정의, 평화와 함께 삶의 기쁨을! 경찰차에! 오토바이 대열! 주교님들, 신부님들, 장관들, 온 백성들이 장관을 이루며 행진을 한다. 서울대교구에서도 참석을 안 한다고 미리 통보를 했으나 계획을 변경하여 전화를 하셨다. 김옥균 주교님이 "김수환 추기경님이 임진각 미사에 참석하면 어떠하겠냐?" 하셨다. 처음에는 단숨에 거절하셨으나 상황이 역전되어 박성구 신부에게 처지가 반전이 된 것이다. 나는 하느님께 깊이 감사하고 반가워 환영하며 "그럼요. 꼭 오셔서 미사를 드려주셔야지요" 하고 말씀을 드렸다.

이번에는 봉두완 회장을 통하여 노태우 대통령이 행진에 참가하겠으니 따로 프로그램을 만들어 행진을 하면 어떠하겠느냐 제안을 해왔다. "아니! 왜 일부러 프로그램을 만드느냐? 그냥 자연스럽게 행진 프로그램을 해서 걸으시면 얼마나 아름다운 일이야!" 하고 말했지만 계속 생색내기 행진 참가에 욕심을 두었기 때문에 나는 단호하게 거절했다.

대통령이 만찬에 초대하면 어떠하겠느냐는 제안도 거절했다. 진정한 장애인 운동에 의미를 모르는 무지한 대통령에게 나는 결코 더러운 장애인운동으로 창녀처럼 몸을 팔아넘길 아무런 이유가 없었다.

북한 최고위층에서 북경에서 만남을 갖자고 제안을 해왔다. 이 나쁜 놈들 역시 진정한 참여의지가 아닌 생색내며 대회를 파토내기 작전이기에 진작 진국으로 응원했더라면 얼마나 좋겠는가 하며 참으로 방해공작 오두방정 떠는 꼬락서니가 싫어 "안 된다고 그러십시오. 죽일 놈들이라고 그러십시오."

봉두완 회장님이 아니면 이 대회를 열 수 없었다. 또 여상철, 송 토마스, 김한식 반월재활작업소 형제들이 아니면 이 대회를 열 수 없었다. 고영희 실비아 부회장의 적극적인 작은예수 회원들 참여시키기 운동이, 윤석인 예수 다윗 보나 봉헌자와 이소애 예수 데레사 봉헌자 등 작은예수 장애인들의 남북한장애인걷기운동본부에 뜻을 같이하는 진정한 나라사랑이, 일반인들이 함께하는 아름다운 세상을 열자는 열정이 없었다면 이 대회는 결코 열릴 수 없었다.

걷기대행진 동안에 많은 도움을 주신 식당, 여관 주인들에게 감사들 드립니다. 보이지 않는 여상철 형제의 폭넓은 사람 끌어들이기와 봉두완 회장과 안젤라님의 적극적인, 박관용 전 국회의장과 최형우 국회의원의 보이지 않는 간접적인 협력이 절대적으로 효과를 보았다고 믿기에 이분들의 공로를 하느님은 영원히 잊지 않으시며 은혜를, 당신 사랑의 영을 내리시며 보상을 충분히 내리시기를 기도드립니다. 감사합니다. 진정으로 감사 드립니다. 잊지 않겠습니다. 내 가슴에 당신들은 하느님이 보내주신 귀하신 은인들로 영원히 새기겠습니다.

임진각에서 김수환 스테파노 추기경의 미사로 한라에서 백두까지의 행진은 멈추어졌지만 하늘의 영광을 크게 떨친 영원히 기억에 남을 대회였다.

교회사에 반드시 기억되어져야 할 남북통일을 이루실 수밖에 없는 하느님께 드리는 박 신부와 봉두완 회장과 고영희 실비아 부회장과 권순기 본부장과 모든 작은예수회원들 여상철, 송 토마스, 김한식, 윤석인, 이소애와 작은예수 장애인들과 박 신부를 사랑하는, 뜻을 같이하는 라이문도 회장과 장애인들, 일반인들의 장애인 사랑, 나라사랑, 온 세상 사랑, 이야기가 5천만 대한민국 백성들에게 2013년을 사는 '사랑나눔 대잔치를!'에서 '사랑나눔으로!'으로, '함께 삶의 기쁨을!'에서 '함께 사는 세상을!'로 너나 할 것 없이 국민이면 누구나 쓰는 용어로 심어졌다는 것을 하느님께 뜨겁게 감사 드립니다.

인간은 누구나 아차 하는 순간 장애인이 될 수 있는, 이것을 예방하는 운동으로 장애인들과는 사랑나눔을! 함께 삶의 기쁨을! 영원히 나누시는 당신은 그 자체로 당신을 살리고 가족을 살리고 오천만을, 칠천 사백만을, 칠십억을, 은하계를 이루는 별들을 찬란하게 영원히 우주를 빛으로 가득 차게 하는 한 알의 겨자씨 빛을 밝히는 일인 것입니다.

소망의집에서 식사 중인 박성구 신부.

소망의집

"예수 그리스도께서 사람의 몸으로 오셨다고 고백하는 영은 모두 하느님께 속한
영입니다. 그러나 예수님을 믿는다고 고백하지 않는 영은 모두 하느님께
속하지 않는 영입니다. 집 없는 고통받는 형제들일수록 밥이라도
당연히 세 끼를 먹도록 하여라. 국경일, 휴일이라고 주일이라고 밥을 형제들에게
주지 않는다는 것은 말도 되지 않느니라. 어찌 너희들이 내 형제들을
업신여길 수 있다는 거냐? 강제로 숙소에다 형제들을 감금시킬 수 있단 말이냐?
그대로 자유롭게 집을 사용할 수 있도록 하는 것이 곧 길거리 지하도, 쪽방,
만화방, 다리 밑 모두가 그들의 자연스러운 숙소로 살 수 있어야
욕심 많은 친구들의 어둠들이 고쳐지느니라!"(1요한 4, 2-3 리모델링 말씀)

1990년 사순절 중반을 넘어설 때였다. 누군가 사제관 문을 똑똑 두드리신
다. "예, 들어오세요!" 하니 고영희 실비아님이 들어오신다. 부군 되시는 정
태희 님의 심부름을 오셨는데 프란치스코회가 운영하는 용산 베들레헴 식
당에서 성서 말씀을 가르치고 계셨다. 사연인즉은 동대문구 신설동에 제2
의 행려인 식당을 낸 지 얼마 되지 않았는데 신설동 녹십자병원에 행려인들
이 피를 팔아 그 돈으로 생계를 유지하는 것을 막기 위해 식당을 냈다는 것
이다. 그런데 그곳에 작은예수회가 진출하여 제2식당을 맡아 운영을 해보
면 어떠하겠느냐는 것이었다.

그런데 이게 어찌된 일인가! 뭔가 전기가 들어오면서 불이 밝게 어둠을
밝히듯이 내 온몸을 영께서 밝게 하시는 것이 아닌가! '햐! 성령님이 오셨
네!' 고영희 실비아님이 나의 말에 깜짝 놀라시는 것이 아닌가. 내가 고영희

221

님이 행려인들을 위한 신설동 식당 얘기가 나오자마자 나는 1초도 안 걸리고 그냥 "그 식당 당장 운영합시다" 해버린 것이었다.

아니 그래도 숨이라도 쉴 기회를 주셔야지 그럴 수가 있느냐는 듯이 실비아님은 "그래도 시간을 좀 가지고 생각해 보시지요?" 하시길래 "아니 그냥 생각할 것이 뭐 있소. 그냥 하면 되는 거지" 하고 나는 대답을 했다. 그렇게 말하는 나도 기가 찰 노릇이다. 그래도 그렇지 무슨 준비된 돈도 한 푼도 없지, 경험도 없지, 무엇이든 일을 하려면 준비란 것이 있고 어느 정도 돈을 모아놓고 하는 것이지 땡전 한 푼도 없이 무엇을 어떻게 하겠다는 것인지 도무지 내 말을 이해할 수 없는 고영희 님이 다시 세 번째로 질문을 던지시는 것이었다.

"아니 아무런 예산도 준비도 안 되어 있는데 지금 당장 시작할 수가 없는 것이지 않습니까?" 하시길래 나는 성령이 충만하니 밑도 끝도 없이 다짜고짜 짜증스런 모습으로 "고영희 실비아 님! 정히 그렇게 우물쭈물하실 양이면 정태희 님께 말씀드리십시오. 박성구 신부가 그냥 혼자서 시작하겠다고 말씀드려 주십시오" 말하니 고영희 실비아 님에게도 정태희 바오로 님에게도 동시에 성령이 충만해지며 "그냥 시작합시다!" 하고 성부 성자 성령께서 세 사람을 똑같이 영인들이 되게 하시어 동대문구 신설동에 프란치스코회에서 두 번째로 운영하고 있는 행려인 식당을 찾아갔다.

식당에는 다달이 월세만 내고 운영하는 아주 뚱뚱한 김영구라는 한쪽 다리가 무릎 이상 잘려 의족을 하고 있는 깡패 두목 같은 젊은이가 앉아 있었다. 식당은 아주 콧구멍만 하게 작아서 김영구라는 젊은이가 들어앉아 있으면 몇 명밖에 식사를 할 수가 없어 보이는 조그마한 식당이었다. 위아래 훑

어보며 "어째 오셨소! 뭐 가톨릭 신심 단체에서 여러 사람들이 찾아 왔었으나 폼다구가 별로 안 나서 그런지 그냥 보고 시큰둥해 하며 그냥 가버렸소. 그러니 당신들은 이거 운영하겠소?"

마치 볼 것도 없는 폼생폼사로 행려인들을 쓰레기처럼 보는 당신들이 이 식당을 운영한다는 것은 천부당만부당하다는 듯이 비꼬는 말투의 이 청년을 단단히 고쳐 주어야겠다는 생각이 들었다. 해서 나는 강한 어조로 "내가 이 식당 접수하겠소. 당장 계약합시다" 하니까 젊은이는 깜짝 놀라 뒤로 넘어져 버렸다. "아니 이 식당을 접수하겠다는 겁니까? 식당이 이렇게 콧구멍만 한데도? 당신도 행려인들을 우습게 쓰레기처럼 생각하는 인간들인데 이 식당을 운영하겠다니 말이 되겠는가?" 하고 생각했다는 듯이 "그럼 계약하십시다! 난 지리산으로 떠나겠수다! 잘해 보이소."

무슨 이런 몰지각한 젊은이가 어디 있겠는가. 말도 안 되는 소리인지라 나도 화를 내며 "아무것도 모르는 우리를 보고 그냥 운영하라니 어디 그게 말이 되는 거요? 적어도 5개월은 당신이 같이 운영해 주어야 되는 것 아니오?" 하고 거칠게 말했다. 양심이 찔려서 움찔움찔 뒤로 물러서며 자존심이 걸려 있어서 "그럼 4개월만 있으리다. 지금이 5월 달이니까 9월에 지리산으로 가겠습니다" 하고 흥정을 끝냈다.

우리는 5월 1일 노동자 성요셉 축일에 행려인 식당 간판을 작은예수 소망의집으로 내걸고 시작하게 되었다. 소망의집은 작은예수회의 고통받는 이들을 위한 사랑나눔금으로 시작했다. 고영희 실비아 님이 부지런히 소망의집 사랑나눔 회원들을 끊임없는 열정을 가지고 모았으며, 정태희 바오로 회장님이 이끄시는 성서반 사람들로 아주 큰 몫을 차지하였다. 이분은 성서를 따로 공부하신 분은 아니지만 성령 충만함을 성서로 읽게 되자마자 강하게 받으셨는데, 환경을 만들어준 이는 아내 되시는 고영희 님이었다. 남편 되시는 정태희 바오로님이 잘 볼 수 있는 자리에 성경책을 놓아드렸고, 그것을 어느 날 손에 집어 들자마자 성령불이 내려 영을 충만케 하니 단번에 신구약을 통독하게 하셨고 막바로 그 길로 본당 신부님을 볼 것도 없다 하시며 그냥 물만 부으시면 된다 하여 영세를 주신 것이다. 세상에 이런 일도 봤나! 있을 수 없는 놀라운 기적이 일어난 것이다. 영세받고 당장 1980년부터 베들레헴 식당에서 성서를 가르친 것이고, 1983년에 성산동본당에서 최초로 공식 성경 공부 선생님으로 박성구 신부가 모신 것이다. 대한민국 가톨릭 신앙인 평신도로서는 처음으로 성경 공부 선생님으로 모신 것이다. 주님께서는 정태희 회장님을 폭발적 인기몰이의 성경 공부 선생님이 되게 하셨으니 월화수목금토일 매일같이 아침 9시에서 저녁 6시까지 1시간 간격으로 수십 시간의 성경 공부가 이어졌고, 여기 이 학생들이 다 사랑나눔 회원들이 되어 소망의집이 운영되어진 것이다.

행려인들은 우락부락해 보이는 김영구 청년을 몹시도 사랑했다. 비록 말투는 거칠었지만 마음만은 비단결 같아서 정도 많고 눈물도 많은 청년이었다. 그래서 그런지 식사하러 사람들이 몰려들더니 삽시간에 매일같이 4–5백 명이 식사를 하게 된 것이다.

박성구 신부에게 김영구 젊은이는 매우 존경받는 인물이 되었고, 아주 소망의집에 눌러 있기로 하고, 12월에 화양동본당에서 정태희 바오로 회장을 대부로 아브라함이라는 세례명으로 영세를 받게 되었다. 그런데 이런 그에게도 엉뚱한 면이 있었는데 한번은 그가 이런 말을 하는 것이었다.

"신부님! 제가 오늘은 한두 사람 손 좀 봐줬습니다. 아! 이 자식이 술 처먹고 식사를 하려 해서 한 대 갈겨줬습니다."

"아! 이 사람아! 그러면 어떡하나? 주먹으로 때리다니 그게 말이 되나?"

"아닙니다! 그런 놈은 때려줘야 됩니다! 그놈도 자기를 때려달라고 합니다. 한두어 대 맞고 나면 시원하다고 합니다."

"?!?!?! 그래도 때리면 안 되지" 하고 내가 말을 했지만 정작 더 얘기를 못하는 것은 그것이라도 있어야 일을 신나게 할 수밖에 없는 김영구라는 젊은이를 놓치면 큰일이기 때문에, 그것 말고는 참으로 행려인들을 그만큼 사랑하는 사람이 없기 때문에 내가 봐주는 것이 아니라 그를 상전으로 모시고 그와 함께 살았다. 그에게 수사가 될 것을 권해 봤지만 싫다고 했고, 봉헌자가 되라고 해도 싫다고 했다. 그는 '땡칠이 오빠'처럼 사는 것을 제일 좋아했다. 그래서 늘 건달처럼 살았다. 건달기를 내며 거칠었다가도 부드러웠다. 빵하고 큰소리 쳤다가도 행려인들의 불행한 모습을 보고는 가슴이 아프고 슬퍼서 펑펑 눈물을 쏟는 그 모습은 너무나도 아름다웠고 훌륭했다. 멋지고 대단하고 믿음직스런 사내 대장부였다.

아침, 점심, 저녁 세 끼를 1990년부터 2000년에 이르기까지 평균 하루 5백여 명씩 식사를 혼자서 책임자로 물론 봉사자들 협력을 받아가며 대접한 것은 신화적 전설에나 나올 만한 일을 해냈다.

2001년 너무 힘들었던지 "신부님! 한 끼만 줄이면 안 돼요?" 하길래 1초도 안 걸리고 "그럼세. 그렇게 하시지요" 했고, 그렇게 2001년을 살던 어느 날 그의 시체를 한강변에서 발견했다. 그가 도대체 한강변에서 왜 자살을 했는지 아직도 의문이다. 한강변에서 강을 바라보다가 실족해 굴러 떨어진 것인지 우리는 알 수가 없다. 그러나 나는 그가 천국에 들어간 것이 확실하다고 믿는다. 왜냐면 그는 정말 좋은 사람이었고, 착한 일을 한없이 한 사람이기 때문이다. 그가 그 즈음에 머리가 좀 아프다는 얘기를 해왔었다. 그는 어디를 보나 땡전 한 푼 몸에 지니지 않고 사는 것을 즐거워했고, 땡칠이 오빠처럼 사는 것이 가장 행복하다고 했다. 그래서 나는 5천만 대한민국 백성들이 사랑하는 '한강물로 영원히 흐르는 영구 형'으로 노래를 만들어 그를 영원히 사랑하는 내 동생으로, 5천만의 국민 남동생으로, 늘 추모하고 그리워하고 보고 싶어 한다.

그가 죽기 한 해 전인가 두 해 전인가 식당을 신설동에서 용두동으로 옮겼다. 신설동 식당 주인이 비워달라는 바람에 그리된 것이고, 용두동으로 옮기는 과정에 대소란이 있었다. 동대문구 주민대표 네 사람이 나를 찾아와 절대적으로 용두동에서는 작은예수 소망의집을 하면 안 된다는 것이었다. 동네가 지저분해진다느니 애들 교육상 안 된다느니 온통 난리법석을 떠는 것이 아닌가.

"여보쇼. 말을 어떻게 대놓고 그렇게 하쇼. 우리 행려인들도 다 같은 대한민국 백성이요. 예끼 이 나쁜 사람들아!"

이렇게 세게 나오니까 그 쪽에서도 만만치 않게 나왔다.

"뭔 신부가 말이 그렇게 고약하오! 우리는 당신을 거룩한 사제로 보는데 그 모양이십니까?"

이런 싸가지 봤나? 나는 화가 머리끝까지 나서 로만칼라 와이셔츠 단추 두 개를 풀어 내리며 칼라를 빼버렸다.

"자, 나 좀 보소! 나 이제 신부가 아니라 행려자 대표 박성구요! 한판 붙읍시다! 당신들 동대문구 주민들 다 동원하쇼. 나도 전국에 작은예수 회원들 다 부를 터이니 한 판 붙읍시다."

"그러면 우리가 못할 줄 아쇼. 천만의 말씀이오" 하며 달려드는 데에 어찌된 영문인지 김영구는 이제 것의 모습 중에 제일 기죽은 모습이 아닌가? 그는 웬일인지 아무 소리를 하지 못했다. 기도하는 데에는 일등인 고영희 님은 조용하고 그런데 나는 평소에는 전연 그렇지 않은데 불의를 보면 참지 못하는 성질이었기 때문에 이렇게 해야 직성이 풀린다. 더욱이 가관인 것은 동대문구 대표란 것들 네 명 중 두 명은 천주교 신자이고, 두 명은 개신교 신자였던 것이다. 그런데 기가 막힌 것은 자기들의 이권하고 관계된다 싶으니까 눈에 뵈는 게 없듯이 신부는 전혀 안중에 없어져 버린 것이다. 나 또한 이들이 눈에 안 보이고 망할 놈의 사람들로만 보인 것이다.

그 다음날이 목요일 성령기도회 날이었다. 나는 성령기도회에 나오는 모든 사람들을 현리에 버스가 도착하자마자 용두동으로 돌리라고 전화로 호통을 친다.

"자, 여러분! 빨리 빨리 용두동으로 오쇼. 용두동으로!"

버스가 쫙 몰려왔고 조그마한 용두동 식당은 도로까지 약간 점령할 정도로 쭉 사람들을 늘어놓고 소망의집 미사를 드리기 시작했다. 그날따라 외인들에게는 고성방가였겠지만 유난히 심령기도와 영가가 잘되어 그 기상이 하늘을 찌를 듯하였다.

자유기도로 따지면 고영희 실비아 부회장처럼 수십 년을 줄기차게 대포알 슈팅 기도를 하는 사람도 드문데 작은예수인들 가운데는 대포알 슈팅 기도하는 사람들이 한두 사람들이 아니라 제법 많다. 이 사람들이 기도를 대포알 슈팅하듯이 기도하며 영가를 부르는 모습은 가히 모든 사람들의 기선을 완전히 꺾어 놓은 것이 당연한 것이다.

이를 본 동대문구 대표들과 주민들은 그날로 기가 팍 죽어버렸다. 그 뒤로는 다시는 문제시하지 않았다. 나도 어디서 그런 강한 행동이 나오는지 신기하기만 하다. 분명 내가 행동했으나 내 안의 그분이 강한 성령 충만 영의 태양 해무리를 짓고 있는 그분이 말하고 있는 것이고, 행동하고 있는 것이기 때문에 나는 다만 그분의 확성기일 뿐이다.

고영희 실비아 부회장님! 당신은 가냘프고 키도 작고 얼굴도 예쁘고 해서 도대체가 박성구에게는 인간적으로 스캔들 그 자체이기 때문에 내가 당신 때문에 겪는 인간적, 영적 손해는 이루 말할 수 없이 크답니다. 그런데 그런 당신은 하루 5백 명씩 먹여 살리는 돈줄이기 때문에, 한라에서 백두까지 남북한 걷기대회에서도 봉사자를 1천 명씩 거뜬히 모아오는 여자대장부이기 때문에 다른 사람으로 대체할 수가 없었습니다. "아니! 내가 왜 이렇게 이분 때문에 스캔들 그 자체로 몰려야 한단 말인가?" 하지만 이분처럼 사랑나눔 회원 잘 만들어 재물을 많이 모아서 밥을 먹일 수 있는 사람이 없다. 성령기도회를 확실하게 열어서 사람들을 열정적으로 하느님의 사람들이 되게 할 사람이 없는 것이다. 또 이분은 생기신 것 하고는 다르게 "아! 그렇게 큰 소리만 치시면 어떡합니까? 그러니까 사람들 다 도망가고 있습니다"라고 직언도 곧잘하신다. 한 번 틀리면 국물도 없다. 시정될 때까지 따따따따 따발총! 벌총! 쏘는 사람이 이분이시다. 이럴 때는 지겹고 거 참 인물값 못하네 하고 투덜거리기를 한두 번이 아니고, 헤어지자고도 참으로 많이 했다.

그러나 이분처럼 작은예수회를 사랑하는 사람은 그 어디에도 없다. 다 작은예수회가 잘되라고 하는 소리이기 때문에 이분은 예수님에게 성모님이 계신 것처럼 박성구 신부에게는 이정자 어머니, 윤석인 수녀님, 고영희 실비아 부회장님, 김덕선 중곡공동체 원장님 등 이름 없는 수많은 성모님들이 있어서 작은예수회 일들을 외롭고 고독하고 지치고 하는 속에서도 여성만이 줄 수 있는 아름다운 모습 속에서 영적으로 안정을 누리며 평화를 누리며 일을 할 수 있는 것이다.

하느님은 잘 아신다. 가뜩이나 일이 힘들어 죽겠는데, 20층 아파트 높이에서 20번은 투신자살해도 하느님조차 어쩔 수 없는 일을 하게 해 놓으셨다. 그래서 성모님의 도우심이 절대적이셨는데 박성구에게는 보이는 이정자 어머니, 윤석인 수녀님, 고영희 실비아 부회장님, 김덕선 중곡공동체 원장님의 도우심이 절대적이었다.

현리 기쁜우리샘물 생산라인.

영원히 흐르는 예수 바다

너의 평화가 강물처럼 너의 의로움이 바다 물결처럼 네 몸의 소생들이
모래알처럼 많아지며 그들의 이름이 내 앞에서 영원토록 끊어지지도
없어지지도 않으리라!
(이사 48, 18-19 리모델링 말씀)

1990년 8월 15일, 기쁜우리샘물(초기 상표 '마일생수')이 인류의 가슴으로
흐르기 시작했다. 사람들은 우리 장애 식구들이 먹는 우물물을 대단히 좋아
하였다. 그래서 모든 사람들이 이 물을 가지고 마시게 되면 그 집도 좋고 우
리도 이 물로 생활할 수가 있어 좋을 것 같아 샘물 사업을 시작했다. 김선달
이 대동강 물을 팔아먹었다면 박선달이 장애 식구들과 물을 마시며 살아가
는 데에도 큰 밑천이 될 것이고, 여기서 생기는 수익으로 성전을 짓겠다는,
하느님께 봉헌하는 마음가짐으로 샘물 사업을 시작했다.

　김요한 대리점장을 대표로 서른한 개 대리점장들이 각 대리점마다 1천만
원 봉헌금과 함께 그것이 자산이 되어 시작되었다. 김요한 대리점장 대표가
말하기를 "신부님! 마일생수를 통해서 물도 마시고 사랑나눔 회원도 모집
하고 일석이조의 효과를 단단히 누리실 것입니다. 보십시오! 앞으로 마일생
수가 가장 큰 재산이 될 것이니 두고 보십시오" 하기에 나는 참으로 황홀한
꿈을 꾸며 시작을 했다. 헌데 이게 웬일인가?

시작한 지 한 달 만에 하면 면장으로부터 무허가로 어느 면민의 고발로 고생을 시작되었으니 이리저리 요리조리 문제가 **빵빵** 터지며 이리 가라 저리 가라부터 시작되어 돈 욕심 많은 친구들의 불꽃 튀는 끝없는 불평과 원망, 물값 떼어먹기가 곧바로 시작되었다.

한 달에 한 번씩 사람들을 모아놓고 보면 가관이다. 다른 생수들은 이것도 저것도 서비스가 좋은데 우리는 너무 서비스가 형편없다느니 하는 모습들은 정말 고통받는 이들에 대한 사랑나눔은 뒷전이고 맨날 생수대리점해서 손해만 왕창 보고 있으니 처우를 개선해달라는 말들만 늘어놓는 회합이 되고 만다. 아무리 좋은 뜻으로 이말 저말을 해도 돈독에 오른 사람들에게는 돈맛을 보여주어야지 사랑 따위는 아무에게도 먹히지 않았다. 그러나 죄는 쌍방과실일 수밖에 없었다. 김요한 대리점장을 대표로 서른한 개 대리점장들에게는 이들이 사업을 제대로 해본 경험이 없는 사람들로 사업을 하겠다고 뛰어든 것이 잘못이고, 박성구 신부 역시 사업의 기본기가 갖춰지지 않은 무식 무경험의 사람으로 의욕만 가지고 덤벼든 것이 잘못이었다. 그래도 어느 정도 작은예수회 생수 자업에 기본 재산을 가지고 시작했어야 되는데 무일푼으로 달려든 것도 잘못이었다.

1990년대 중반에서 후반에 이르러 생수허가제가 되면서 샘물 허가를 내는 데에도 무척이나 골탕을 먹었다. 얼마나 어려웠으면 2000년에 이르러 6월 25일에야 '기쁜우리샘물'로 허가가 났다. 아는 샘물 계통의 지인이 날더러 "그래도 대한민국에서 커피 두 잔에 허가를 낸 샘물은 기쁜우리샘물밖에 없다는 것을 명예로 간직하시기 바랍니다. 그래도 이 정도면 무일푼으로 시작해서 신부님을 샘물 계통에서 성공을 일군 신화적 사건입니다"라고 하는 말에 샘물로 돈을 좀 벌려 하다가 고생만 바가지로 하고 생긴 것은 빚밖에 없었다. 그래도 대기업의 큰 덩치들과의 경쟁에서 생존하게 된 것만은 하느님께 크게 감사한 일이었다. 신부가 원래 이런 사업에 뛰어든다는 것은 절대 안 되는 일로 사람들이 말하고 있는 처지에서도 "하느님! 선한 사람이 사업을 하면 망하고 만다는 얘기는 있을 수 없는, 하느님 자존심 상하는 일이라고 믿습니다. 저는 꼭 선한 사람이 하기 때문에 대성공을 할 수밖에 없다는 것을 증명해내고야 말 것입니다" 해서 기쁜우리샘물 사장님은 언제나 예수님이시지 나는 결코 아니라고 모든 회원들에게 말해왔다. 내가 못하는 것은 내가 솔직히 인정을 해야 되겠다는 생각 쪽으로 굳어질 수밖에 없도록 일은 나쁘게 꼬여만 갔고, 결국 법적 문제에 걸려 공장 문을 닫을 처지가 되어버렸다.

나는 당시 국회의장을 했던, 내가 영세 준 박관용 국회의장을 찾아갔다. 그분께서는 자문을 통해 큰 도움을 주셨다. 박관용 의장과 엘리사벳 사모님이 "신부님은 너무 대꼬챙이 같으셔서 사람들이 어려워하니 좀 부드러우시고 둥글둥글하시면 좋겠습니다. 신부님은 너무나도 좋으신 분이신데 불의를 보면 못 참으시는 것이 단점이십니다"라고 하신다.

그런데 그것은 하느님이 주신 나의 주특기이고 그것 때문에 하느님이 나를 이런 일에 뛰어들게 했다고 믿는데 불 같은 성격을 참으면 육적으로는 큰 도움이 될 수 있겠으나 우리는 말씀으로 사는 사람들이기 때문에 영적으로 진정 하늘에 보화를 모든 사람들이 지닐 수 있게 하기 위해 이 사업을 하는 것이기 때문에 어쩔 수 없는 일이었다.

고통받는 장애인들이든 일반인들이든 내가 이 사업으로 이루고자 하는 것은 모두가 영적인 부자가 되게 하는 일이니 사랑 부자, 의로움 부자, 진리 부자, 평화 부자가 되게 하는 일인 것이다.

그러나 육적으로 지닐 것은 지녀야겠기에 위탁 경영도 맡겨 봤다. 그런데 이게 웬일인가. 생수 대리점장들이 대들면 뒷문으로 도망가고 뒷문에서 공격하면 앞문으로 도망을 가기가 일쑤이니 위탁 경영을 해주는 것이 아니라 오히려 돈만 받아 처먹고 회사만 더 망하게 하는 것이었다. 그래서 나보다 덩치가 두 배만 한 사장을 불러놓고 "자! 경영권 도로 내놔! 당신 같은 사람 아무 짝에도 쓸모가 없고 돈만 축내니 자, 경영권 도로 내놔! 이 나쁜 사람아!" 하며 호통을 쳤다.

그리고 서른한 개 대리점장들을 하나씩 하나씩 불러다 놓고 "이 모습! 당신들 물값도 치르지 않고 물을 왜 가져가시오? 염치가 있어야지 사람들이. 앞으로는 물값을 제대로 치르지 않으면 절대 물 한 방울도 안 나가니 여기다 각서를 쓰시오" 하고 일일이 다그쳐 놓으니 그 뒤로 물값이 제대로 들어오면서 사업이 다시 살아나기 시작하였다.

미국의 어떤 박사를 소개 받아 미국으로 물장사를 하러 갔다. 그럴싸한 이 사람은 박거짓 날라리 박사였는데 난생 처음 아주 기다란 초호화판 리무진 자가용으로 근사한 대접 받으며 미국에 나가 해외동포 사목도 하던 김사기꾼 신부에게 홀라당 수만 달러의 돈을 날려버렸다.

어떤 친구는 수천 만 원씩 물값을 그냥 아무리 내가 법정에다 걸어봤자 수고는 수고대로 그럴 것이 뻔하니까 떼어먹는 악랄한 친구들로, 그냥 버젓이 떼어먹는 것을 보면서 끝을 맺어야 했던 친구들도 많았다. 아, 이 날강도 놈들!

제일로 추접스러운 일은 사람들이 하느님께 1천만 원씩 봉헌했던 돈을 불평하는 사람들 입을 막기 위해서 보증금으로 변경하니 다들 좋아하는 모습이었다. 세상에 원 그래도 그렇지 하느님께 봉헌한 봉헌금을 보증금으로 바꿔놓다니?

샘물 장사를 하면서 아수라장 흙탕물 사람들을 수없이 많이 보았다. 이 익금으로 성전을 짓기는커녕, 공장 현상유지와 살아남기가 하늘에 별 따기처럼 어려운 운영에도 예수님이 사장님이라고 믿는 만큼, 아주 망하지는 않고 또다시 새롭게 살아날 것이다.

영성원 건축으로 결정적인 빚더미에 올랐을 때, 사채 15억 8천만 원으로 작은예수회가 완전 무너질 위기에 있을 때 17억 5천만 원의 물 공장 공동투자자를 만나게 해서 빚을 갚을 수 있었다. 그것은 기쁜우리샘물 사장님이신 예수님께서 박성구 대리인으로 하여금 처리하게 하신 일이라고 믿는다.

아무리 샘물로 내가 머리가 다 빠져나가도록 고생을 해도 그것을 늘 당연한 고생으로 감사한다. 하느님께서 큰일을 주시게 됨을 깨우쳐주셨던 것이다. 나의 꿈은 천지창조 이전에도 이후에도 영원히 없을 예수님 다음가는 넘버투 맨이 되는 목적 외에는 아무것도 없기에 날마다 죽을힘을 다하여 뛰고 또 뛰고 있는 것이다.

영적 영웅호걸

2천 십수년 전에 예수님께서 열두 사도들로 영광 떨치시듯 그 예수님께서 2천 십수년이 지난 그 이후 화려하고 눈부신 한 사람 한 사람 영의 엔터테이너들로 즉 영을 받으니 인류의 믿음의 성조들, 예언자들, 사제들, 사도들, 성인들로 크게 더욱더 크게 70억 대중 한가운데, 은하계를 이루는 별들 한가운데 영광 떨치시어라!

2천 십수년 전에도, 2천 십수년 후인 지금도 세상은 전혀 알아주지 않고 있지만 박성구 신부와 20만 작은예수 회원들은 하늘을 향해 온 세상을 향하여 환호하며 외친다.

가히 세계 최강의 평신도 영성단체로 작은예수회 마을 함께 사는 예수상으로 나와 함께 너와 함께, 우리와 함께 나라들과 함께 민족들과 함께, 은하계를 이루는 별들과 함께 살게 하는 불멸의 작은예수회 마을 작은예수인들로 온 세상 가득히 온 우주 가득히 평화의 문과 같이 웅장한 스케일로 화려하고 호쾌하고 통쾌하고 시원하고 멋있고 탁 트이고 한 영의 사람들. 외적으로는 여전히 별 볼일 없고 인정해 주지도 인정할 수도 없는 초라하기 그지없는, 그러나 영적으로는 입에 침이 마를 수 없는 자기가 자기를 보아도 기절할 수밖에 없는 황홀하고 눈부신 당신을 느낄 수밖에, 체험할 수밖에 없기에 세상 그 누구보다도 영적인 초호화판 행복이 넘쳐흐르는 생을 사는 사람들이 되었네그려. 얼씨구 좋다! 지화자 좋다! 절씨구 좋다!

영육의 거대한 사랑나눔 물결의 사람들로 함께 삶의 기쁨을 나누는 온 세상 사람들로 그분은 커지셔야 하고 나는 작아져야 한다는 말씀에서 그분은 날마다 더욱더 커지시고 나는 날마다 그분으로 없어져야 한다는 리모델링 말씀으로 보잘것없는 이에게 해준 것이 나에게 해준 것이다. 모두가 보잘것없음으로 자신을 깨달으니 작은 예수님이 되고 작은 하느님이 되는 것이 실제의 예수님이 회장님이기 때문임을 고백하니 그렇게 되었다는 것이다.

사랑의 영이 우주를 창조하셨다고 천주교뿐만이 아니라 개신교, 그리스도교계, 불교계, 외인들, 믿는 모든 사람들에게는 마르코 복음 5장 1절에서 20절까지의 시기, 질투, 분노, 욕정, 이기심, 탐욕 등으로의 온갖 어두움들이 차례로 초토화되며 차례로 영으로 영원히 커진다고 확신하는 것이다. 예수를 믿지 않아도 그냥 사랑의 영이 고통받는 이들을 진국으로 사랑하니 그들에게 똑같이 사랑의 영이 예수의 영과 전혀 다를 바 없이 머물게 된다는 그래서 진정 영원한 불멸의 영인으로 살게 된다는 얘기다.

1997년 초에 작은예수회 마을에서 수년 전에 단식 피정하던 중 김창렬이라는 인천교구 어느 본당에 열심히 한 신앙인이 크게 은혜를 받았다고 하며 자신은 북한과 우리들의 고통받는 백성들에게 빵을 나누고, 입을 것을 주고 직장을 마련해 주는 등의 일하는 것이 소망이라며 중국을 통해 일을 하자고 제안해왔다. 박성구 신부가 호쾌하게 화답하며 1997년 중국으로 진출할 시 작은예수회장(실제로는 회장님이 항상 예수님이라고 늘 말씀드리고 있으나 세상적으로는 달리 표현할 방법이 없어 '회장대리'라는 말을 작은예수회를 대표하는 사람들에게 상의했으나 뜻은 좋으나 세상적으로는 통하지 않고 혼란만 초래하게 된다는 말을 했음) 자격으로 내용증명으로는 작은예수 성 령봉사회장 자격으로 요녕성 교구 김페헌 주교님께 "저는 한국에서 온 작 은예수회장 박성구 신부입니다. 수백 년 전에 중국으로부터 한국에 천주교 가 들어온 것에 대한 감사한 마음으로 중국 가난한 백성들과 사랑나눔을 하 려고 왔습니다"라고 말씀드렸다.

주교님께서는 "이곳에 깔린 것이 다 가난한 백성인데 어떻게 그것을 감 당하시려구요? 고마우신 말씀이지만 하실 수가 없으실 것입니다!"

"예, 알겠습니다. 우리가 할 수 있는 일이 어떤 것이 있겠습니까? 우리가 한국에서 하고 있는 일은 누구나 마음만 먹으면 다 할 수 있는 일인데요. 장 애인 소공동체를 운영토록 하시는 것은 어떻겠습니까?"

"예, 그거면 아주 좋겠습니다!"

"예, 이것은 아주 쉬운 일인데요. 본당 관할구역 내에 있는 장애인들을 중심으로 5명에서 10명 이내로 가정공동체를 이루게 하고 본당 신자들로 하 여금 전세집이든 단독주택이든 마련케 하시고, 어려우시면 그 자금은 저희 가 마련해 드리겠습니다. 본당 신자들 전체를 상대로 한 달에 한 끼 정도 식사나눔 회원을 만들어서 본당 공동체와 살아가는 한식구로 살아가면 됩 니다. 이거 뭐 마음만 먹으면 누구나 할 수 있는 순수하고 때 묻지 않은 소박하고 진실한 사랑나눔 대잔치 운동입니다."

"예, 그거 아주 좋겠습니다. 그럼 그렇게 하시죠."

"예, 그리고 한 가지 부탁이 있습니다."

"무엇입니까?"

"예, 사실은 북한 동포도 내 한민족인데 중국을 통하여 북한 내 민족을 돕고 싶습니다."

"어떻게 도우시겠다는 것인지요?"

"예, 북한에는 우선 전기가 들어오지 않는다니까 단동천주교회 내에다 저희가 신부님 사제관, 수녀원, 교우들 모임방과 함께 초 공장을 만들어 운영하면 어떠신지요?"

"예, 그거 아주 듣고 보니 참 좋군요. 그렇게 하시지요."

해서 우리는 단동에 천의공예품유한공사를 만들고, 그보다 훨씬 더 큰 사제관, 수녀원, 교우들 모임방이 들어가는 건물을 지어 1997년 12월 성탄을 앞두고 눈이 펑펑 쏟아지는 날 김페헌 주교님과 함께 축성식을 가졌다. 참으로 놀라우신 하느님의 크리스마스 선물이었다. 눈이 하염없이 펑펑 쏟아지는 축성식 시작 때에서부터 마치는 시간까지 단동천주교회 신앙인들이 제일 좋은 화려한 옷을 입고 나와 천의공예품유한공사 앞에서 춤을 추는 모습은 하늘에서 천사들이 내려와 기쁨에 넘쳐흐르는 춤을 추는 모습으로 단동성당을 생명의 꽃들로 가득 차게 하였다.

예수성심수녀회 총원장 심 마지아 수녀님! 당신은 참으로 이 일이 성사되는 데에 정말 훌륭하시고 아름답고 사랑이 넘치는 수도자의 모습이셨습니다. 수녀님과 나는 하늘이 내리신 영적인 오빠와 누이동생이 되었습니다.

중국 대륙의 사도 바오로와 같은 사도의 모습으로 살겠다는 모습 제발 그렇게 되었으면 좋겠습니다. 당신이 움직이시는 곳곳마다 주님의 성령으로 불타는 중국 대륙이 되시옵기를 주님께 영원히 감사하며 기도드립니다.

김페헌 주교님. 당신의 모습은 영적인 아버지로서 그리고 나는 아들로서 영원한 덕망이 높으시고 자상하시고 한도 끝도 없는 깊은 사랑을 가지고 계신 아버지의 모습. 당신은 내리는 눈을 너무너무 감사하시며 천의공예품유한공사를 주신 하느님께 마냥 감사, 감사, 감사하셨습니다.

장 요셉 본당 신부님. 당신은 영적인 큰형님으로서 나는 동생으로서 착하시기 이를 데 없이 따짐이 필요 없습니다. 그냥 착하심으로 모든 것들을 넘치게 본당 신앙인들에게 주시는 당신이시기에 하느님께서 복을 내리시어 좋은 사무실을 주시고 행복이 넘쳐흐르는 사제관, 수녀원, 교우들의 모임방, 초 공장, 작은예수인들의 방들을 합친 천의공예품유한공사를 실제적으로 사용하시는 주인들이 되셨습니다. 권순기 본부장님으로, 조선족 총회장 장 요셉 회장으로 이어진 단동천주교회 수옥홍 총회장님, 함께 사시는 여동생, 양 비서장 누님, 당신은 나의 남동생으로서 나의 여동생으로서 누님으로서 북한 동족들에게 권순기 본부장, 고영희 부회장과 함께 매주 목요일마다의 단식 봉헌 성령기도회 초 보내기 작은예수회 마을 기도회원들과 함께 한민족돕기회 남북한장애인걷기운동본부로 70만 자루의 초보내기운동을 압록강 다리 건너 신의주로 하였습니다. 이를 보지 않을 수 없는 김정일, 김정은과 2천4백만 동족들에게 성령불이 켜지기를 통일을 이루는 그날까지 영원히 하나인 7천4백만 영의 배달 한민족, 세계 최강의 백성이 되기를 기도하고 있으니 반드시 촛불이 성령불 되어 온 천하 70억 인류를, 눈부시도록 찬란하게 불멸의 20만 작은예수 회원들로 비추시어라!

조선족 장 요셉 회장님. 중국사람들과의 언어소통을 책임지신 당신은 착하신 영원히 잊을 수 없는 박성구의 형님이십니다. 당신은 하늘이 맺어준 형님으로, 조선족 심 마리아 예수성심수녀회 총원장님 누이동생과 함께 죽어서도 영원토록 하늘 영광 2백만 조선족과 함께 13억 5천만 중국 백성들과 함께 떨치도록 인연을 맺어주신 소중한 사람들입니다. 영원한 하느님과 함께하는 사랑하는 형님, 누이동생이십니다.

배군민 바오로 주교님과 유 요셉 신부님, 대련본당 전영부 요셉 신부님, 요녕성 교구 총무부 신부님, 교구청 신부님들 그리고 요녕성 교구 모든 신부님들. 우리는 1997년부터 오늘에 이르기까지 모든 교구민들과 함께 작은예수회로 의형제를 맺고 있는바 한국 7천4백만과 중국 13억 5천만이 영원한 하느님 안에 의형제로 매일 미사 속에 기도하는 세계를, 70억 명을 영의 백성 되게 기도하는 의형제로의 온 세상 성령불로 환하게 비추게 하느님이 인연을 맺어주셨음을 감사, 감사, 또 감사를 드립니다. 영원토록 사랑과 정의! 진리! 평화의 영이 쏟아 부어지도록 하느님께서 영광 떨치십니다. 영원히! 영원히! 그리고 지하교회 한정도 안드레아 주교님과 모든 교구민들도 함께 영원히! 영원히!

종교국 공안국 사람들. 당신들과는 무려 네 차례나 중국과 한국을 대표하는 1:5의 술 시합을 영원히 잊지 못할 것 같습니다. 큰 잔으로 70도나 되는 독주를 당신들은 돌아가면서 한 잔씩! 나는 다 받아야 되니까 다섯 잔! 처음에는 한국에서의 소주 마시는 기분으로 뭣도 모르고 꼼짝 없이 내가 그냥 나가 떨어졌지! 그러나 두 번째! 세 번째! 네 번째는 당신들은 한 잔씩에 그냥 나가 떨어졌고 나는 다섯 잔을 마시고도 끄떡없었지! 그도 그럴 것이 신부가 먼저 나가떨어진다면 하느님이 공산당 친구들에게 빌빌대게 된다는 생각을 하니 그건 말도 안 되는 일이었기에 "하느님! 내가 저 친구들과 술 시합에서 지면 하느님이 망신당하는 것입니다. 절대 하느님 명예를 걸고 술 시합을 하니 제가 지는 일은 결코 없는 줄로 믿습니다" 하고 기도하니까 영락없이 하느님이 지신다는 것은 말도 안 된다는 듯이 나는 다섯 잔을 마셔도 끄떡도 안 하고 친구들은 한 잔만 마셔도 헤롱헤롱 취하게 되니 역시 그들도 멋쩍다는 듯이 나에게 엄지손가락을 들어 "신부님은 한국 남자 중에 남자, 최고의 사나이십니다" 하고 마음적으로 완전히 무릎을 꿇게 되었다. 그 뒤로 다시는 술을 가지고 시합을 하지도 않을 뿐만 아니라 술 시늉만 해도 피하게 되었다.

이렇게 술 시합을 하는 가운데 시선을 다른 데에 돌리는 이유가 있었다. 그것은 요녕성 교구 주교님도 모르고 단동천주교회 신부님도 모르게 그 본당에서 좀 거리가 떨어지는 산속에 아마도 그 옛날 김대건 신부님이 중국에서 한국으로 들어오는 단동 땅에 하늘을 보며 돌베개 삼아 쉬시던 지역이라고 해도 가히 틀리지 않을 산속 땅에 예루살렘 공동체를 운영하며 탈북 청소년들을 모여 살게 하며 작은예수 선교국 강중건 루도비꼬와 함 데레사 부부가 공동체 성서 선생님을 하고 관리인이 되어 근 30명가량이나 영세를 주는 쾌거를 이룩했다.

말이 공동체 집이지 돼지우리랑 다름없으니 화장실은 완전히 파리가 들끓고 구더기가 산더미처럼 기어 다니지 않나! 아차 하면 똥통에 빠져 상상도 못할 일이 벌어지고 말 테니 제대로 앉자 일을 보기가 신체적으로 불편하기 짝이 없는 나에게는 될 수 있으면 일을 보지 않는 방향으로 신경 쓰며 살기도 힘들었다. 어찌됐든 여기서 그래도 조선족들의 도움을 받고 해서 탈북 청소년 서동호 대건안드레아를 비롯하여 근 30명 가까이 영세를 주었다. 이를 눈치채지 못하도록 나는 공안국 사람들과 술 시합을 벌려 대한민국 사나이 대장부로서의 인기를 누렸다.

이들 영세를 준 사람들 중에 열두 사람들이나 그 가족들과 같이 근 30여 명이 대한민국으로 무사히 탈출하였으니 그리고 혼배주례까지 서게 되니 영세를 준비시켰던 함 데레사 선생님 루도비꼬 선교국장에게 큰 감사와 사랑을 아낌없이 드립니다. 당신들께 진심으로 감사, 감사, 감사를 드립니다. 그리고 남북한장애인걷기운동 본부장으로 이들을 계속 만나 물심양면으로 끊임없이 대부를 서주고 사랑나눔을 하여온 권순기 본부장님에게도 한도 끝도 없는 깊은 사랑을 드립니다.

어찌됐든 내가 보았을 때 작은예수회로서는 지나치다 싶은 월급 인상을 얘기해서 결국 헤어지게 된 함 데레사, 루도비꼬에게 야속함을 토로하지 않을 수 없었다. 데레사 쪽으로는 아예 그 계산으로 중국에 간 것이 아닌데 살다보니까 아이들을 중국에서 공부시키고 아예 뿌리를 중국에서 사는 쪽으로 내리려니 이런 무리한 요구를 한 것이고 그 쪽으로는 당연한 것이었다?

그때(2000년에서 2004년?)는 모든 것이 섭섭했으나 지금 2014년 2월 18일에 이를 상기하며 쓰니 이유가 어찌됐든 그래도 남쪽 신부들 중에 그렇게나 많이 영세를 준 것은 박성구 신부밖에 없다라고 생각하니 함 데레사, 루도비꼬 부부에게 진정으로 감사와 사랑을 아낌없이 드립니다. 참으로 큰일하셨고, 불멸의 작은예수인들이십니다.

단동을 중심으로 철령으로 무순으로 할빈으로 나는 공안국 사람들을 피해 다니며 본당마다 성령기도회로 피정을 열심히 하였습니다. 철령본당에서는 은혜를 크게 내리고 해서 교우들이 기도책에다 사인을 해달라고 해서 내 생에 처음으로 심령기도, 영가로 인기 만점으로 사인 세례를 해주게 되었다. 이 또한 내 일생에 이런 사인은 처음하게 되어 하느님께 깊이 감사, 감사, 감사를 드립니다.

함께 사는 예수님상을 단동천주교회에 철령 양로원을 유 신부님과 함께 짓게 되어서 큰 감사를 드리며 함께 사는 예수상이 모셔지게 되어서 하늘 영광 크게 떨치게 되었습니다. 요녕성 주교좌성당에 함께 사는 예수상이 모셔지게 되어 있는데 그는 문제가 된다 하여 번개본당 신부님이 모시게 되었으니 큰 감사와 영광을 하느님께 드립니다.

중국 사람들은 땅 덩어리가 커서 그런지 예수님 손에 들고 있는 것을 단번에 우주라 표현을 했고, 한국 사람들은 땅 덩어리가 작아서인지 그게 뭐 우주냐? 분명 지구다! 해서 나는 한국에서는 지구를 들고 있는 예수님상으로 중국에서는 우주를 들고 있는 예수님상으로 표현하는데 온 세상 가득히 예수님이 영을 충만하게, 눈부시도록 황홀한 영, 찬란한 영으로 영광 떨치시옵소서.

김폐헌 주교님! 배군민 바오로 주교님! 전영부 신부님! 부 신부님! 유 요셉 부주교님! 이여자 회장님! 최초의 작은예수 중국 왕려강 수녀님! 동창 모든 신부님들! 심 마지아 예수성심수녀회 총원장 수녀님! 장 요셉 회장님! 수옥홍 총회장님! 양 비서장님! 장 회장님! 우리가 서로서로 만남의 정을 돈독히 함은 서로의 삶의 실존을 영원히 공존에다 맞추지 않으면 영원히 짝짝이

일 수밖에 없기 때문입니다. 우리는 서로가 잘 맞출 수 있기에 생의 순간순간들을 언제나 눈물겹도록 맞춰나가기 시작하면 서로서로가 더 이상 소중할 수 없고 진실할 수 없기에 서로가 가슴으로 하나 되는 영원한 영인들로 온 세상을 하나인 빛이 되어 온 세상을 가득히 영원토록 살아있는 영의 기운들로 가득히 영광 떨치시어라!

왕려강 최초의 중국 작은예수 수녀회 수녀님, 이여자 회장님. 왕 수녀님의 활달하고 씩씩하고 대장부 같은 시원한 성품을 영원히 깊이 사랑합니다. 부디 작은예수인으로서 평신도로서 변함없이 13억 5천만 중국 백성들을 불멸의 영인 되게 사시옵소서.

이여자 회장님. 당신의 따뜻한 사랑을 나는 영원히 가슴속에 새기고 있습니다. 회장님 늘 새롭게 만나서 중국 백성과 한국 백성이 하느님 안에 하나인 백성 되도록 서로 사랑하며 기도하고 있는 마음으로 살고있습니다. 영원한 하느님 안에 한 사람으로 하늘 영광 떨치십시다.

이내순 네탈리아 님. 당신께서는 조선족으로서 현리 작은예수회 마을 요한식당과 요셉의집의 한 시기를 당신 나름대로 박성구 신부가 보기에 큰 업적을 남기셨음을 깊이 감사, 감사 또 감사 드립니다. 요셉의집 장애 식구들과의 깊은 사랑에 영원히 하늘 영광 떨치셨기에 감사! 감사! 또 감사를 드립니다.

김철령 아드님. 마귀병에 3년을 몹시 시달리다 안수받아 한 번에 치유된 조선족 젊은이로 자랑스런 중국 청년으로 영원히 하느님께 감사, 감사 또 감사를 드립니다. 분명히 하느님이 주신 나의 영적 귀한 청년으로 언젠가는 중국에서 하느님의 큰일을 해낼 불멸의 작은예수인으로 영원히 기도! 기도!

기도드립니다. 이내순 어머니의 작은예수 청년으로서의 큰 꿈이 중국을 크게 변화시킬 젊은이로 부디 하늘 여왕 떨치시옵기를.

김애화 데레사님! 선하고 아름다운 하느님의 사랑이 언제나 조선족 젊은이로서 영원한 생명의 꽃되어 강물처럼 흐르기를 영원히 기도, 기도, 기도드립니다.

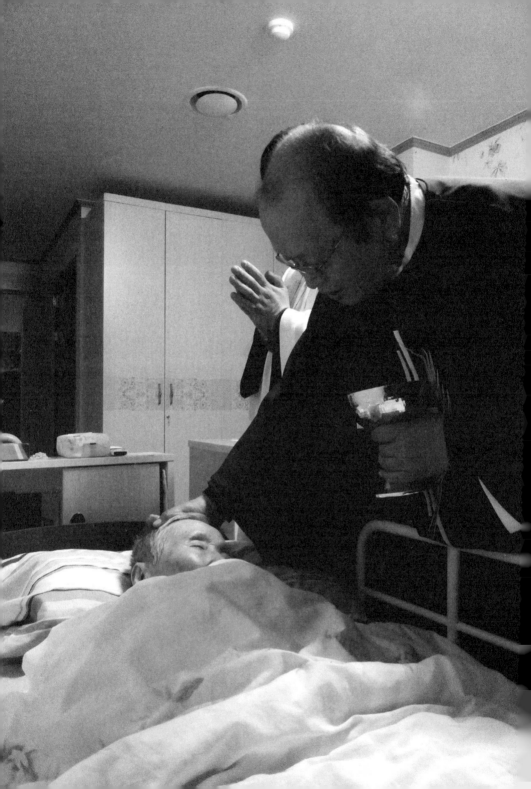

예수사랑 내 사랑 영성원

"한 명의 영인을 아무리 힘이 세다 한들 70억 명의 인류가 덤벼든다 할지라도 이길 수 없다. 영은 그냥 하느님이시기 때문이다. 큰 영은 하느님, 작은 영은 작은 하느님, 큰 영은 예수님, 작은 영은 작은 예수님, 큰 영은 성령님, 작은 영은 작은 성령님뿐이시기에 더욱 그렇다!"(하느님께서 작은예수인들에게 들려주시는 말씀)

불멸의 영인 한 사람은 작은예수님! 작은 하느님! 작은 성령님!이기 때문에 분명 70억 은하계를 이루는 별들을 담은 성령성전이다!

우리들 한 사람, 한 사람은 하느님, 예수님, 성령님의 살아있는 성령성전이다. 우리들 한 사람, 한 사람이 예수님이 진정한 작은예수 회원들의 30년 동안, 그리고 영원히 작은예수 회원들의 시작서부터 지금까지 회장님이셨듯이 세상 종말까지 그리고 영원히 70억 명의, 은하계를 이루는 별들의 회장님이셔야겠다.

그러기에 진정한 성령성전은 고린토 1서 3장 17절의 말씀대로 우리들 하나하나가 영세, 견진을 받음으로 예수사랑 성령성전이어야 되는 것이다. 요한복음 2장 19절의 말씀대로 작은예수인들 하나하나는 눈에 보이는 이 세상의 어떠한 성전과도 비교될 수 없는, 엄청나다 못해 헤아릴 길 없는, 화려한 불멸의 눈부시고 황홀하고 찬란한 살아있는 성전이 되는 것임을, 예수님의 온전한 사람임을 고백하는 모든 이들에게는 예수님과 실제로 함께 사는 성전을 이루게 되는 것이다.

마태오 복음 25장 40절의 말씀대로 가장 고통받는 작은이들과 진정으로 하느님 사랑, 정의, 진리, 평화로 살려 하니 천주교, 개신교, 불교, 외인 할 것 없이 70억 명 모두가, 은하계를 이루는 별들 모두가 실제 그 모든 존재들을, 사물들을, 대자연들을 창조하신 그분과 온전히 하나 되는 그분의 친구로, 연인으로, 그분을 남편으로 모두는 그분의 아내로 사는 길인 것이다. 그러니 천주교, 개신교, 불교, 외인 할 것 없이 그분은 우주를 창조하시기를 사랑으로 정의로 진리로 평화로 창조하셨으니 굳이 주 하느님 이름을 부르지 아니하여도 그냥 사랑 영, 정의 영, 진리 영, 평화 영으로 가장 비참하고, 소외되고, 버려지고, 팽개쳐지고, 박살난 생을 사는 사람들과 영적 참 생명을 누리려 하는 자는 요한복음 4장 24절 말씀대로 하느님 영, 혹은 대표적 사랑 영의 영으로 사는 존재로 창조의 진리를 예배하는 자들도 영원히 구원받는 것이다. 존재를 완성한 것이다.

진짜 성령성전은 우리들 하나하나인 사람 성전이지 집이 아닌 것이다. 그리고 우리의 보이는 예수사랑 내 사랑, 내 사랑 예수사랑 성령성전은 어디까지나 사람 성전이 되는 과정까지의 모델하우스이지 그 이상도 그 이하도 아니다.

그럼 사회복지 땅인데 실제적으로 건축허가 자체를 성전 자체로 냈다구? 그런 말은 실제적으로 나올 수 없는 말이고, 그냥 172하느님사랑방사람들의 큰 강당일 뿐이다.

밑에 70억 변화되기를 바라는 기도라구?

역시 성전하고는 상관없이 요셉의집 큰사랑나눔 강당일 뿐이다. 우리는 다만 우리들 하나하나가 70억 인류로 은하계를 이루는 별들이 영으로 영원히 영광 떨치는 사랑나눔 강당들이 진정 21세기 70억 인류의 집들로서 그 집 주인이 불멸의 영인이니, 그 집 또한 강당들이 성령성전인 만큼 70억 인류의 집들 또한 성령성전이 된다는 이야기를 하는 것이고 이는 21세기 초엽에 여태껏 뜻을 이루지 못한 성서 말씀이 이루어지는 진정한 그 사람과 그 집이 함께 성령성전 되게 하는 요한 성전, 예수사랑 영성원, 예수사랑 내 사랑 성령성전 강당들인 것이다. 21세기 진정한 성전은 우리들 하나하나들인 것이고 우리들 70억 명의 집들인 것이다. 머무르는 모든 공간들인 것이고 로마서 8장에 말씀대로 우리들이 작은 예수님! 작은 하느님! 작은 성령님으로 빛날 때 온 우주의 무수한 별들이 다 화려하고 찬란하고 눈부신 별들로 빛나게 된다는 것이다.

이런 의미에서 1997년 35억을 투자해서 지은 기쁜우리복지관이 장애인들이 인간다운 삶을 영위하고 직업을 가지게 되는 최우수 복지관으로 하느님이 찬란하게 영광 떨쳤다. 이를 영광 떨치게 하는 최초의 요셉의집 강당을 일컬어 라테라노 대성전이라 칭하니 열두 사도들을 배출하고 온 세상 인류 자체를 영인들이 되게 하는 마태오 복음 25장 40절의 말씀으로 찬란히 영광 떨치는 세상의 모든 종파를 초월하여 가장 작은 이들이, 그렇지 않더라도 모든 고통받는 비참하고, 소외되고, 버려지고, 생을 박살난 이들이 같이 친구 되어 사랑, 정의, 진리, 평화를 나누려는 인류와 함께 삶의 기쁨을 나누는 20세기 말 1984년 최초의 무허가 운정 사랑의집으로, 두 번째 성산동 신자 김주열 대건 안드레아의 집으로, 세 번째 망원동 첫 번째 네 번째 두 번째 집으로, 다섯 번째 군자동 258번지로, 여섯 번째 군자동 260번지로,

일곱 번째 마일1리 102-2 요셉의집과 강당으로, 라테라노 대성전으로 세계 8개 나라에 2만여 명의 집들로 '예수와 함께 삶의 기쁨을! 사랑과 함께 삶의 기쁨을' 성전을 이루며 영광 떨치고 있는 것이다.

여덟 번째 집으로 세계 모든 사람 사는 집들의 첫 번째 집으로 두 번째로 2004년에 완공한 요셉의집으로, 아홉 번째 집으로 2008년에 완공한 성가정 의집으로 열 번째 예수사랑 영성원 혹은 예수사랑 내 사랑 성령성전, 혹은 예수사랑 내 사랑 내 사랑 예수사랑 성령성전으로 2001년 짓기 시작했으나 아직 완공을 이루지 못하고 있는 172하느님사랑방사람들 세상의 모든 가장 작은 고통받는 이들과 사랑을 나누는, 인류와 함께 사랑을 나누는 부자와 빈자, 큰 자와 작은 자, 중간자, 모두가 사랑을 나누는 172하느님사랑방사람들 대강당이 바티칸 베드로 대성전인 것이다.

작은예수 영성의 백미 요한복음 6장 영성이 이루어지는 오병이어를 이루는, 그러나 불멸의 영인 한 사람을 그렇지 않은 70억 인류가 덤벼든다 할지라도 영인 한 사람을 이길 수 없고 그래서 작은 예수님, 작은 하느님, 작은 성령님으로 탄생시키는 예수사랑 영성원인 것이다.

정말 이 영성원을 짓는 데에 제일 고마우신 분이 신춘지 사장님이시기도 하지만 대를 이은 김대식 사장님이시다. 사장님은 어머님을 닮아 착하신 분 이시다. 착하신 건 좋지만 사업 수완이 뛰어나지는 못해 보이셨다. 그리고 우리의 자금줄도 큰 문제였다. 20만 작은예수 회원들이라고 하지만 살아있 는 회원들은 4-5만이었고, 4-5만의 회원들이라면 2백억짜리 이 공사야 능 히 해낼 수도 있기 때문에 원래의 인간적 계획에는 전혀 하자가 없었다. 다 만 하느님 영광 떨치는 모델하우스이니 160+100만 사람들이 꼭 성령을 받는 모델하우스가 될 줄로 믿는다. 죽을 때까지 이루어지는 과정에서만이 완공케 될 줄로 믿습니다 하는 고백만 안 했어도 모든 것은 정상으로 지어졌다고 말할 수 있도록 하느님은 그렇게 영광 떨치시고 계신다. 왜 백만 사람들이냐? 그것에 대해서는 이미 말씀드린 대로 인천 사는 김창렬이 현리 작은예수회 마을에서 은혜 받았다는 그 사람이 중국을 거쳐 북한에 들어가고 세계로 번져가는 작은예수 1백만 회원을 예수님께서 외치도록 하셨다. 이를 믿기에 실버타운 160명 사람과 1백만 사람들이 성령을 믿는 예수사랑 영성원인 것이다. 이 건물의 중요성은 160+100만 사람들이 성령불을 받는 것이 첫 번째에서 열 번째까지 중요한 일인 것이다.

어쨌든 예수사랑 영성원을 파란만장하게 지었다. 지어가고 있다. 생지옥, 이런 생지옥이 어디 있단 말인가. 그러나 안 지었더라면 얼마나 후회스러웠단 말인가. 나는 당연히 지어야 했고, 완성해 가는 속에 사나이 대장부로의 후회하지 않는 생을 하느님께 바칠 수 있음을 영원히 감사 드린다.

우선 첫째로 감사할 수 있는 사람은 권순기 본부장이다. 권순기 님께서는 다양한 지혜와 힘과 능력을 가지고 계셔서 기쁨의 절정도 슬픔의 절정도 성공의 절정도 실패의 절정도 맛보게 하는 분이시다. 이분은 한마디로 설명하기에는 참 힘든 분이시다. 나는 이분 때문에 칭찬도 많이 들었지만 욕도 무진장 많이 듣는다. 그러나 이분과 함께 살아오면서 세상 온갖 경우의 모든 삶을 골고루 체험케 해주시는 하느님께 한도 끝도 없는 감사와 찬양을 드립니다. 권순기 님 속에 살아계신 하느님, 나는 당신 안에 가장 다양하게 흥 속에 망 속에 성 속에 쇠 속에 살아계신 하느님을 만날 수 있어서 헤아릴 수 없는 사랑과 감사와 찬양을 드리고 또 드립니다. 영원세세토록 드리고 또 드리옵니다.

이정자 아녜스 어머님. 당신은 아들이 고생을 하든 말든 막무가내로 "5천 명 들어가는 이 성전을 꼭 지어서 하늘 영광 떨치시도록 지어야 되는 거야" 하셨다. "저 빗발치는 원망과 불평의 소리를 들으면서도요?" 하고 여쭈어 보기라도 하면 "암! 물론이지. 뚝심으로 밀어붙이면서라도 지어야지"라고 하시는 당신은 든든한 하느님의 생명의 성령 불기둥이셨습니다. 기쁜우리샘물을 그토록 사랑하시며 아들과 함께 "이 성전을 반드시 기쁜우리샘물! 온 세상을! 온 우주를 영의 기쁜우리샘물로 뒤덮으며 생명수 바다를 이루는 예수사랑 영성원을 기어이 완성할 거야"라고 하게 하시는, 아들과 어머니 속에 살아계신 하느님께 사랑과 감사와 찬양을 영원히, 영원히, 영원히 드리옵나이다. 하느님 아버지! 예수님! 성령님! 영원히, 영원히, 사랑과 감사와 찬양을….

보여지는 사람들 하나하나의 보이지 않는 웅장한 스케일의 영의 대자연 경관을 이룰 만큼 보이지 않는 영의 세계를 표현하는 외적으로 초라하지만 그래도 보이는 각도대로 그런대로 신비를 쏟아놓는, 함께 사는 예수님상이 만세전에 계획대로 이루어졌다.

2005년 5월 27일에 꽈당 넘어지며 다시 일어나 축성한 함께 사는 예수상은 그해 8월 장애인 수련대회까지 영성원 입구에 모셔져 있었다. 언제나 그랬듯이 수련대회 때는 항상 비가 많이 쏟아졌다. 아마도 2000년대에서 2003년 정도의 해에 수련대회가 있었는데 그날따라 미사를 드리는데 소나기가 막 쏟아지자 미사를 드리던 장애인 일반인 혼비백산하여, 현재의 피정의집이 요셉의집이었는데, 장애인들이 어찌나 잘 달리던지 일반인들과 똑같은 수준으로 일제히 초스피드로 싹 다 그냥 미사를 드리다 팽개치고 요셉의집으로 다 들어가버린 것이다. 복사들과 박성구 신부만 달랑 남겨두고 다 집으로 들어가버린 것이다. 나는 할 수 없이 요셉의집으로 들어간 수련대회 모든 참가자들에게 마이크로 방송을 했다.

"사랑하는 수련대회 참가자 여러분. 아무리 급하기로서니 미사를 드리다 말고 이렇게 쏜살같이 집으로 들어가는 것이 말이나 된단 말이오? 하느님 뵙기가 너무 창피스럽지 않소? 마귀들과 영적 전쟁이 일어났다면 여러분은 대패한 패잔병들이오. 패잔병들! 좋은 말 할 때 어서들 나오시오. 어서들."

외치는 나의 소리에 사람들은 주섬주섬 나와 미사를 마쳤었다. 하하하 으하하하 참 언제든 자다가도 벌떡 일어나 한바탕 웃을 수련대회였다. 장애인이라고 절대 깔보았다간 큰일 날 그날에 있었던 일이었다. 장애인들도 절대적 위기 앞에서는 일반인 못지않은 위력을 지니고 있음을 하느님께서 나에게 그 무언가를 강렬하게 심어준 날이었다.

그런데 하느님께서 5월 27일 축성한 성상이 왜 곧바로 지붕 위에 모셔지지 않았는지에 대해 궁금할 것 같아서 말씀을 드린다. 지붕 위에 모셔진 함께 사는 예수상은 모셔지기까지 참 말이 많았었다. 회의 때마다 거론된 것은 잘못 모셨다가 바람이 심하게 불면 성상이 날아가면 어떡하고 그래서 지상으로 떨어지기라도 하면 어떻게 하겠냐는 등 여론이 분분했던 것이다.

경험이 있는 니꼴라오 수사님이 아무리 말을 해도 각자의 주장들이 워낙 강했기 때문에 안전하게 모셔질 방도들이 결국 안 나왔다. 전문가 니꼴라오 수사님 말씀대로 수련대회가 끝나는 8월 5일 첫 금요일 모시기로 합의를 보앉고 그에 앞서 수련대회를 치르고 있는 4일째 밤새 비가 다른 날보다 더 많이 왔기에 3일 저녁에 미사를 그냥 요한 성전에서 지내기로 정 데레사 수녀님과 조 시몬 수사님에게 그리고 모든 수련대회 참가자들에게 공지를 했던 것이다. 그런데 새벽에 보니까 물이 다 빠져나가서 함께 사는 예수상이 지붕 위에 기쁘시게 모셔지려면 아무리 수련대회 참가자들이나 두 수도자들에게 약속을 했더라도 그래서 약속을 어겨서 순간 삐치는 한이 있더라도 나는 모두의 기억 속에 영원히 함께 사는 예수님상이 아름답게 기억되도록 비가 오는 가운데에도 성상 앞에서 아주 은혜롭게 미사를 드릴 수가 있었다. 특히 4일은 은총 속에 미사가 진행되었고, '놀라우신 하느님 사랑 눈부셔라! 황홀하고 찬란하여라'의 미사가 되었다.

2005년 8월 5일 첫 금요일, 장애인들과 일반인 '함께 삶의 기쁨을'의 멋진 수련대회를 마치고 참으로 예수님께서 즐겁게 지내시고 지붕 위로 오르시는 날이다. 너무나도 장애인들을 깊이 사랑하시는 함께 사는 예수상은 예수님이 3박 4일을 같이 지내시고 금요일 영성원 지붕 위에 좌정하시는 것이었다.

정면에서 바라보면 오른쪽에 예수님이 성서 말씀대로 정확하게 12시에 모셔졌고, 왼쪽 예수님이 숨을 거두시는 오후 3시에 정확하게 모셔졌다. 오오 이럴 수가! 정말로 이렇게 성서 말씀대로 모셔지다니….

영성원 중앙의 1993년의 6월 7일 감사제의 '작은예수 되게 하소서'의 지상의 예수님과 '예수사랑 내 사랑 내 사랑 예수사랑 성령성전의 우주 한가운데 영의 태양, 바다, 산을 이루는 예수님으로 삼위일체 주 하느님 상'으로 2005년 8월 5일, 첫 금요일 예수성심대축일날 영광 떨치시는 주 하느님. 영원세세토록 감사와 찬양과 사랑과 흠숭을 영원세세토록 받으시어라!

시대를 반영하듯 남녀평등의 시대로 예부터 여권이 강했던 성모님상. 가만히 계시지 아니하고 야전군 사령관다우신 모습으로 우주 한가운데, 지구 한가운데에서 영가를 부르시는 작은예수회 마을 피정의집 성모님상이어라! 개구쟁이 아기 예수님과 활짝 함박웃음, 파안대소하시는 성요셉상이시어라. 시대가 남녀평등시대라 남성도 당당하게 부엌일도 자연스레 안고 살아야 함이 신의 뜻인 시대를 반영하는 아기 예수를 안고있는 성요셉상이어라. 하느님께서 나와 너와 우리와 나라요 모든 나라들과 삼라만상 은하계 별들의 함께 사는 예수님상, 영가를 부르는 성모님상, 아기예수를 안고 함박웃음, 파안대소하는 성요셉상.

2003년 8월 15일로 시작하여 2005년 5월 27일 예수성심대축일 예수사랑 영성원에서 축성미사를 드리는 중 축성하러 나와서 꽈당 넘어졌다 일어나서 축성한 삼위일체 주 하느님상. 발명특허 박성구 신부, 제작 니꼴라오 수사, 22개월에 걸친 예수님상 다섯 차례 감수. 성모님상 세 차례 감수. 요셉님상 단 한 차례 감수를 한 사람들 고영희 부회장, 권순기 본부장, 정미영 예수데레사 수녀님 등 여러 사람들. 주 하느님의 축복이 이 성상들로 70억 명 은하계를 이루는 별들 삼라만상들에게 영광 떨치도록 만세전에 하느님께 뽑혀 감수하였음을 하느님께 영원히 감사와 찬양과 사랑을 드리오니 사랑하는 여러분들을 주님의 이름으로 영원히 축복 드립니다.

가장 인상적이셨던 니꼴라오 수사님. 이 성물 제작으로 형, 동생의 관계를 맺은 동생. 다섯 차례나 수정에 수정을 가하여도 수사님이 수사님 모습 속에 예수님을 조각해내셨던 것은 내 가슴에 깊은 인상으로 새겨졌습니다.

감수하는 우리들은, 특히나 박성구 신부가, 조각 속에 새겨진 수사님의 모습을 지울 길이 없습니다. 수사님의 모습은 영락없는 사람들이 좋아하는 그냥 선하신 성모님의 모습이셨습니다. 예수님을 좀더 활달하시고 쾌활하시며 파격적인 남성의 모습이셔야 되는데 그래서 아무리, 아무리 조각을 한다 할지라도 동생은 형의 모습을 생각할 수밖에, 형은 동생을 생각할 수밖에 없었을 것이고, 그래서 둘을 합쳐 놓은 예수님상이 나오게 되었다고 저는 믿을 수밖에 없기에 그리고 여기에다 감수한 사람들의 예수님이 그냥 심어 졌다고 보기에 박성구와 니꼴라오, 니꼴라오와 박성구 감수자들 그리고 함께 참여한 미리내 수사님들 포함 70억 명의 얼굴들로 은하계를 이루는 별님들의 모습으로 20만 작은예수 회원들은 믿고 또 믿고 믿으며 감사와 찬양과 사랑과 흠숭을 영원토록 드리옵니다. 넘치도록 드리옵니다.

2만여 예수사랑 내 사랑, 내 사랑 예수사랑 성령성전 건축금으로 내신 여러분 모두와 20만 사랑나눔 회원들의 가장 보잘것없는 가장 작은, 그렇기 때문에 비참함과 소외됨과 버려짐과 누명 씌워짐 그 자체로 생을 사는 모든 사람들에게 감사와 찬양과 사랑을 드립니다. 여러분이 있기에 박성구 신부와 20만 작은예수 회원들이 진정한 사랑할 수 있는 사람들이 생겼기 때문입니다. 친구가 생겼기 때문입니다. 연인들이 생겼기 때문입니다. 그로 말미암아 예수님이 여러분을 여러분이 예수님을 사랑할 수밖에 없기 때문입니다. 그러기에 성령님께서도, 하느님께서도 여러분을, 여러분도 하느님을 사랑할 수밖에 없기 때문입니다. 그래서 70억을, 은하계를 이루는 별들을 사랑할 수밖에 없기 때문입니다. 그래서 70억도, 은하계를 이루는 별들도 여러분을, 20만 작은예수 회원들을 사랑할 수밖에 없기 때문입니다. 그래서 그것은 당신인지라 영을 영원토록 부을 수밖에 없으니 그래서 작은 예수님, 하느님, 성령님이 되시어 지구를 영원토록, 우주를 영원토록, 서로서로가 영원히 사랑과 찬양과 감사와 흠숭을 참생명의 영으로 영원토록 살게 하심을 기쁨에 넘쳐 황홀하고 눈부시고 찬란하게 영원토록 감사와 사랑과 찬양과 흠숭을 드리옵나이다

30년 영적 전쟁

"한 명의 불멸의 영인을 그렇지 않은 70억 인류가 덤벼든다 할지라도 결코 이길 수 없다. 한 명의 불멸의 작은예수인을 하느님은 그렇지 않은 인류와 결코 바꾸지 않는다. 우리는 오직 영원히 살기 위해 70억 인류 모두가 불멸의 영인되게 하기 위해 날마다 빛들의 전쟁을 일으킬 뿐이다. 영인들의 나라에서는 70억 인류가 은하계를 이루는 별들이 빛들이 되게 하는 큰 예수별 안에, 큰 하느님 별 안에, 큰 성령님 별 안에 각기 작은 예수 별, 작은 하느님 별, 작은 성령님 별들만이 존재케 하는 싸움만이 있을 뿐이다."

박성구 신부의 영적 전쟁 이야기는 1980년 11월 25일부터 시작된다. 1980년 5월 초순경부터 25사단 비룡성당을 예산도 없이 김기택 사단장님과 함께 짓기 시작하여 1월 말 전농동성당에서부터 성전 건립기금 모금을 시작, 1980년 11월 24일 성전을 김수환 스테파노 추기경님으로부터 성전 축성을 받았다.

그 다음주일날 비룡성당 신앙인들을 모아놓고 "신앙인 여러분, 이 성전은 제가 지은 것이 아니라 주님께서 지으신 것입니다. 저는 다만 주님께 뽑혔을 뿐입니다. 저는 분명 합당치 못한 사랑의 죄인입니다. 열심히 하는 척하면서 어쩌다 가끔 미사도 빼먹었고요. 어쩌다 보면 성무일도도 빼먹었답니다. 예쁜 여자들을 어쩌다 보면 침을 흘리며 여자들에게 빠지기도 했답니다."

이렇게 신앙인들에게 고백을 한 뒤에는 항상 어머니한테 혼이 났다. "너그러다 사람들이 이상하게 생각하면 어쩌려고! 무슨 여자관계라도 있다고 생각하면 어떡할 거야?" 하시면 "어머님, 도무지 무슨 말씀을 하시는 거예요! 누가 어떻게 생각하든 말든 사랑의 죄인인 것은 어찌할 수가 없는 거예요. 죄인은 그냥 죄인인 것이에요" 하며 어머니와 마구 싸웠다.

어머니라는 존재보다도 예수님 말씀대로 하늘에 계신 아버지가 훨씬 소중하고 성령님이 훨씬 중요한 것이다. 어쩔 수 없는 싸움이었다. 세상적으로 예수를 사는 사람들과는 판이하게 다른 것이다. 한 번 영은 영원한 영인 것이지 중간에 물컹물컹 변해지는 것은 결코 아니다. 그 뒤 어떻게 되었냐구요? 그 뒤로도 절대 질 수가 없는 것으로 오늘까지 이어져 내려오고 있는 것이다.

성산동본당 신부로 있을 때 나는 성령 계통의 우리나라의 대모격인 에르나 슈미트 수녀님과도 잦은 다툼을 하였다. 또 성산동본당 성령기도회장을 중심으로 여러 사람이 내 앞에서는 내게 맞추었으나 뒤로는 다른 신부님과 연결이 되어 박성구 신부의 성령 철야기도회에 딴지를 걸었다. 매주 금요일마다 교구청에서 교구 신부님들의 성령기도회가 열렸는데 체험 이야기 시간이 되면 언제나 나의 하느님 만나는 깊은 이야기가 독무대를 이뤘다. 다른 신부님들의 체험은 나의 체험에 비하면 조금은 초라해 보였다. 그러나 신부님들은 나의 놀라운 체험을 인정은 했으나 교구 성령대회에 특별히 일을 시키지는 않았다.

2012년 3월 20일, 최고위·고위 성직자들과 꽃동네 마피아 그리고 박성구와 불멸의 영인들과 20만 작은예수회원들의 영적 전쟁이 일어났다! 마피아 꽃동네가 대한민국 복지의 대표주자라니 그것은 말도 안 되는 새빨간 거짓말이다!

가평 꽃동네는 노태우 대통령 때부터 지금까지 국가보조금 지원 2012년 대비 574억 중 80퍼센트에 해당하는 460억을 매년 받았다. 나머지 20퍼센트는 어디다 썼는지 전연 밝혀지지 않았고, 요셉의집·성가정의집은 물론이고 21개 가평군 내 복지단체들은 아무런 혜택도 받은 사실이 없다.

2012년 3월 20일, 그래도 작은예수회는 한국 포함 브라질, 미국, 중국, 케냐, 우간다, 말라위, 탄자니아 80여 공동체로 육으로 고통받는 2만여 명의 백성들이 함께 삶의 기쁨을 누리고 있다. 예수로, 사랑 영으로 행복하게 함께 살고 있는 공동체다. 2003-2004년에 걸쳐 가평군청에서 중증지체장애인 공동체와 중증지체발달장애인 공동체로 나눠 지으면 나라에서 보조금을 주겠다고 해서 그대로 했는데 11년간 요셉의집에 줄 돈 연간 8억씩 계산해서 88억, 성가정의집 2008년부터 연간 6억씩 42억을 무슨 연유로 지급하지 않는 것인지 모르겠다.

아무리 외치고 또 외치고 또 외쳐도 아무도 내다보지도 않을 뿐만 아니라 요셉의집을 느닷없이 행정처분을 내리는 것도 부족해서 아무 죄도 없는 박성구 원장을 공금횡령죄, 사회복지법 위반죄, 사회복지사채용법 위반죄를 씌워 놓는 것인가. 아무것도 받은 것이 없는 박성구란 사람은 그냥 죄인으로 살게 하니 이 나라가 얼마나 막돼먹은 나라인가?

또 망나니 수사 녀석들이 엉터리 사건을 조작하여 나를 고위 성직자님들에게 불순명으로 고발했다. 총원장 말은 아무리 말해도 듣지 않고 옷을 벗겨야 될 총원장으로, 직무정지로 몰아가고 있다. 1년이 넘도록 망나니 수사들을 정식 수도자처럼 그대로 공동체에 머물게 하며 총원장에게 온갖 모욕과 누명을 덮어씌워 놓고 있다. 망나니 수사들은 '당신 같은 총원장, 우리는 모신 일이 없다. 우리의 총원장은 몬시뇰이다'라고 주장하고 있는데도 고위 성직자들은 '나는 그런 적이 없다' 하고 뻔뻔한 거짓말을 하고 있다. 이 어찌 통탄할 교회의 썩어빠진 모습이 아닐 있겠는가. 분명 서울대교구 소속 요셉의집, 성가정의집인데도 자기 자녀들을 아랑곳없이 '꽃동네가 얼마나 잘하는데 너나 잘해!'라니 마피아 꽃동네로 우리는 279회나 시위를 했는데도 작은예수 요셉의집, 성가정의집을 짓밟아 버리니 이 무슨 사악한 최고위 성직자란 말인가?

최고위 성직자가 어찌 총원장의 말을 전혀 들어주지 않는단 말인가. 왜 귀를 막고 눈을 가리고 입을 봉하고 있단 말인가. 작은예수회 사목위원들도 만나주지 않는단 말인가. 작은예수회 가족대표들을 왜 안 만나 준단 말인가. 작은예수 봉헌자 수도자들도 왜 안 만나준단 말인가. 재속회원들도 왜 안 만나준단 말인가. 그는 마피아 꽃동네 소속 최고위 성직자인 것이 분명하다! 청주교구장도 오웅진 신부도 우리를 왜 안 만나주는가?

나는 가평군청, 가평경찰서, 서울대교구청, 명동대성당, 청주교구청, 음성 꽃동네에서 주님의 이름으로 20만 작은예수회원들의 이름으로 우리의 자랑스런 권오은과 별 볼일 없는 중중지적, 지체 봉헌수도자들, 손천무, 김종술, 박창재, 이동근, 김경배와 재속회원 추차연, 경춘옥, 권순기와 40여 식구들과 지금까지 시위를 해오고 있다.

교황님! 한국 방문하여 8월 16일 광화문에서 124위 시복식을 하심을 열렬히 환영합니다. 작은예수 회원들도 열렬히 환영하며 시복식에 참여하겠습니다. 교황님, 8월 15일 대전에서의 청년대회가 개최됨에도 열렬히 환영합니다. 그러나 8월 16일 마피아 꽃동네에 방문하심은 결사반대합니다. 그전에 마피아 꽃동네를 청산하고 하늘이 내신 꽃동네로 거듭나게 하시고 대회에 참석하시는 것은 이해를 하겠습니다. 분명히 서울대교구가 온 세상에 드러나게 해도 조금도 손색이 없는 복지단체가 가평군 현리 작은예수회 마을입니다. 자랑스럽게 방문하신다면 최고위 성직자들과 고위 성직자들로서 회개했다는 징표입니다. 우리는 마태오 복음 25장 40절의 말씀대로 가장 작은 이를 진정 대접하고 이들과 친구삼아 생사고락을 같이하는, 피눈물도, 기쁨에 넘친 웃음도 함께 나누는 예수와 함께 삶의 기쁨을 이제껏 나눠왔습니다.

우리는 70억 명 인류 모두에게 하느님의 사랑과 정의, 진리와 평화의 영이 내리기를 온 세상의 모든 가장 작은이들과 함께 삶의 기쁨을, 예수와 함께 삶의 기쁨을 나누기 위해 오늘도 비지땀을 흘리니 한 사람 한 사람 하늘에 빛나는 별들로 반짝임을 감사 찬양 드릴 뿐입니다.

"박성구! 자네를 가득히, 지구를 가득히, 우주를 가득히 생명의 영이 넘처흐른다고 정말 70억이 은하계를 이루는 별들이 묻고 있는 소리를 듣고 있는가?"

"암! 듣고 있고 말구요! 존경하고 감탄해 마지않는 70억 인류님들이시여! 은하계를 이루는 별님들이시여! 마태오 복음 25장 40절의 말씀대로, '가장 작은 이에게 해준 것이 바로 나에게 해준 것이다' 하시는 말씀대로, 가장 작고 보잘것없고 비참하고 소외된 사람들과 진정한 친구가 되어준다면, 아니 친구로서 산다면, 천주교인이든 개신교인이든 불교인이든 외교인이든 미신자이든 누구나 참된 그리스도인으로서, 참된 사랑인으로서, 참된 정의인으로서, 참된 진리인으로서, 참된 평화인으로서 박성구와 그렇게 산다는 작은 예수인들과 같이 70억 명 모두가 지구를 가득히, 우주를 가득히 생명의 영인으로서 불멸의 영인들로서 영원토록 살게 될 것입니다! 은하계를 이루는 별님들로 가장 작은 이들과 함께 사니 영원히 노래하는 십자가 사람들로 영의 태양, 바다, 산이 넘쳐흐르게 될 것입니다!"

박성구 요셉 신부님과
작은예수회 30년을 말한다

편찬위원

박성구 예수 마리아 요셉 신부

윤석인 예수 다윗 보나 수녀

권순기 사도 요한(수석편찬위원)

전대식 프란치스코(수석편찬위원)

권오은 임마누엘(수석편찬위원)

김혜형 데레사

고영희 실비아

정동후 토마스

정혜자 말가리다

내가 만난 황소사제 박성구 신부님

전대식 프란치스코 작은예수회 홍보국장

지난해 여름, 동해 출장길을 나서려는데 작은예수회서 일하는 한 지인으로부터 급히 도울 일이 있다며 전화가 왔다. 평화방송서 20여 년간 함께 지내며 의롭고 신심도 통하는 사이어서 긴요한 출장길을 미루고 카메라 장비를 챙겨 현리로 향했다. 현리 작은예수회 마을에 들어서자 소낙비라도 퍼부을 듯 매봉산 운해가 운치를 더한다. 매봉산은 6·25전사상 대표적인 산악전투지역으로 수많은 군인들이 피를 흘린 곳이다.

작은예수회에서는 성소자 모집 광고를 준비하고 있었는데 서기 어린 매봉산을 배경으로 작은예수회의 상징적인 두 분을 모시고 촬영을 마치자마자 폭우가 쏟아졌다. 그날 날씨는 더 이상 개일 것 같지 않았다. 때로 사진가들이 맑은 날씨보다 궂은 날씨가 의미 있는 사진을 담을 수 있기에 하늘이 도우셨다.

현리 한식당에서 '우중에 수고 많았다'며 소주잔을 건네시는 박성구 신부님의 모습이 인간적으로 다가왔다. 창밖엔 비가 내리고 보글보글 두부김

치찌개와 진솔한 신부님과의 대화는 단술로 익어 순식간에 소주 몇 병을 비웠다.

이윽고 신부님은 상기된 모습으로 내년 작은예수회 30주년을 맞아 역사를 기록하는 편찬회의가 매주 열리는데 함께할 수 있는지, 또 상대가 느슨하면 자신도 느슨하고 상대가 조이면 자신도 꽉! 조인다며 적극적으로 이일에 참여해줄 수 있는지 동생 자격이 있는지 악수를 청해오셨다.

뜻밖의 신부님 제의에 과연 이 거대한 공동체 역사를 잘 펼쳐낼 수 있을지 망설였으나 최근 한국ME(메리지 엔카운터, 부부일치운동) 30년사도 펴낸 바 있고 무엇보다 인간적이며 소탈한 신부님의 모습이 나의 경험을 충분히 살려주실 수 있는 분이라 생각했다. 그리고 두 손을 굳게 잡았다. 그렇게 신부님과의 인연이 시작되었다.

당시 나는 고 김수환 추기경님 전국순회사진전을 열고 있었는데 김수환 추기경님께서 작은예수회 수도회·수녀회를 인준하셨고, 박성구 신부님의 사제서품을 주셨고 박 신부님께서 추기경님을 영적 아버지로 모신다 하시니 이 또한 하느님께서 인도하셨단 생각을 해보았다.

추기경님께선 강연 때마다 "세상에 우연이란 결코 있을 수 없듯이 여러분이 이 세상에 나신 것도 결코 우연일 수 없다"라고 말머리를 여셨는데 작은예수회 역사를 기록하는 편찬위원으로 일하게 된 것이 우연일 수 없다는 소명감에 모든 일들을 뒤로 하고 30년간 이뤄온 하느님의 역사를 기록하기 시작했다.

한국 땅에 수많은 사제들이 200년 동안 그리스도의 빛을 전했지만 박성구 신부님은 국내 최초로 숨어 지내는 장애인들을 세상 밖으로 끌어내어 빛을 보게 해주신 분이다.

그 하나만 해도 성구(星九) 신부님은 우리 교회는 물론 한국사회에서 이름만큼 큰일을 하신 분이라 생각한다. 30년 전만 해도 장애인들은 편협한 사회 인식으로 바깥에 나오는 것을 두려워했다.

"함께 삶의 기쁨을" "보이는 장애인의 모습이 보이지 않는 우리들의 모습입니다"라는 기치로 1980년 초부터 한국가톨릭장애인복지협의회 회장을 맡아 수많은 사업을 펼쳐오며 국내외에 크고 작은 지역공동체를 설립했다. 국내 60여 곳과 아프리카, 남미, 미국, 중국 해외 20여 곳에서 신체장애인만이 아닌 삶의 장애인들을 위해 예수 그리스도의 사랑을 실천하고 있다.

그 중 요셉의집은 작은예수회의 모태이다. 장애인들의 공동체나 직접 이들과 살을 부딪쳐보면 작은예수회 영성(기도, 진실, 순수, 성실, 열정)을 만날 수 있다.

나는 요셉의집 형제들을 만날 때가 가장 행복하다. 대부분 중중 장애인이지만 이들을 만나면 나의 참 모습을 볼 수 있다. 요셉의집 형제들은 진실만이 통한다. 내가 사정상 조금만 거짓말을 해도 이내 알아채려 나를 부끄럽게 한다.

평화신문에서 추기경님을 20여 년간 뵈며 처음으로 눈물 흘리시는 모습을 카메라에 담았다,

2005년 성탄 대담 때이다. 추기경님은 아버님이 돌아가실 때도 눈물을 흘리지 않아 어머님으로부터 '목석 같다'는 소릴 듣기도 하셨는데 세계적 과학지에 발표된 서울대 교수의 논문이 허위로 밝혀지자 팔순 노구에 눈물을 흘리셨다.

그 눈물은 시대의 징표를 읽게 하는 자괴의 눈물로 신문과 방송에 보도되며 많은 이들의 마음을 움직이게 했다. "우리나라 사람들이 머리는 세계적으로 뛰어난데 그 좋은 머리를 좋게 쓰지 않아 선진국으로 들어가기 어렵다." 마침 그해가 소띠 해였는데 "소처럼 우직하고 정직하게 살아야 한다"라고 하시며 마지막 병실을 지키던 세 분에게도 유언과 같이 같은 말씀을 남기셨다.

많은 신자들에게 박성구 신부님은 불도저 같다는 소릴 듣는다. 그러나 가까이서 바라본 소띠(1949년생) 박 신부님은 황소같이 우직하고 순수·성실한 사제임을 볼 수 있다. 지난 연말 작은예수회가 설립한 전국주요공동체 사목방문 시 동행한 적이 있었는데 거제도 등 아무리 먼 곳이라도 당일 일정을 마치곤 차 안에서 김밥으로 요기하며 밤새도록 달려와 다음 수도회 새벽미사 일정에 맞춘다. 인간적으론 바닷가에서 하루 쉬면서 여가라도 즐길 수 있으련만 오로지 한길만을 달려오셨다. 평소 월별 일정을 살펴보더라도 도저히 인간의 힘으론 한계를 느낄 수밖에 없는 일들을 30년간 행해오신 것이다.

작은예수회를 방문하는 이들은 '영신체조'라는 특별한 경험을 한다. 박 신부님은 수년 전, 악성 무좀균이 당뇨 합병증과 겹쳐 한 시간만 늦었어도 스스로 장애인 사제가 될 뻔했다. 왼발이 온통 균으로 번져 병원 입장으론 잘라내지 않으면 안 될 지경까지 이른 것이다. 병원 갈 시간은 없고 운동할 장소도 없어 그래서 창안해낸 것이 영신체조이다.

얼짱 몸짱, 당시 TV예능프로를 보던 박 신부님이 신자는 육으로 사는 것이 아니라 오로지 영으로 살아야 한다며 영영짱, 영얼짱, 영몸짱을 외치며 서너 평 되는 수도원 사제관에서 1시간씩 하던 운동이 바로 영신체조로 거듭나게 된 것이다. 처음엔 본인도 따라 하기가 거북스럽고 도대체 성스런 미사 시간에 체조라니 거부반응부터 나왔지만 설명을 듣고 나니 충분히 이해가 되었다. 춤추며 미사 올리는 아프리카인들의 열정적인 모습을 그려보니 미사 참례가 더욱 신명나게 되었다.

신부님은 지난 자료들이 거의 없다. 사제서품식 때 흔한 어머님과의 사진 한 장도 없다. 꼴찌사제(?)를 면키 위해 오로지 한길만을 달려오셨기 때문이리라. 그런데 참 묘하게도 기록된 자료도 하나 없이 신부님은 수십 년 전의 사목일정들을 날짜도 정확히 기록해내며 일필 휘지로 써내려가셨다. 늘 신부님은 머리가 안 좋아 꼴찌 신학생이었다고 자책하는데 아무래도 지극한 겸손이시다.

박성구 신부님은 하루에 세 시간 주무시며 일하신다. 그것이 어떻게 가능할까? 인간의 힘으로 되는 것이 아니고 성령의 힘으로만 가능할 것이다. 사제의 훌륭한 점을 모으면 그곳이 바로 천국의 세상이라고 한다. 박성구 신부님이 이끄시는 작은예수회의 영성의 핵심은 무엇일까? 이 책에서도 밝혀지고 있지만 그것은 진정한 평신도 개혁이고 교회개혁운동이라고 나는 보았다.

황소 신부님이 늘 신자들에게 강조하시기를 가톨릭신자가 세례를 받으면 성령을 받아야 된다는 것이다. 세례·견진성사 받아도 평생 성령 안에 머무르지 못하고 곁에도 다가서지도 못하는 신앙생활이야말로 죽은 신앙이라는 것이다. 결국 성령을 받고 느끼고 그 자체가 작은예수가 되어 육을 떨쳐내고 진정한 종교인, 정치가, 개혁자, 개척자가 된다는 것이다. 그래서 꼭 교황님이나 순교자만 성인이 되기보다 자신도 성인이 된다는 것이다. 그러므로 영의 신앙생활을 하도록 준비하기 위해 말씀을 깊이 깨닫고 임금이신 하느님께 간절히 기도하고 행동하는 것이다.

예수님께서 십자가에 달리시기 전, 마지막 유언이시기도 한 "너희가 내 형제들인 가장 작은 이들 가운데 한 사람에게 해준 것이 바로 나에게 해준 것이다"(마태오 25, 40)라는 말씀이 30년 동안 이어져온 작은예수회의 영성과 소망 안에 고스란히 녹아있음을 독자 여러분께서는 이 책을 통해 알 수 있을 것이다.

요즘 교우들에게 내가 작은예수회에 머물고 있다 하니 거기에 있는 신자들 용맹성은 영화 〈300〉에 나오는 그리스 스파르타 군사와 같다고도 한다. 일과기도, 사랑, 열정, 끈기, 성실, 이 모든 것이 박성구 신부님의 정신을 따르는 이들이다. 그렇게 해서 전국 제1의 사회복지기관으로 우뚝 서게 됐다. 이것은 잔꾀 쓰지 않고 오로지 열심히 뛰고 기도하고 일하고 황소처럼 하느님의 길을 따라 걸어온 분들이 맺은 열매다.

그러나 30년에 즈음한 공동체에 지난해부터 시련이 닥쳐왔다. 20만 작은예수회 사랑나눔 회원들의 헌신적인 사랑과 박성구 신부님이 애지중지 키워낸 수도회 수사들이 집단 항명하며 총원장 신부님을 배신하고 수도원을 떠났다. 그것도 수도원 통장과 서류들을 모두 교구로 갖다 바치며….

총원장 신부님의 마음은 헤아리기 어려울 만큼 고통스러우셨으리라 본다. 그 계기로 작은예수회 식구들이 많이 떠났다. 지금 작은예수회는 30주년을 맞아 가장 힘겨운 시기를 만났다.

추기경님 전시회를 통해 나를 이곳에 보내신 이유가 무엇일까. 그리고 어떻게 주님께서 이끄실까….

살면서 누구나 어려운 순간을 만나지만 작은예수회가 이 험한 시기에 내부를 결속하고 신앙의 터를 재정비하여 새로운 출발의 계기로 삼아주실 것을 간절히 기도한다. 영국의 역사학자 E·H 카아는 "역사는 과거와 오늘의 대화"라고 했다. 나는 작은예수회가 하느님께서 이끄신 영성 안에서 지난날을 되살펴보고 깨우친 후 힘차게 샘솟아 우리 교회와 사회, 그리고 전 세계와 인류를 밝힐 것으로 믿는다.

현리 작은예수회 마을에는 유난히 별이 많다. 예수님께서 우리 인간들에 유언으로 남기신 사명을 마치고 하늘나라 가신 작은예수회 성인(聖人) 별님들이 오늘 밤도 이곳을 총총히 비춰주고 있다.

하느님의 뜻, 5천만 국민의 뜻

손천무 베드로 작은예수 봉헌자수도회 부수련장

1966년 경북 문경 점촌에서 4남매 중 막내로 태어난 저는 어려운 살림으로 홀로 상경해 강동구 고덕동 형님 집에서 기거하다 형수님과 사이가 좋지 않자 큰누이가 나를 소홀히 여겨 명동거리에 갖다 버리면서 기구한 인생이 시작되었습니다. 결국 동부시립병원에 입원해 경찰 보호실서 날 새고 24살 때부터 갱생원 생활이 되었습니다.

은평마을 마리아 수녀님이 잘 돌봐주시면서 교리공부도 받게 되어 하느님이 얼마나 좋은지 확실하게 알았는데 갑자기 몸이 완전히 굳어 음식을 전혀 못 먹게 되었습니다.

식물인간이 되어 다시 강남시립병원으로 동부시립병원으로 머물고 있었는데 어느 날 옆에 자고 있는 사람이 죽어 실려나가는 것을 보았습니다.

주일날인가 전혀 몸도 입도 꼼짝하지 못하는 상황인데 머리 맡에서 자매님들이 성가를 부르니 갑자기 몸이 확 풀렸습니다. 그때부터 밥을 먹기 시작했습니다. 턱도 움직일 수 없었는데 마음속에서 '입을 확 벌리세요' 하는 소리가 들리고, 다리에 힘이 없었는데 다리에 힘이 생기고 기적이 찾아온 것이었습니다. 바로 기적이에요, 기적. 하느님을 체험하고 성가 소릴 들으며 울었습니다.

이날이 계기가 되어 고덕동에서 장애인 공동체를 하는 모니카 자매님이 소개해 작은예수회로 오게 되었습니다.

그때는 요셉의집이라 하지 않고 작은예수의집이라 했습니다. 3년 후 예수살기 모임에 들어갔습니다. 예수살기 모임이란 예수처럼 살고 한 주간을 오로지 불멸의 영으로 산다는 것입니다.

어느 날 신부님께서 저를 보곤 위대한 예언자라 하셨습니다. 그때부터 책임감이 생겼습니다. 2012년 8월 24일에 부원장으로 임명되었습니다.

그러던 중 일생에 기쁜 일이 생겼습니다. 김수환 추기경님이 2000년 88 올림픽 주경기장에 오시어 그곳에 참석했는데 저한테 영성체를 주시고 머리에 손을 얹어주셨습니다. 정말 뜨거운 순간이었습니다.

현재는 장애인들의 인권을 말하지만 옛날에는 장애인복지법이 없었습니다. 그러나 2000년 전에는 장애인복지법이 있었습니다. 그리고 제가 알고 있기로는 모든 장애인들은 혜택을 받기로 법이 있습니다. 그런데 21세기에는 장애인 법이 꽃동네만 복지예산이 다 들어가고 나머지 혜택은 장애인들에게 돌아가야지만 되는데 지금까지 안 돌아가고 있습니다. 참 세상이 웃기는 세상입니다. 다른 데도 준다고 했는데 사실일까 모르겠습니다.

그것이 제일 슬픕니다. 한 분이라도 복지예산을 받아 복지혜택을 받았으면 좋겠습니다. 추기경님, 대통령님, 장관님, 국회의원님, 감사원장님, 가평 군수님, 가평경찰서장님, 또 작은예수회 회원님, 5천만 국민 여러분 어떻게 해야지 복지예산을 받을 수 있을는지 묻고 싶습니다.

여러분의 세금으로 복지예산이 나오는데 왜 어떤 사람은 복지예산을 배가 터지도록 받고 나머지는 한 푼도 못 받습니까. 그 돈은 대통령의 돈도 아니고 추기경의 돈도 아니고 또 장관의 돈도 아니고 국회의원의 돈도 아니며 가평군수의 돈도 아니고 가평경찰서장의 돈도 아닙니다. 인간들이 자기들의 돈도 아니면서 주지 말라 하는 사람은 죽어서 하느님 앞에서 뭐라고 말할지 한번 듣고 싶습니다.

바로 여러분들의 권력과 세력에 노예가 된다면 바로 누구라도 망하게 될 것입니다. 정신을 차려 깨끗한 마음으로 누구든 회개해야 합니다.

제발 높은 자리에 있을 때 잘하십시오. 좋은 말을 할 때 하십시오. 하늘이 지켜보고 있습니다. 특히 종교 지도자들이 명심해야 합니다. 신부님들은 회개해야 합니다.

꽃동네만 복지예산과 장애인 복지혜택을 준다면 그건 말이 안 됩니다. 장애인들에게 복지혜택을 골고루 나눠줘야지요. 그게 바로 하느님의 뜻이고 우리 5천만 국민의 뜻인 것입니다.

끝으로 문호 형제는 참 아름답고 어떤 누구보다도 사랑하는 내 동생입니다. 내 손과 발이 되어 14년 동안 같이 나누고 베풀었으며 요셉의집을 짓고 난 뒤부터 항상 같이 살았습니다.

이 책을 보시는 분들은 반드시 이 문제를 다시 생각해 보십시오. 분명히 이 책을 보시는 분들은 기도를 해야 되겠습니다.

이만 줄일까 합니다. 안녕히 계십시오.

불멸의 영을 사는 가양철야기도회 사람들

주복운 사비나 ^{가양철야기도회 회장}

작은예수회에 가양동철야기도회 모임이 있다. 30년간 이 기도회를 이끌어가고 있는 「불멸의 영」 작은예수회 가족은 주복운 사비나 회장이다. 천주교 서울대교구 새남터성당 총구역장(1998-2000)을 지내며 지역공동체 활성화에도 봉사활동을 펼친 바 있는 주 회장은 올해 팔순 나이가 믿기지 않는다. 주름살 하나 보이지 않고 쩌렁쩌렁한 목소리에 장년기적 왕성한 활동을 변함없이 보여주고 있다. 구약시대 800살을 넘겨 살았던 신앙선조들 모습이 떠올랐다. 팔순 연세에도 매주 기도회를 이어오는 힘은 어디서 오는 것일까 직접 들어보았다.

〈편집자 주〉

가양철야기도회는 한때 20여 대의 버스에 1천여 명 교우들이 매 주말 철야 기도회를 열며 뜨거운 성령불이 내리던 곳이다. 그러나 초창기 시절 난항을 겪으며 기도회 역사는 파란만장한 곡절도 넘겼다. 돌이켜보면 모든 것이 하느님 은총 안에 머물러 있었다.

천주교 서울대교구 성산동본당에서 출발해 본당 사정으로 1982년 정릉 영원한도움의성모수도회 아래 산동네서 1990년까지 8년 동안 기도회를 열다 시끄럽다는 동네주민들 성화에 밀려 산자락에 50명 남짓 들어가는 굴을 파서 기도회를 이어가기도 했다.

이어 1991년부터 2000년 7월까지 경기도 벽제 공동묘지 입구에 둥지를 틀다 큰 수해를 만나 박성구 신부님의 주선으로 이곳 가양동복지관 지하성당에 보금자리를 마련한 지 어언 14년이 흘렀고 기도회 30년 역사는 실로 오묘한 섭리 안에 이어짐을 본다.

서울 강서구 가양동 기쁜우리복지관 지하성당에서 매주 토요일마다 열리는 철야기도회는 여느 성령기도회 분위기와 사뭇 다르다. 20대에서 80대까지 연령도 다양하지만 그룹별로 한 주일 동안 각자의 삶을 터놓고 경청하는 모습이 그 옛날 사랑방을 연상케 한다. 구순을 바라보는 한 할머니도 진지한 모습으로 철야기도회 참여하고 있었는데 수십 년 동안 한 주도 거른 적이 없다고 한다. 기도회 참여하면 한 주일 새로운 성령의 힘이 샘솟는다고 했다. 열띤 찬양, 율동, 말씀, 메시지 인도, 안수 강복을 통해 새롭게 변화한 이들은 철야기도회가 끝나고 귀가하는 발걸음이 가볍기만 하다.

– 가양기도회는 어떻게 탄생하게 되었는지

1980년 초 성산동본당 계시던 에르미나 수녀님이 기도회 일을 하시고 요한 보스코 형제님과 만나 성령기도회 운동에 싹을 틔우게 되었습니다. 수녀님과 은사를 받아 기도회를 하며 어려움을 겪고 있는데 박성구 신부님이 본당에 오시어 큰 활력을 받게 되었어요.

– 성령기도회가 국내 처음으로 도입되는 시기여서 어려움도 많으셨으리라 보는데요.

처음엔 에르미나 수녀님이 "매주 토요일마다 철야기도회는 안 됩니다" 하시어 결국 기도회 나오는 아뽈리나 자매님이 정릉 수녀회 아래동네 살고 있었는데 집을 빌려 기도하다 동네사람들이 시끄럽다고 쫓겨나 산 언덕에 50명 들어가는 굴을 파서 기도회를 열었지요.

당시 우리기도회 지도사제로 미아동본당 주임이신 양홍(에우세비오, 전 서울대교구 성령쇄신봉사회 대표) 신부님이 봉사해주셨는데 새벽 4시까지 신부님과 수백 명 교우들을 구마기도로 치유해주던 기억도 생생합니다.

영원한도움의성모수도회 신부님께서도 정릉기도원 미사를 해주셨는데 타 지역으로 가시어 그 후 박성구 신부님이 쾌히 승낙해 매주 미사를 집전하시게 되었고 거기서 사람들이 많이 모여들기 시작했어요. 그러다 거기서도 쫓겨나 벽제공동묘지 근처에서 300명이 들어가는 천막을 쳐놓고 밥도 해 먹고 기도하는데 박 신부님이 거기까지 오시어 미사를 집전해주시고 10년 정도 기도회가 잘 이어갔습니다.

저는 당시 LA, 뉴욕, 하와이 등에 초대받아 6개월 이상 머물며 해외교포들을 위해 기도회를 마련했는데 레지나 씨와 총무 아뽈리나 자매님이 많은 수고를 하셨어요. 그러다 기도회 집이 폭우로 무너져 내려 박성구 신부님이 주선해 결국 이곳 가양동 기쁜우리복지관에 들어오게 된 것입니다. 파란만장한 세월 속에 하느님께서 우리 기도회를 지켜주심을 믿어요.

– 가양기도회 특징이 있다면?

늘 기도 중에 인도하셨고 하느님께서 말씀을 주시면 그대로 했습니다. "나를 너를 통해서 정화하러 왔다." 하느님과 나와의 관계에서 죄의성을 걸러내시고 인간으로서 행복한 길을 이끄시는 오롯한, 가령 봉사자들을 위한 메시지는 한 사람 한 사람 강하고 또렷한 구체적인 메시지가 선포되며, 공동체를 위해서는 하느님이 사랑과 희망으로 우리를 마치 어린아이와 같이 부모님이 보살펴주는 듯한 위로와 희망, 그리고 용기 있는 메시지가 선포됩니다.

– 가양기도회의 소망을 말씀해주세요.

가양기도회는 30년 전 두 살배기 아기를 데려온 부모님이 현재도 매주 참석하고 있는데 그 당시 아이가 이제 어엿한 성악가가 되어 봉사하는 모습을 바라보며 흐뭇합니다. 전석신(젬마), 이정애(보나), 김선옥(루도비카), 탁정화(마리아) 김영자(젬마), 최미선(스텔라) 자매님 등 모두 30년 기도회를 이끌어온 산역사의 주인공들이지요.

우리 기도회가 이렇듯 작지만 아름다운 공동체를 이뤄가는 것은 무엇보다 보이지 않는 곳에서 수십 년 동안 봉사한 분들 덕분이라 봅니다. 이종진(세례자 요한) 부회장님, 김은숙(마리아) 총무님 비가 오나 눈이 오나 무엇하나 바라지 않고 온몸과 마음을 공동체에 바쳐 오신 그리고 순수하고 아름다운 기도회로 승화시킨 찬양팀과 율동팀의 헌신적 봉사에도 감사드립니다.

무엇보다 올해 작은예수회 30주년을 맞아 갖은 시련 속에도 그리스도의 희생을 몸소 체험하고 계신 박성구 신부님께 영육 간 건강하심을 가양기도회 가족들과 함께 기도드립니다.

하느님사랑방으로의 초대

추차연 세레나

예수님께서 성가정으로 축복해주신 저희 가정에 장부 이정일(요셉), 추차연
(세레나), 남자아이 이영호(요셉), 이영훈(보니파시오), 이영근(루카), 아버
지의 자녀입니다. 감사, 찬미와 영광을 드립니다.

저는 본당에서 레지오 단원이었으며 봉사활동을 열심히 하였습니다. 저
의 못난 탓으로 장미꽃 한 송이 이슬 맺힌 꽃봉오리처럼, 마음의 문이 좀처
럼 열리지 않았으며 남편 이 요셉은 심장이 안 좋은 관계로 계단을 3칸 이
상 밟을 수가 없었고 점점 건강상태가 안 좋은 시점에서 평화방송 TV를 보
게 되어 박성구 예수마리아요셉 사제님을 뵙게 되었으며, '작은예수회 172
하느님사랑방'으로 오게 된 것을 큰 영광으로 생각합니다.

사제님께서 5천만 만민을 변화시켜 70억을 놓고 기도하시는 모습에 저희
마음을 사로잡으시는 예수님께 감사드립니다. 매일 성령께서 임하시는 축
제미사로 인하여 감동을 시켜주신 예수님을 사랑합니다.

그 기쁨은 성령께서 주신 이 요셉 남편에게 그때그때마다 체험하게 해

주시며 건강을 치유해 주셨으며 영의 삶으로 저의 가족들을 변화시켜 이슬 맺힌 봉오리가 활짝 핀 백합꽃이 되었음을 예수님께 감사드립니다.

사제님의 영성이 길잡이가 되어서 '예수와 함께 삶의 기쁨을' 다 같이 함께 잘살 수 있도록 이끌어가시는 가난한 이들을 위해서, 부르심을 받아 항상 최선을 다하여 물 위에서 걸어가시는 사제님의 모습, 저희들이 뵈올 때 예수님의 맥을 이어 살아가시는 그 모습이 바로 닮으신 예수님의 상처를 연상시켜 저희들 마음에 들어오신 예수님을 영광 떨치게 해주셨고 믿음과 희망을 끊이지 않게 해주셨음에 감사드립니다.

예수님!

저희들에게 건강을 주셨음을 감사드립니다. 저 세레나는 전례봉사를 하고 있습니다.

작은예수회 최초 그룹홈, 성남공동체

박춘자 데레사

국내 최초인 장애인 그룹홈 역사는 1989년 1월 '성남 작은예수의집' 개설로 시작되었습니다.

당시에는 장애인들이 바깥세상 구경하기도 어려웠고 집에 있어도 맏사위가 온다거나 외부인들이 온다 해도 자식을 방에 가둬놓고 밖에 얼씬도 못하게 하던 가슴 아픈 시절이 있었지요. 불과 30년 전 얘기입니다.

그때 박성구 신부님의 우렁찬 목소리가 쟁쟁합니다. "방 안에 움크려 있는 장애인들을 모두 데리고 나오세요!"

그래서 여기저기 수소문해 장애인들을 데리고 함께 삶의 기쁨을 역사를 이루게 된 지 수십 년이 지났지만 늘 우리 자녀들의 행복한 모습에 든든합니다.

예전엔 20여 명이 함께 살던 대식구로 마당도 널직해 닭도 키워 해먹이고 보약도 달여 먹이는 등 친자식 이상으로 보듬으며 지냈습니다. 그래서인지 당시 10대 처녀들이 이제 환갑을 바라보는 나이에도 떠나질 않고 성남

공동체를 지키고 있답니다.

30대 중반에 혼자 몸이 된 저(현재 87세)는 1975년 6월 서울의 상왕십리 집이 철거되면서 성남시 은행동 달동네로 이주한 뒤 공사장, 식당, 천막 노점상, 음식점 등 안 해본 것이 없습니다.

특히 21년간 성남에 살면서 부모조차 보살필 수 없는 중증장애인들의 공동체인 작은예수의집을 매주 찾아 위로하면서 세들어 살던 장애인들의 집이 전세값이 너무 올라 옮길 곳이 마땅치 않아 제 자신 살고 있던 집을 제공했습니다.

정신지체자들을 돌보는 박성구 신부님의 헌신적인 사랑에 감명을 받게 된 것이지요. 하느님이 제게 부지런함을 통해 재산을 거저 주셨으니 저도 거저 준 것뿐입니다.

그리고 제가 모진 고생을 체험했으므로 이들 정신지체장애인들이 겪는 고통을 너무나 잘 알고 있기 때문이었습니다.

요즘엔 현리 작은예수회 마을에 머물면서 한 달에 한 번 성남 작은예수의집(하대원동 110-8)을 방문해 장애인들과 나눌 때가 행복합니다.

이제 하느님 나라에 갈 준비를 하면서 박 신부님이 입이 닳도록 말씀하신 "너희가 내 형제들인 가장 작은 이들 가운데 한 사람에게 해준 것이 바로 나에게 해준 것이다"(마태오 25,40)라는 주님의 거룩한 사명, 저의 생명 끝날까지 마칠까 합니다. 고맙습니다, 주님!

일어나라, 깨어나라!

경춘옥 아녜스

나는 오직 봉 부제님 사제 서품에 대한 지향을 두고 밤마다 혼자서 철야를 하고 아침에는 서울로 오가는 이 생활을 일 년을 넘게 했다. 그러다 실버타운에 5시 50분 미사가 생겨서 미사를 하다 보니 문제가 생기는 것이다. 성전에서 생활하다 보니 씻을 데가 없다. 마침 작은예수회 초창기에 봉사하셨던 조 마리아 할머니가 실버타운에 계셔서 그분 방에서 세면을 했는데 또 문제가 생긴 것이다. 외부 사람이 세면기를 사용하면 안 된다는 것이다. 내가 이렇게 사는 것을 자녀들이 알고 자기 아버지께 엄마를 저렇게 고생시키는 것이 자녀의 도리가 아니라고 하면서 엄마에게 방을 마련해주겠다고 하니 남편이 내가 있는데 왜 내가 너희들에게 부담을 주느냐며 결국 남편이 방을 구해주었다.

씻고 잠자는 문제는 해결되었는데 문제는 철야를 어디에서 하느냐? 요한 성전이냐? 실버타운 성전이냐? 아니면 경당이냐? 요한 성전은 한참 내려가고 실버타운 성전은 조용조용해야 하고 조용조용하다 보면 잠만 잘 것 같고 그래서 경당으로 정했다. 경당에서 날마다 철야를 하는데 봄에도 밤이 되면 추운 곳이 그곳이다.

서울에서 저녁밥을 해서 남편과 먹고 일반 버스를 타고 현리에 와서 현리에서 택시 타고 작은예수 마을로 와서 경당에 밤 11시에 들어가서 새벽 2시에 내려와 잠을 자고 새벽미사 하고 서울로 가서 일 보고 저녁에는 현리로 와서 밤마다 경당에서 성가 부르고 성경 읽고 묵주기도 드리며 실버타운에 내려와 잠깐 잠을 자고 미사 드리고 서울 가고 반복으로 하다 보니 꾀가 나는 것이다. 잠깐 실버타운 방에서 누웠다 일어나서 경당에 가 기도해야지 하고 누웠는데 잠이 들었다. 꿈인지 생시인지 '일어나라! 일어나라! 깨어나라! 깨어나라!' 하는 소리가 들린다. 그럼 또 벌떡 일어나 경당에 가서 성가 부르고 영가 부르고 성경 읽고 묵주기도 드리고 실버타운으로 온다. 정말 추운 겨울에는 너무도 추워서 가기 싫을 때도 많다. 그러나 어쩌겠는가. 주님의 뜻인 걸.

봉 부제님의 사제서품을 지향 두고 기도하지만 나는 기도만 하는 것이 아니다. 나의 의지와 상관없이 잠에 빠지는 수도 있다. 그러다 보면 꿈도 꾼다. 꿈에 예수님께서 바바리코트를 입고 오셨다. 얼굴은 내 죽은 손위 오빠 고등학교 때 얼굴이며 꿈은 예수님이시다. 나를 사랑한다고 꼭 안아주시며 입을 맞추어주신다. 나도 사랑한다며 입을 맞추며 포옹을 하니 뼈와 가죽만 있는 예수님의 몸이시다. 너무 불쌍했다. 다시 예수님을 바라보니 칼라 왼쪽이 안으로 접혀 있다. 칼라를 내가 손으로 펴다보니 예수님은 간데없으시고 나는 졸고 있었다. 이것이 내가 혼자서 상설 철야하면서 체험한 것이다.

그 후에 하느님께서 내 기도를 들어주셔서 상설 철야하는 기도협조자를 보내주셔서 같이 기도하다 지금은 작은예수 마을에서 사십철야 중이다. 사십철야가 끝나면 기도협조자 마르첼리나와 나는 계속 상설 철야를 할 것이다. 봉 부제님을 위해 기도했지만 하느님의 은총은 내가 받았다.

사랑과 믿음으로 성화되는 재속회원

김경선 율리안나

"가장 보잘것없는 이에게 해준 것이 곧 나에게 해준 것이다."

길이요 진리이신 예수님의 말씀으로 살아가는 재속3회원들은 참으로 주님의 사랑과 성령의 힘으로 살며 주님의 부르심을 받아 평신도로서 수도자의 삶으로 살아가는 신앙인입니다.

성무일도를 비롯하여 성경 말씀과 기도생활과 가장 힘들고 소외당한 이들과 함께 삶의 기쁨을 누리며 행동으로 실천하며 살기를 노력합니다. 때로는 힘이 들고 어렵고 지칠 때도 있지만 예수님의 십자가 사랑을 생각하며 우리의 삶이 십자가의 예수님 발자취를 따라 살기를 원하며 기도에 전념합니다.

총원장 신부님의 영성을 따라, 대속물 영성과 기도생활의 원숙을 기하며 사회와 가정 안에서 고통 받고 소외된 이들에 대한 생명 나눔의 실천에 적극적으로 참여하며 생활화하도록 살며 또한 복음삼덕으로 살기를 바랍니다. 작은예수 영성을 따라 살며 기쁜 마음으로 살기를 작정하였습니다.

나의 사랑이신 예수님!

당신을 사랑합니다. 그리고 믿습니다. 이제는 내가 사는 것이 아니고 예수 그리스도의 믿음으로 나의 마음을 바치며 행복과 평화와 사랑으로 내 영혼 주님께 고백하며 살기를 원합니다.

"내 말을 지키는 이는 영원히 죽음을 보지 않을 것이다."(요한 8, 51)

습관적 방식들에 묶여 자신의 삶을 더욱 생생하게 살 기회를 놓치곤 합니다. 진정 빛나고 생기 있게 사는 삶이 무엇인지 깊이 깨달아 영으로, 영으로, 영으로, 영영토록 죽음을 보지 않고 나의 존재 자체가 영 안에서 살기를 바랍니다.

재속회원들의 삶은 하느님께서 보증해 주심을 체험합니다.

재속회 부회장님께서 암으로 투병생활을 하시면서 온전히 하느님께 위탁하며 기도의 끈을 놓지 않았습니다. 찬미와 감사 안에 하루하루를 성가정을 이루며 하느님 안에서 성인의 삶을 살아가려고 노력했습니다. 자녀들도 하느님 자녀로서 이들은 사목회장, 며느리는 총구역장, 딸은 말씀강사로 봉사했습니다. 늘 기도의 힘과 재속3회원임을 가장 큰 기쁨으로 사시다가 선종을 하셨습니다.

선종하실 때에도 자녀들, 손자들, 모두 안수로 복을 담아 주는 기도를 하시고 마지막에 성가를 불러달라고 하시어 성가를 들으시면서 선종을 하셨습니다. 참으로 재속회원의 평신도로 수도자의 삶을 충실하시다가 선종하셨습니다.

그뿐만이 아닙니다. 재속회원님들의 가정의 성화 그리고 평화가 각 가정에 이뤄지며 어려움 가운데에서 하느님의 충성스런 종의 역할을 잘하는 모습을 볼 때 하느님께 감사드립니다.

또한 저의 가정에도 저의 자부가 불교신자였지만 가족들의 기도로 말미암아 성당에 입교하여 열심히 교리를 마치고 이번 부활절에 영세를 받게 되었습니다. 하느님께 감사 드리며 가문의 영광으로 생각합니다.

하느님의 영광을 드러내는 많은 일들이 있습니다. 저는 친정어머니께서 자녀들이 재속회원이 되는 것이라고 말씀하시면서 성모님과 예수님의 사랑 안에서 기쁨으로 선종하셨습니다. 어머니의 유언에 따라 저의 형제 세 명이 재속회원입니다. 저의 어머니께서 하늘나라에서 기뻐하시며 기도를 많이 하심을 느낍니다.

LA에서 온 편지

김윤희 소화데레사 수녀

찬미예수님!

저는 작은예수회 LA분원장으로 2012년 6월 11일에 파견되어 현재 2명의 지적장애식구와 함께 생활하고 있는 김윤희 소화데레사 수녀입니다.

무엇 하나 뛰어나거나 잘하는 것이 없는 저에게 두 번씩이나 기회를 주신 주님과 신부님, 작은예수 회원들의 특별한 은총에 감사드립니다.

작은예수회는 주보에 나온 "함께 삶의 기쁨을"이란 슬로건이 마음에 와 닿아 들어오게 되었습니다. 그리고 브라질 공동체에서 봉사활동 중에 신부님의 권유로 들어오게 되었습니다.

주어지는 일마다 제겐 너무 벅찬 일들이었지만, 무난히 해낼 수 있었던 것은 주님의 도우심이 있었기에 할 수 있었던 일들이었습니다. 현재 몸담고 있는 미국에서도 하루하루가 기적 같은 나날들을 체험하며 살고 있습니다.

작은 일에 성실하라는 박성구 신부님의 말씀과 같이 큰 목표는 없지만 주어지는 일들, 예를 들어 매일기도, 식구들과의 즐거운 시간들, 찾아오는 신자들과의 행복한 나눔 등에 충실하고자 합니다.

저를 주관하시는 주님과 함께 삶의 기쁨을 나며, 그분께서 저에게 허락한 우리 LA 공동체식구들, 미국에 거주하고 계시는 교민들과 힘께 삶의 기쁨을 나누며 낯선 타지에서 살아가고 있습니다.

끝으로 작은예수님들 사랑합니다.

중국에서 온 편지

양정 루시아 수녀

찬미예수님!

저는 철령에 있는 양정 루시아 중국 수녀입니다. 저는 2005년 11월 14일 김페헌 주교님께 서원을 받고 수녀가 되었습니다. 이후 한국으로 건너와 능동 본원, 성남, 대구, 구의, 불광, 거제 공동체에 있으면서 생활을 하다 2009년에 중국으로 건너가 철령 복리원에서 일하고 있습니다.

작은예수회의 대단한 영성을 깨치고 신부님의 정신에 따라 살아가는 삶 안에서 실제적으로 노력하고 있습니다.

본당 신부님께서 안 계시기 때문에 제가 대신 양로원 원장을 하고 있다가 작년 10월에 새로운 본당 신부님이 오셔서 상무원장으로 임명 받았습니다. 저는 어르신들의 일생 생활을 챙겨주고 배려해주며 잘 살아가고 있습니다.

천국의 행복

김대만 요한 광주 작은예수의집 장애인 생활시설 원장

찬미예수님!

제가 작은예수회에 입회한 지는 22년이 되었습니다. 22년 동안 참 많은 일들이 있었습니다. 제가 처음 입회할 때에는 장애 식구로 입회했다가 봉헌자가 되었고, 또 수도자도 되었습니다. 그러나 지금은 아무런 타이틀도 없이 그냥 이곳 광주 작은예수의집에서 17년째 우리 식구들과 직원들하고 우리 시설을 도와주신 은인들과 함께 삶의 기쁨을 나누면서 살고 있습니다.

이곳에서 지내는 17년 동안 엄청나게 힘이 들 때도 많았고, 때로는 억울하고 치사할 때도, 무시당하고 심지어는 저한테 욕을 하는 사람들도 많았습니다. 또 두려운 일들도 많았습니다. 너무 억울하고 치사해서 화가 나서 아무도 없는 곳에 가서 혼자 울기도 많이 했습니다.

그러나 그럴 때마다 단 한 번도 저는 좌절하지 않고, 오히려 마음 한구석에서 어두운 새벽에 빛이 밝아오듯이 희망과 용기가 서서히 생기는 것을 느꼈습니다. 모든 것을 내려놓고 시련이 올 때마다 좌절하지 않고 희망으로 승화시키는 그 속에는 불멸의 영으로 살았기 때문에 저의 삶 속에는 절망이라는 말은 모르고 기쁜 마음으로 즐겁게 살아왔습니다.

만약에 불멸의 영으로 사는 것을 몰랐다면 저의 삶은 신의 저주를 받았다고 생각하면서 삶을 포기했을지도 모릅니다. 인간적으로는 불멸의 영으로 산다는 것은 분명히 손해 보는 삶이고, 한마디로 말을 하면 참 바보 같은 삶입니다.

우리 인간들은 조금이라도 더 잘난 체 하려고 하고 좀더 많이 가지고 싶어 합니다. 그러나 불멸의 영으로 사는 사람은 오히려 인간적인 욕심으로 가득 찬 사람들을 불쌍하게 여기고 그런 사람들을 위해서 기도를 할 수 있는 마음의 여유를 가지고 살아갑니다. 그런 삶이 곧 진정한 행복이라고 생각합니다.

여러분들도 인간적인 욕심은 조금만 내려놓고 하느님께 모든 것을 맡기고 간곡히 의지하면서 불멸의 영으로 살아보세요. 불멸의 영으로 산다는 그 자체가 천상의 행복을 누리는 것입니다. 하느님께서는 우리 모든 인간들을 사랑하시어 천상의 행복을 누리기를 간절히 원하고 있습니다.

사랑

권순기 사도요한 ^{작은예수회 고문}

사랑. 사랑이란 과연 무엇일까요? 사랑이라는 말을 국어사전에 찾아보면 상대에 매력에 끌려 열렬하게 그리워하거나 좋아하는 마음 외에 남을 돕고 이해하는 마음이라고 쓰여있던 기억이 납니다. 사랑을 안다는 것은 결국 사랑을 한다는 것이고, 사랑을 한다는 것은 곧 나누는 것이라는 걸 알게 된 지 제 나이 일흔 살이 넘어서야 새삼 사랑에 대한 것을 느끼게 되었습니다. 결국 나누는 것이 사랑임을 사랑하지 않는 사람은 잘 모릅니다. 하느님을 사랑하지 않는 사람이 하느님이 우리를 사랑하신다는 것을 모르는 것처럼, 사랑을 하지 않는 사람이 사랑을 나누기란 무척 어려운 과제입니다.

사랑이라는 것은 사랑을 받는 것이 아니라 주는 것입니다. 사랑을 나눌 때 그 나눔이 내가 사랑을 받는 것이기 때문입니다. 하느님을 사랑하고, 이웃을 사랑하고, 원수도 사랑한다는 것은, 바로 나 자신을 사랑하는 것이고, 내가 모두의 사랑 안에 산다는 것을 의미한다는 것을 새삼 느껴봅니다.

어느 시골 늦은 밤길, 돌아오는 아이를 위해 어머니가 호롱불을 들고 논

두렁길을 따라 마중을 나갑니다. 등불이 필요한 사람은 아이이기도 하지만, 한편으로는 등불을 들고 가는 어머니도 불빛의 덕을 보고 있습니다. 사랑나눔이란 바로 나눠주고 도와주는 사람이 더 덕을 보는 애덕입니다. 나눠주는 내가 손해를 보는 것 같고 받는 사람은 그 사랑을 깨닫지 못할 때도 많지만, 내가 보상을 바라지 않고 아낌없이 나누는 것이 진정한 사랑의 실천입니다. 결국 나누는 것은 생명이고, 그것은 점점 어둠을 비추는 큰 빛이 될 것입니다. 작은예수회는 이렇게 30년을 사랑나눔을 행하며 소외되고 가난한 이들에게 많은 성금을 나누었습니다. 그리고 이 사랑나눔으로 통하여 20만 작은예수 사랑나눔 가족들이 더 큰 사랑을 받게 되었습니다. 사랑나눔 회원님들을 만날 때마다 정성껏 성금을 보내면서도 겸손하게 감사하는 모습을 볼 때, 진정 사랑은 받는 것이 아니라 주는 것이라는 사실을 알게 되고 감사하게 됩니다. 사랑나눔이야말로 하느님의 사랑 안에서 살게 하는 가장 좋은 방법입니다. 하느님은 사랑 그 자체이시기 때문입니다.

봄 기운이 왕성한 3월에 이 글을 쓰고 있습니다. 이 아름다운 절기 한가운데 있는 것만으로도 즐겁고 신이 납니다. 생기 왕성한 이 계절에 역설적으로 죽음에 대해 생각해봅니다. 사실 죽음은 살아가는 동안에도 쉼 없이 진행되고 있습니다. 어느 누구든지 간에 죽음을 비켜갈 수는 없습니다. 보봐르는 '인간은 모두 죽는다'라는 제목의 작품을 남겼고, 체홉은 "인간은 태어나서 고뇌하다가 마침내 죽는다"라고 말한 바 있습니다. 말하자면 삶은 곧 죽음을 의미한다는 것입니다. 죽음은 이처럼 우리 인생에 있어 필연적인 것입니다. 절망과 좌절, 죄와 고뇌, 암담한 미래와 현실적인 고통 등 삶에 어두운 그림자가 드리워질 때 우리는 죽음을 간접적으로나마 경험하게 됩니다. 그러나 신앙인들은 죽음이 끝이 아님을, 종말이 아님을 알고 있습니다. 죽음의 문을 넘는 순간 영원한 생명이 있음을 예수 그리스도의 부활로 확신하고 있습니다.

또한 신앙인들은 예수 그리스도의 가르침에 따라 회개야말로 죽음으로부터 새롭고 영원한 생명으로 건너갈 수 있는 유일한 길임을 알고 있습니다. 아울러 이 회개는 일시적인 뉘우침이나 참회가 아니라 삶의 여정의 하나라는 것도 잘 알고 있습니다. 인간은 회개하는 존재가 될 때 비로소 구원을 얻게 되는 것입니다.

자신의 회개를 결정적으로 표현하는 방법은 바로 사랑나눔입니다. 자신이 소유하고 있는 일부를 떼어주는 자선이 아니라 몽땅 내어주는 사랑나눔이 바로 회개의 징표입니다. 사랑나눔은 남을 위한 자신의 선행이 아닙니다. 바로 자기 자신을 위한 선행입니다. 사랑나눔은 자신이 혹 죄를 지어 하느님의 은총을 잃고 불행해질 것에 대비해 미리 준비하고 마련해 놓은 영적인 보험과 같은 것입니다. 따라서 우리는 사랑나눔을 행할 때 과시하지 말고 부끄러워하며 사랑나눔을 받아들이는 이들에게 진정으로 감사해야 한다고 생각합니다. 사랑나눔은 진심으로 죄를 뉘우쳐 본 사람만이 할 수 있는 값지고 선택된 행위입니다.

이렇듯 사랑나눔이 그리스도인으로 우리를 성숙시켜주는 완전한 방법이라면 예수 그리스도를 닮아 작은예수가 되고자 노력하는 신앙인들은 반드시 사랑나눔을 실천해야 한다는 결론이 나옵니다. 사랑나눔은 우리를 가난하게 만들지 않습니다. 오히려 더욱더 부유하게 만듭니다. 왜냐하면 사랑나눔의 행위에는 항상 예수님께서 함께하시기 때문입니다. 그래서 교회에서는 곧잘 '나눔의 신비'라는 표현을 사용하고 있습니다.

작은예수로 살아가는 우리 신앙인들은 이 사랑나눔의 신비를 각박하고 혼탁한 시대를 깨우치게 하는 징표로 삼고 살아가야 예수와 함께 삶의 기쁨을 누리게 된다는 것을 많은 분들이 증거하였습니다. 작은예수회의 창립자이신 박성구 신부님께서는 "너희가 여기 있는 형제 중에 가장 보잘것없는 사람 하나에게 해준 것이 바로 나에게 해준 것이다"라는 마태오오 복음 25장 40절의 말씀처럼 장애인들과 함께 살면서 별 볼 일 없는 자들이 스타가 되도록 삶의 조력자로서 30년을 살아오셨습니다. 작은예수회의 아버지이신 김수환 추기경님께서는 가난한 자와 버림받은 자들을 위해 자신을 온전히 내어놓지 못했음에 바보라고 하셨고, 후에 추기경님의 뜻을 받드는 사람들이 바보의나눔이라는 재단을 세워 사랑나눔을 행하고 있습니다. 나눔의 대명사인 마더 데레사 수녀님은 "그대들의 손은 봉사에, 그대들의 가슴은 사랑에 내놓으십시오"라고 말씀하셨습니다.

하느님께서는 이 세상을 극진히 사랑하셔서 외아들을 보내주셨듯이 우리도 함께 더불어 사는 세상을 위해 여러분들의 이웃사랑을 간절히 원하고 있습니다. 우리는 하느님을 믿고 있기에 누구든지 멸망하지 않고 영원한 생명을 얻게 될 것이라는 사실을 세상에 선포해왔음을 믿어 의심치 않습니다. 그래서 지금까지 작은예수인으로서 어려운 이웃들과 사랑나눔으로 열심히 달려온 여러분께 힘찬 박수를 보내드립니다!

여러분의 사랑으로 많은 형제자매들이 주님을 발견하며 참된 기쁨을 누리게 되었고, 작은예수회의 30년을 이끌었습니다. 작은예수회의 사랑나눔 운동을 이끌었던 저로서는 감회가 남다르게 남아있습니다. 저는 여기서 그치지 않고 요원의 불길처럼 사랑나눔 운동을 더욱더 번져갈 수 있도록 노력할 것입니다.

지금까지 7천4백만 배달 한민족을 변화시키고 70억 인류를 변화시키는 작은예수회로 더욱더 커지기까지 회원 한 사람 한 사람 사랑나눔의 노력과 결실이 있었습니다. 작은예수회원으로 30년을 걸어온 길에 영원한 한국인, 아름다운 한국인, 긍지의 한국인, 한반도에 쏟아지는 빗줄기로, 영의 태양, 영의 바다, 영의 산을 사는 노래하는 십자가 사람들로 가득찰 것입니다. 그리하여 삶이 끝날 때 우리는 하느님께 사랑으로 심판받게 될 것입니다.

천국의 모습

나 말가리다 <small>작은예수회 성령쇄신봉사회 대구지역 봉사자</small>

작은예수회 30주년 진심으로 축하드립니다. 하느님, 성모님, 요셉성인, 천군천사님, 모든 성인성녀님들께 무한 감사드립니다.

작은예수회는 제가 여러 가지 고통 속에서 주님을 만나 새롭게 살아보려고 하는 중에 주보를 보고 혼자 피정에 와서 은혜 받은 이후 계속 오게 되어 봉사하게 되었습니다.

그 여러 가지 고통이란 레지오 봉사활동 등을 하며 작은 아파트에서 평범하게 살았는데 그 옆 공사로 인해 우리집에 균열이 가서 항의 시위하다가 또 재건축 등 큰 사건 속에서 병이 생기고 자녀문제, 남편과 시댁, 친정 가족문제 등 고통 속에서 살았고, 하루하루가 지옥 같았습니다. 지금은 몸(시위로 어깨 다침, 신경성 만성 위염, 자궁혹 등)과 마음 깨끗이 치유 받아 나날이 좋아졌고 환경도 좋아지고 부자로 만들어 주셨습니다.

저는 시위하고 계시는 신부님, 장애인들을 보면서 많이 공감이 되고 함께 기도하며, 수도회 갈등, 주교님들과의 갈등, 권력자들의 횡포 등 모든 것에 기도의 은총이 내려 주님의 큰 영광, 작은예수회 큰 발전이 있으리라 믿습니다.

봉사하면서 박 신부님 말씀이 "주님은 '스릴'과 '서스펜스'"라고 하셨는데 정답이다 생각합니다. 생각지도 않았는데 어려운 고비마다 저를 통하여 큰돈을 봉헌하게 권유하면 이루어주셨고 또 그분들이 봉헌하면서 은총을 받아 기쁘게 더 감사하는 모습을 보면서 놀라운 사랑을 체험했습니다. 또 매달 계속하여 아기들, 어린이들이 피정 오는 걸 보면서 밝은 미래와 하느님의 큰 뜻과 계획이 있으시리라 믿습니다.

부산에는 워낙 가까운 곳에 기도회, 피정지가 많아서 신자분들이 보통 거기로 가다가 가장 어렵고 힘든 때 마지막으로 작은예수회에 주로 오십니다. 오셔서 은총 받고 치유 받아서 감사하는 분들이 많아 또 놀라운 사랑을 체험합니다. 이 부족하고 못난 죄인이 축복의 통로가 되고 도구가 되니 너무 놀랍고 감사할 뿐입니다.

저의 소망은 별처럼 빛나며 아름답게 생활하고 계시는 신부님, 장애우들이 더욱 큰 별로서 반짝이길 소망하며, 내 친구 글라라가 점점 장애가 심해지는 걸 보면서 부산에도 장애인 공동체가 있었으면 합니다.

점점 세속화되고 영이 죽어가고 있는데도 모르는 걸 보면서 안타깝고 불쌍해서 더욱 간절히 기도하며 영의 치유 종합병원 작은예수회 피정센터가 새롭게 발전하길 소망합니다.

2월 피정 마치고 가면서 영가와 영의 노래 부르며 '영소리제' 때를 생각했습니다. 그때 연습하면서 힘들었지만 기쁘고 행복했으며 사람들이 '부산팀은 천국의 모습'이라 했습니다. 남녀노소, 장애인, 비장애인들이 어울려 영가와 영의 노래로 하느님께 감사 찬양 드리는 모습이 천국 같다고 했습니다. 오늘도 하하하 하하하 크게 웃고 떡도 나누어 먹고 예수님 사랑 체험 얘기도 나누고 하니 벌써 부산에 왔네요. 헤어지려니 너무 섭섭해 안아주고 악수하면서 다음 달에 또 만나길 기다립니다. 또다시 천국잔치와 천국여행을 마치니 정말 지상 천국이었구나 하고 진하게 감동했습니다.

저 개인적으로는 사소한 일상 속에서 날마다 '숨은 그림 찾기' 퍼즐같이 숨은 사랑을 깨닫고 감사하면서 영가와 영춤을 추며 기쁘게 살아갑니다. 세세하게 세밀하게 예비하셔서 돌보아주시는 친구며 아버지시니 계속 사랑해요, 감사합니다, 속삭이며 얘기해요. 그러면 온갖 것을 다해주시고 특별히 가족여행, 외국여행 등 추진하셔서 보내주시니 더욱더 천국의 기쁨을 누리며 살아요.

다른 형제자매님들도 작은예수회에 와서 예수님 만나 뜨겁게 사랑을 나누고 지상 천국에 살고 그 기쁨을 누리다가 바로 천상 천국 갔으면 합니다.

하느님, 성모님, 요셉성인, 천군천사님, 모든 성인성녀님들께 감사드립니다. 작은예수회 신부님, 장애우들, 수사님, 수녀님, 후원회원님, 봉사자들께 진심으로 감사드리며 사랑합니다.

30주년 준비하시느라 수고하시는 모든 분들께 감사드립니다.

전대식 프란치스코 수석편찬위원님께도 진심으로 감사드립니다.

노래하는 십자가

신상옥 안드레아 ^{작은예수회 영소리방송 공동대표, 작은예수회 음악감독}

찬미예수님! 하느님의 사랑을 독자들과 함께 나누는 기쁨에 행복합니다!

저는 2000년 대희년에 작은예수회 박성구 예수마리아요셉 총원장 신부님으로부터 부르심을 받고 여기까지 오게 되었습니다.

찬미선교사로서 생활성가가수로서 활동하던 중 박성구 신부님과 수도자, 수녀님들과 함께, 영의 노래 1집 〈노래하는 십자가〉 〈주님은 나의 별〉을 시작으로, 2집 〈주님은 눈부신 장미〉, 3집 〈여보게나 세례 받았어〉, 4집 〈야! 살맛 나는 세상이야〉, 5집 〈청풍명월 연가〉 등 회원들이 사랑하는 앨범을 발표하여 함께 부르게 되었고 더불어 작은예수회 성령기도회 고영희 부회장님과 함께 목요 찬양미사, 금요 철야미사, 현리 월말피정, 둘로찬양 감사제, 천주교 본당 순회 음악회 등을 개최하여 지금까지 14년 동안 주님의 사랑 속에 행복하게 해오고 있습니다.

이 모든 것 자체가 추억이요, 보람이며, 희로애락을 이곳 작은예수회 사람들과 함께함에 비록 떠난 사람들도 있으나 그분들도 각자의 자리에서 성령의 사람들로 거듭나 지도자로서 활약하시는 모습을 주님께 감사를 드리고 있습니다.

오늘의 작은예수회가 여러가지로 어려움이 있는 이유는 우리 모두가 조금씩 박성구 신부님을 믿고 따라야 했는데 각자의 믿음 부족으로 큰 어려움을 자초한 것은 아쉬움으로 남습니다.

그러나 오늘의 작은예수회 사람들이 믿음을 가지고 주님의 영광을 떨친다면 하느님은 우리 안에서 우리에게 알맞고 한국교회에 필요한 은총을 내리리라 저는 믿습니다. 아멘!

요즘 저는 박성구 신부님과 교회의 쇄신과 정치인들의 복지정의의 회복을 위한 시위에서 신부님과 요셉의집 장애인들의 대 활약상을 취재하는 저의 모습에서 '함께 삶의 기쁨을' 누리고 있습니다.

진정 박성구 신부님이 원하셨던 일, 교회와 세상에 주님의 정의를 외치는 것, 빛나는 영적 육적 하늘의 사업에 저를 세워주심에 감사합니다.

끝으로 저를 부르시고 보내시고 사랑해주시고 찬양케 하시는 주님께 감사드립니다. 주님은 저에게 좋은 곳에만 보내주시지 않고 어려운 곳, 주님의 손길이 필요한 곳에 저를 보내신다는 것을 이제는 알아갑니다. 정말로 주님의 원하는 곳에 서 있는 것, 이것이 제가 바라는 마지막 바람입니다.

다시 한 번 작은예수회 30년 기념문집 편찬위원회 위원 여러분들께 감사와 축하를 드리며, 늘 하느님의 사랑이 작은예수회원님들 모두에게 가득하기를 기도합니다 아멘.

함께 살아가는 삶의 기쁨을

권오은 임마누엘 요셉의집 사무국장

어릴 적 『상록수』를 읽고부터 농촌의 어려운 사람들을 위해 봉사하는 삶을 꿈꾸었다. 그래서인지는 몰라도 늘 봉사활동에 관심이 많았었다. 고등학교 여름방학 때마다 농촌봉사활동을 빼놓지 않고 참여했던 이력을 늘 가슴에 담고 살아왔다. 봉사활동을 마치고 돌아오는 그날의 보람은 세상 어느 것과도 바꿀 수 없는 아주 고귀한 나의 자산이었다. 사람들은 '나 먹고 살기도 힘이 드는데 썩어빠진 봉사활동이라니' 하고 나의 진심을 의심하는 말들을 한다. 그때마다 나는 그런 늘 부담을 안고 살아왔지만 언젠가는, 언젠가는 나는 그곳으로 가야 하고 그들과 같은 세상에서 그들과 다를 바 없는 인간 근본의 자유와 기쁨 그리고 슬픔을 함께하는 삶을 동행하고픈 나의 내면은 진정으로 속일 수가 없었다.

그 후 가정의 가장으로서 직장생활의 책임자로서 나의 가슴속에 깊숙했던 꿈은 접어둘 수밖에 없었다. 그러던 어느 날 내 속에 잠재되어 있던 글을 쓰게 되면서, 시인으로, 수필가로, 아동문학가로 등단을 하면서, 더욱더 소외되고 어려운 사람들 그리고 약한 자들을 위한 글을 쓰게 되었다. 또한 내게 글을 지도해 주신 김우종 교수님의 참여문학의 기본정신이 내 사상과 같았고 교수님으로부터 자연스럽게 터득한 지식의 바탕은 이들의 편에 선, 정의를 위한 투쟁의 열정은 가득 차오르기 시작하였고 그들을 위한 봉사활동에 더욱더 관심을 갖게 하는 밑거름이 되었다.

지인의 요청으로 퇴직 후 해외무역을 하던 차에 국내에 들어와 가끔 요양원에서 봉사활동을 시작하였고 이때부터 장애인과 요양원의 어르신들과 함께하는 시간이 늘어나기 시작하였다. 또한 이들과 함께하기 위해서는 더 많은 공부를 해야 하였기에, 더 많은 시간을 이들과 보냈고 이들의 편에서 이들을 위한 일을 하기 위하여 요양보호사, 사회복지사, 미술심리치료사, 가스안전관리자, 자격증을 취득하고 치매예방치료에 관련한 각종교육과 다문화가족복지사자격증 등을 취득하였다. 이러한 이론적 지식과 대학원에서 경영학을 전공한 것을 살리고 대기업에서 얻은 경영실무 지식들을 활용하여 요양원에서 경영컨설팅을 1년간 지도한 후 각종양식과 기준 그리고 어르신을 위한 구체적인 봉사활동을 시작으로 평생을 이들과 함께하길 결심하게 되었다. 현대사회에서 어쩔 수 없이 밀려난 이들은 너무나 소외되고 약한 자들이었다.

시대적 흐름에 어쩔 수 없는 노인들의 삶과 소외된 극빈층, 장애인들을 위한 일, 그리고 낙후된 복지시설의 경영개선이 필요한 곳에서 지니고 있는 나의 노하우를 마음껏 발휘할 수 있는 기회를 찾던 중 인터넷 구직란을 보고 종교 시설인 작은예수회의 복지시설을 찾아가 장애형제들을 먼저 만나게 되었다. 정말 순수하고 맑디맑고 해맑은 웃음과 정(情)은 처음부터 나의 가슴을 뜨겁게 만들었다. 다른 시설에서 실제 보아왔던 것과 느껴왔던 것과는 달리 감당하지 못할 정도의 그때의 가슴 뜀이 무엇이었을까? 지금도 알 수 없는 나의 결심은 나의 내면에 있는 정의와 사랑, 진리와 평화에 꼼짝없이 갇히게 되었다. 이 세상 어느 곳에서도 찾아볼 수 없는 자유와 정의 그리고 사랑이 충만한 천국이 어디에 또 있으랴!

이곳에서 근무하게 된 이후로 신부님의 정의로운 투쟁에 다시 한 번 경의를 표하지 않을 수 없었다. 제가 그토록 추구해오던 정의와 진리 사랑과 봉사, 소외되고 약한 자, 장애자와 일반인들의 누구나 함께 살아갈 권리가 있음을 주장해 오던 바, 작은예수회와 신부님의 영적인 지도하에 추구하는 목표가 어찌 이리 일치할까? 나 자신은 놀라지 않을 수 없었다. 그래, 이곳이다. 이들과 함께 살아가는 운명을 얻었음에 기쁨이 넘쳤다. 뿐만 아니라 그동안 비종교인으로서 종교에는 아주아주 부족한 저를 세례까지 해주심에 감사, 감사라고 몇 번이고 뇌에 새기고 또 새겼다.

막상 이곳에 와 살펴보니 무엇을 해야 하는지, 일을 하는 정도나 어떤 일을 어떻게 하는지 등에 대한 가장 기본적인 매뉴얼조차도 없고, 시설의 히스토리조차도 누구 하나 알려주는 사람이 없었다. 한주 한주 알 수 없는 시위와 식사의 연속은 도무지 내가 할 수 있는 일이 아니었다. 여기 가면 이곳에서 수군수군, 저기에 가면 모여서 남을 헐뜯는 얘기로 시시덕거리며 술을 먹고, 정말 알 수 없는 일들이 벌어지고 있었다. 사무실에는 제대로 갖춰진 서류 하나 없고, 컴퓨터의 하드에는 입력되어 있는 각종 문서조차도 없는 이런 시설은 천하에 단 한 곳, 이 시설밖에 없다고 생각되었다. 한편으론 그래도 여기까지 유지해온 그 자체가 신기했다.

일반적이고 상식적인 관점에서의 이런 시설이라면 벌써 부도가 나도 몇 번이나 부도가 날 수밖에 없는 상황이었다.

매주마다 몇 날 며칠을 꼬박 그냥, 그냥 보냈다. 그러던 어느 날 세례를 받고 신부님의 안수를 받을 때였다. 나는 신부님께서 내 머리 위를 두 손으로 얹을 때 내 등 뒤에서 누구인지도 모르는 사람의 손바닥에서 아주, 아주 또렷한 열 손가락의 그 뜨거움이 나의 등을 지글지글 태우고 말았다. 알 수가 없었다. 그저 "이게 뭐야? 이게 뭐지? 내가 눈을 감아서 그런가? 믿자. 그리고 또 믿자. 하느님 감사합니다 하고 외치자!" 혼자서 중얼중얼거렸다. 종교적으로는 잘 알지 못하지만 무슨 일이 있으면 어김없이 습관적으로 나는 "하느님 감사합니다" 하고 중얼거린다. 지금도….

이후 나는 사무실과 제2요셉의집 방에 흩어지고 짓이겨진 문서, 그리고 쓰레기통에 버려진 문서를 긴 탁자 위에 년도, 날짜별로 이어 정리해가며 요셉의집의 역사를 파악해가기 시작하였다. 중복된 인쇄 종이는 버리고, 버리고, 필요한 자료들은 모으고, 모아서 읽고 정리하고 요약하고를 수도 없이 반복하기 시작했다. 하루를 꼬박 세우고 또 세워도 끝이 없는 반복이었다. 낮이 되면 알아듣고 이해하지도 못하는 회의를 하고 또 내용 없는 시위에 참가하기를 수개월이 지나서야 대충 그 윤곽이 드러나기 시작하였다. 세계 어느 나라 어느 곳에서도 있을 수 없는 공무원들의 횡포와 도적질, 그것도 모자라 군수란 놈은 시설의 시설장인 신부님까지 고발을 하고 세상 어느 천지에도 볼 수 없는 은혜를 모르는 배은망덕한 망나니 수사들의 행각들에 의해 나의 분노가 폭발하기 시작하였다. 정의를 위한 투쟁의 시위, 그리고 스승의 은혜를 헌신짝처럼 버리고 도망간 망나니 수사들, 도저히 용납될 수 없는 정의가 불덩이처럼 솟아오르기 시작하였다.

　이때부터 내 속에서 잠을 자던 정의가 살아나기 시작하였다. 나쁜 공무원들, 망나니 수사들, 최고의 성직자들, 위정자들, 그들에게 진리라는 의미를 바로 세우기 위한 투쟁은 나를 지치지 않게 하였다. 낮과 밤의 구분 없이 2년간의 회계장부와 빠진 영수증을 찾아내고, 통장이 없는 것은 농협에 가서 통장의 내역서 2년 분량을 요구하고, 잃어버려 없는 영수증을 거래한 업소를 찾아다니고 정말 혼자서 만들어낼 수 없는, 앞에 보이지 않는 회계처리 작업은 시작되었고 이것이 먼저 완벽하게 되어야만 그 도도한 공무원 코를 납작하게 만들수 있다는 신념 하나뿐이었다. 내용인즉 군수 놈은 이것을 근거로 죄도 없는 신부님을 회계법상, 사회복지법상, 공금횡령의 죄를 붙여가며 시설의 패쇄 명령의 공문까지 보내고 시설장을 형사적 처벌을 하여 이를 근거로 시설장의 총원장의 자격을 없애려고 신부님을 고발까지 해 놓은 상태였다. 나쁜 놈들, 정말 나쁜 놈들!

　그래 할 테면 해봐라! 정의가 이기느냐 거짓이 이기느냐 보자구! 난 이를 악물고 일을 열심히 할 수밖에 없었다. 시위와 일 그리고 또 일은 계속되었고 고소 고발에 대응하는 글을 신부님의 지시를 받고 즉시 작성하여 공문으로 보내고 받고 시행을 하고 또 그때그때마다 시간과 환경은 절묘하게 떨어지고 이러한 일들이 반복되는 과정에서 난 이상한 느낌을 받게 되었다. 그렇게 잠을 자지 않아도 정신은 더 맑아지고, 안 될 것 같은, 생각이 나지 않던 글을 그 짧은 찰나에 막 쏟아내고, 정말 신기한 그 느낌은 나 혼자만이 느낄 수 있는 일이었는데 어떤 일을 해도 누군가가 나를 더 신이 나게 하였다.

이와 동시에 벌어진 망나니 수사들의 행각은 차마 눈을 뜨고 있을 수 없는 분노를 끓어오르게 하였다. 스승을 스승이라 하지 않고 은혜를 모르는 야화의 까치만도 못한 그들을 볼 때 그들과 이 나라 최고 성직자와 짜고 치는 고스톱의 시나리오는 더 참을 수 없는 일들이었다. 적이 아닌 적을 만들고 어쩔 수 없이 그들의 검은 그림자를 빛으로 영으로 부셔버리는 고독한 신부님의 시간은 곁에서 차마 볼 수 없는 드라마 같은 현실을 느끼게 되었다. 이 많은 일들을 감당하시면서 미사에 글에 또 정의를 위한 불같은 투쟁에 감탄, 감탄하지 않을 수 없었다. 깊은 밤, 낮에 못 다한 일을 하다가도 신부님 방을 건너 바라다보면 불은 켜져 있고 새벽이 되면 미사를 하시고 도저히 이해할 수 없는 그 신념과 끈기. 정말 시시한 신부님이 아니신 대단한 우리 신부님!

시간은 약이 되기 시작하였다. 까마득한 일이 하나하나 눈에 보이기 시작했다. 사무실에는 온갖 문서가 멋지게 정리되고 컴퓨터에는 온갖 양식들이 쌓이게 되고 마치 부자가 된 기분이었다. 이제 이런 나쁜 공무원들 다시 올 테면 오라! 본때를 보여주마. 휴….

"신부님, 이제 큰소리 치셔도 됩니다."

"수고했어."

"예, 신부님. 이젠 그놈들과 당당히 싸워도 한낱 밀릴 게 없습니다. 당당하게 싸울 수 있습니다."

경찰서 조사과정에서도, 의정부 검찰청에서도 신부님과 난 너무도 당당하였고 정의가 이길 수 있다는 신념으로 넘쳐났다.

고발된 사건은 우리 시위대와 신부님의 일인시위가 빛을 보게 되었다.

이진용 군수 놈이 그렇게도 당당하게 굴던 고발사건이 모두 증거 없음의 무죄가 결정되었다는 공문과 더불어 검사님으로부터 더 도와줄 수 없어서 미안하다는 말을 유선으로 들었을 때는 일생에 이런 큰 보람이 어디에 또 있으랴! 못된 수작과 거짓은 분명 참이 될 수 없음을 증명해 주신 하느님께 감사, 감사드린다.

신부님께서 가평군수를 고소한 건은, 가평경찰서에서 단 3일 만에 의정부검찰청에 송치하는 어처구니가 없는 가평경찰서장은, 아직까지 양심이 없는 국민의 부러진 민중의 지팡이를 잡고 흔들고 있는 경찰과 국민의 소리를 국민의 제안으로 올린 국가권익위원회의 부당한 지연처리에 대하여 규탄하는 시위는 계속되고 있다. 이런 기득권 세력의 권력 앞에 절대로 굴하지 않은 시위대에 대하여서도 다시 한 번 감사, 감사드린다. 국민의 소리를 제대로 귀담아 듣지 못하는 이들을 보면 더욱 이 나라의 슬픔을 참을 수 없다. 정의를 위한 시위는 계속된 것이기에 이 또한 보람이 아니겠는가!

종교에 대하여 잘 모르던 특히, 천주교에 대하여서는 아주 모르던 나로서는 오직 매스컴에서만 보아왔던 최고성직자들은 정말 존경해왔던 터라 이들은 진정 일반인들보다는 더 훌륭한 양심과 진실이 넘치는 줄만 알았었다. 그런데 그런 최고의 성직자들의 양심은 이번 작은예수회 수사들의 사건을 처리하는 수준과 능력을 볼 때 크게 실망하지 않을 수 없다. 스승을 스승이라 여기지 않고 은혜를 저버리는 망나니 수사들과 놀아나는 그들에게 너무나 실망하지 않을 수가 없다. 이러한 잘못된 처리에 대하여 당당히 맞서는 우리 신부님! 정말 대단하신 신부님이시다. 천주교를 조금 안다고 하는 사람마다 바른 말을 하시는 신부님을 걱정하는 모습은 정말 천주교의 절대

왕권적 패쇄 조직이란 것을 알게 해주었다. 이에 개혁을, 개혁이 아닌 옳지 않은 것은 옳지 않은 것이라고 당당하게 말씀하시는, 올바른 것은 올바른 것이라고 말씀하시는 박성구 신부님 정말 대단하시다. 이 사건 역시 최고성직자 내면에 진실과 바른 양심이 있다면 회개의 머리를 숙여야 한다. 신부님 곁에서 늘 보아왔듯이 정의와 진리는 언제나 사랑과 평화로 해결해주심도 알게 되었다. 아직 풀지 못한 것들은 아쉬움이 아니다. 분명 정의와 진리로 심판되기에 믿음 그리고 끈기로 희망을 버리지 않고 기도할 것이다. 언제나 봉사와 사랑 그리고 기쁨으로 함께 살아가는 신부님과 장애형제들과 늘 함께 삶의 기쁨을 만들어가게 해주신 하느님께 감사, 감사 또 감사드린다. 모든 걱정은 하느님 말씀의 믿음과 기도에 맡기면서….

진리와 참삶의 길

정동후 토마스 아퀴나스 작은예수회 영성위원

예수님께서는 돌아가시기 전날 밤에 제자들에게 "나는 길이요 진리요 생명이다. 나를 통하지 않고서는 아무도 아버지께 갈 수 없다"라고 말씀하셨다. 이 말씀 속에 우리의 참삶의 길이 들어있다.

길과 진리는 생명을 얻기 위한 방법이다. 생명이 무엇보다도 중요하고 귀중하다. 예수님은 "영원한 생명이란 홀로 하느님이신 아버지를 알고 아버지께서 보내신 예수 그리스도를 아는 것이다"(요한 17, 3)라고 말씀하셨다. 여기서 '안다'라는 것은 친밀하고 깊은 관계, 즉 일치를 뜻한다. 예수님은 우리와 하나 되시기를 원한다. 우리가 예수님과 하나 되고 아버지와 하나 되기 위해서 우리는 날마다 믿음과 순종으로 예수님을 닮아가야 한다. 예수님이 가신 길, 십자가의 길이 우리가 가야 할 길이고, 예수님이 말씀하신 진리가 우리가 살아야 할 진리이다. 영원한 생명은 내가 사는 것이 아니라 예수님이 우리 안에서 사시는 것이다. 예수님의 말씀과 성령으로 새 생명을 얻은 우리는 더 이상 자기중심적인 삶을 사는 것이 아니라, 예수님처럼 아버지의 뜻을 이루는 삶을 살아야 한다. 육적인 삶이 아니라 영적인 삶을 살아야 한다. 영적인 삶을 살기 위해서는 먼저 육적인 삶이 청산되어야 한다.

"여러분은 육에 따라 살면 죽을 것입니다. 그러나 성령의 힘으로 몸(육)의 행실을 죽이면 살 것입니다."(로마 8, 13) 진심으로 성령 안에 살면서 아버지의 뜻을 구현하고자 하는 사람에게는 아버지께서 능력을 주신다.

1983년 어느 날 밤 성산동 기도회에서 있었던 일이다. 기도회가 한참 진행되고 있을 때 한 중증 장애인이 휠체어를 타고 들어왔다. 그는 박성구 신부님을 찾아 도움을 청하려고 왔던 것이다. 기도회가 끝나자 그 장애인이 알아들을 수 없는 언어로 말한 것을 같이 온 자매가 쉽게 설명해줬다.

그 장애인은 어느 날 할머니가 어머니에게 하는 말을 우연히 엿듣게 됐다. 그 내용인즉 그의 여동생을 시집보내려면 그를 먼저 치워버려야 한다는 뜻이었다. 그리고 잠시 후에 할머니가 죽사발을 들고 들어와서 이것은 몸에 좋은 것이니 어서 먹으라고 했다. 그때 그는 그 죽에 독약이 든 것이라는 직감이 들었고, 지금은 속이 좋지 않다고 하면서 물리쳤다. 할머니는 나중에 먹으라고 말하면서 나갔다. 죽음에 공포에 질린 그는 친구 등에 업혀 기차역까지 갔고, 거기서 은인을 만나 부산까지 갔다가 다시 서울로 오게 되었는데, 어느 기도회에서 박 신부님의 강론을 듣던 중 하느님의 계시를 받았다고 한다.

그 장애인의 딱한 사정 얘기를 들으신 박 신부님은 그 즉시 "나랑 함께 살면 된다"라고 말씀하셨고, 기도회가 끝나자 신부님은 그를 데리고 사제관으로 가셨다. 이 일이 작은예수회가 시작된 첫 동기다. 어려운 사람을 얼마간의 물질로 성의껏 돕기만 해도 잘하는 일이다. 그러나 장애인과 함께 산다는 것은 결코 쉬운 일이 아니다. 먼저 장애인에 대한 편견을 뛰어넘어 장애인을 일반인으로 볼 수 있어야 한다. 장애인의 가족도 장애인을 정상인으로 대하기가 쉽지 않다. 장애인을 볼 때 불쌍하다는 생각과 죄책감을 갖는 것이 장애인을 대하는 가족의 심리적인 태도이다. 장애인을 있는 그대로 인정하고 함께하기가 쉽지는 않다. 장애인은 부족한 존재, 불쌍한 존재, 그래서 연민의 대상일 수밖에 없다는 의식이 일반인들의 견해이며 편견이다. 그러나 박 신부님의 생각은 처음부터 달랐다. 장애인도 사람이다. 모든 사람이 그런 것처럼 장애인도 하느님의 모상을 지니고 태어났다. 그들 안에는 하느님의 영이 살아계신다. 그래서 예수님께서는 그들에게 해준 것이 바로 당신에게 해준 것이라고 말씀하셨다.

작은예수회는 장애인과 일반인이 아무 차별의식도 없이 서로 인정하고 사랑하면서 예수님과 함께 사는 기쁨을 창조해나가는 공동체이다.

예수님은 어느 날 제자들과 함께 예루살렘 성전에서 나오시다가 태생적으로 눈이 먼 이를 만난다. 그때 한 제자가 예수님께 묻는다.

"저 사람이 태어날 때부터 눈이 먼 것은 자신의 죄 때문입니까? 아니면 그의 부모의 죄 때문입니까?"

"그가 눈이 먼 것은 그의 죄 때문도 아니고 그의 부모의 죄 때문도 아니다. 하느님의 일이 그에게 드러나도록 그런 것이다."

이 말씀을 하시고 예수님은 침으로 흙을 개어서 그의 눈에 바르신 다음 "실로암 못에 가서 씻어라"라고 말씀하셨고, 그는 예수님의 말씀대로 실로암 연못에 가서 눈을 씻어 앞을 볼 수 있게 되었다.

예수님은 장애인을 죄인으로 보시지 않고 하느님의 영광이 드러나는 존재, 곧 당신과 하나인 존재면서 당신이 그를 통해서 구원의 역사가 드러나는 은총의 샘으로 삼으셨다. 태어날 때부터 장애인인 사람은 대부분 원래 순진하고 낙천적이다. 그러나 자라면서 주위사람들로부터 받는 무시, 냉대, 혐오, 핍박 때문에 마음이 비뚤어지고 악해진다. 온갖 고통에서 살아남기 위한 몸부림의 결과인 것이다.

장애인이 순진한 것은 어린이의 마음을 닮았기 때문이고, 거짓과 위선이 없기 때문이다. 장애인은 일반인에게 거울이 되어준다. 일반인은 자신의 내면을 영적인 눈으로 볼 수 없다가도 장애인을 보면서 자신의 눈으로는 볼 수 없는 자기 내면의 영적인 모습을 깨닫게 된다. 겉으로 보기에는 멀쩡한 사람들이 마음속에 탐욕과 교만으로 가득 찬 사람들이 많다. 자기에게는 죄가 없다는 사람이 죄가 가장 많을 수 있다. 인간은 자신이 죄인임을 깨닫지 못하는 한 하느님을 필요로 하지 않는다. 하느님은 당신을 필요로 하지 않는 사람에게 구원을 줄 수가 없다. 그러므로 자신이 죄인임을 깨닫는 일이 얼마나 복된 일인가! 장애인은 그를 보는 사람이 하느님의 은총으로 내면에 빛이 들어와서 영적으로 깨어나게 되는 영적인 거울이다. 장애인을 통하여 그는 십자가의 그리스도를 볼 수 있게 되고 회개와 믿음으로 새 생명을 얻게 된다.

장애인 공동체는 봉사를 통한 지상낙원의 시작이다. 장애인과 같이 고통 중에 있는 사람을 보고도 연민이나 동정심을 못 느낀다면 그는 영적으로 죽은 사람이다. 예수님이 공생활을 시작하면서 먼저 하신 일도 병으로 고통 받는 사람들을 고쳐주신 일이었다. 예수님이 세상에 오셔서 하셨던 모든 일이 인간의 고통을 없애시는 일이었고, 끝내는 십자가에 못 박혀 돌아가신 일도 모든 고통의 근원인 죄를 없애기 위하여 대신 죽으시는 사랑의 마음 때문이었다. 그리고 그 사랑은 죽었던 영혼을 깨어나게 하여 또 하나의 작은예수로 살면서 고통 속에 있는 사람에게 하느님의 자비를 베풀게 해준다.

장애인을 만나면 두려움 없이 사랑으로 다가가서 친구처럼 대화를 나눌 수 있는 사람이라야 참으로 새로 태어난 사람이다. 예수님은 장애인을 통해서 모든 사람이 사랑으로 당신과 하나 되기를 원하신다. 원래 사람은 한사람이었다. 아담과 하와가 한사람이었고 그들이 죄를 짓기 전에는 한사람인 것처럼 살았다. 그러다가 죄를 짓고 나서 즉 하느님의 뜻을 어기고 하느님으로부터 멀어지면서 그들의 마음도 분열되었던 것이다. 그러나 이제 우리는 그리스도의 십자가 덕택에 잃었던 생명을 되찾았었고 하느님도 하나, 이웃과도 한몸이 되었다. 그리스도의 생명과 사랑이 성령을 통하여 우리를 하나로 결합시켜 준다.

장애인뿐만 아니라 모든 사람들을 자기 자신처럼 사랑하는 것이 예수님이 작은예수회에 주신 사명이다. "이제는 내가 사는 것이 아니라 예수께서 내 안에 사신다"는 진리를 깨닫는 사람이 작은예수가 된 사람이다.

나는 45년 전 쯤에 세례를 받았고, 그 다음해에 딸아이가 태어났다. 나는 그 아이를 새 사람이 된 나에게 하느님께서 주신 소중한 선물로 여겼고 그 아이가 하느님 안에서 기쁘고 거룩하게 살아가기를 바라는 마음으로 희경(喜卿)이라는 이름을 지어주었다. 나에게는 참으로 예쁘고 귀한 아이였다.

그런데 그 아이가 자라면서 거동에 이상이 드러나 병원을 찾게 되었다. 정밀검사 결과는 뇌성마비였고 현대의학으로는 고칠 수 없다는 판단이었다. 나는 도저히 이해할 수 없는 일이었다. 그러나 신앙생활을 포기하지 않았고 더 기도하면서 성경을 연구해나갔다. 마음 한구석에서는 이 아이가 내 죄 때문에 이런 고통을 겪는다는 생각이 들어 아이를 보기가 미안하고 괴로웠다. 그러나 희경이는 나의 감정과는 달리 항상 명랑하였다. 그것이 나를 더 괴롭게 만들었다.

내가 성산동성당 신자로 있을 때 박성구 신부님께서 주임신부로 부임해 오셨고 성령세미나를 열어 성령 안에 사는 삶을 살도록 이끄시면서 성령기도회를 시작했다. 나도 성령기도회에 나가면서 여러 가지 생각이 바뀌기 시작했다. 그때 작은예수회 장애인 공동체가 창설되었고 나도 거기에 동참했다. 나는 사랑 자체이신 하느님께서 왜 장애인이 본인의 잘못도 없이 태어나서 온갖 고생을 하며 살아가야 하는 의문을 해결하고 싶었다.

그런데 나에게 놀라운 의식변화가 일어났다. 전에는 깨닫지 못했던 진리를 깨달은 것이다. 장애인이 문제가 아니라 내가 문제였다. 장애인은 있는 그대로 행복한데 나는 행복하지 못한 것이 문제였다. 인간은 원래 부족한 존재인데 나는 부족한 사람들을 보면서 마치 내가 완전하고 우월한 존재인양 착각하고 있었던 것이다. 하느님 보시기에 장애인은 단순하고 어린이처럼 흠이 없는 존재인데 나는 그들을 불쌍한 존재, 열등한 존재로 여기고 있었다. 그들은 이미 하느님 안에서 하느님의 평화를 누리고 있었는데 나는 갈등과 분열 속에서 몸부림치고 있었다. 내가 문제였고 내 생각과 판단이 문제였다.

그때 박 신부님은 성령 안에 사는 삶이 얼마나 놀랍고 아름다운지 모른다고 역설하고 있었다. 나도 성령으로 다시 태어나야 한다는 절박한 소원으로 기도와 성경공부에 전념하였다. 예수님께서 어린이처럼 되지 않으면 하느님 나라에 들어갈 수 없다는 말씀을 하셨는데 그 말씀의 뜻을 깨달으려고 니고데모처럼 예수님의 도움을 찾았다. 예수님은 나를 성령으로 다시 태어나게 해주셨다. "이제는 내가 사는 것이 아니라 예수님께서 내 안에 사신다"라고 바오로 사도처럼 외칠 수 있었다.

하느님은 우리를 극진히 사랑하시기 때문에 당신의 외아들 예수그리스도를 세상에 보내주셨고, 그 아들의 말씀과 봉사와 십자가의 죽음으로 우리를 죄와 죽음에서 구해주셨고, 마침내 성령을 내려주셔서 우리도 그리스도처럼 살게 해주셨다. 이제 우리가 살아가는 것은 예전의 우리가 아니라 성령으로 새로 나서 그리스도 안에 그리스도와 함께 아버지의 자녀로 살아가는 우리, 이제는 세상에 속하지 않고 천국을 향하여 지상 나그네로, 교회 공동체의 일원으로 함께 살아가는 우리가 된 것이다. 이제 나의 이름과 신원은 예수님과 하나이고 예수님의 분신인 작은예수로 사는 것이다. 예수님은 당신 제자들에게 "너 자신을 버리고 십자가를 지고 나를 따르라" 하고 명령하셨다. 또 "밀알 하나가 땅에 떨어져 죽으면 많은 열매를 맺는다"라고도 말씀하셨다.

십자가는 예수님에게서뿐만 아니라 우리에게도 거룩한 운명이다. 무엇을 얻고 쟁취하는 삶이 아니라 가진 것을 내어주는 삶이 되어야 한다. 자기를 버리지 않으면, 자기가 죽지 않으면 예수님이 우리에게 맡겨주신 삶을 살 수가 없다. 우리가 자기를 버리는 삶을 산다면 그것은 우리 힘으로 되는 것이 아니다. 나는 아무것도 아니고 예수님이 전부이고 예수님께서 모든 것을 주관하신다.

이제 우리는 역설의 진리를 깨달아야 한다. 참으로 자기를 버리고 사람이 참자아를 얻는 사람이다. 내가 첫째라고 으스대는 사람이 첫째가 아니다. 남에게 종이 되는 사람이 큰 사람이다.

이 세상에서 가진 것이 많아서 아무 걱정도 없이 일하지 않는 사람이 잘 사는 사람이 아니다. 사실 그는 이미 영적으로 죽은 사람이나 마찬가지다.

하느님께서는 사랑하는 자녀에게 시련과 견책을 주신다. 그래야 영적으로 깨어나서 정화되고 심화되어 그리스도처럼 하느님의 자녀로 될 수 있기 때문이다. 고통은 잠시지만 인내의 열매는 영원하다. 사랑은 오래 참고 희망을 끝까지 붙든다. 장애인은 십자가의 예수님을 보여주는 표징이다.

'함께 삶의 기쁨을!'

송현구 토마스 아퀴나스

작은예수회 30주년을 진심으로 축하합니다. 박성구 신부님을 만나고 작은예수회와 인연을 맺은 27년이라는 세월을 돌이켜보며 작은예수회의 30주년을 축하드리고 주님의 은총에 감사드립니다.

1987년 6월 29일 반월작업소에 입소하여 박성구 신부님을 처음 만날 수 있었습니다. 박성구 신부님은 서울 성산동본당에 계시면서 1985년부터 매주 월요일 안산에 있는 반월재활작업소를 방문하여 미사를 집전하고 계셨습니다. 당시에는 교통편이 좋지 않았고, 자동차가 있는 것도 아니라서 봉사자 형제가 신부님을 모시고 왔다고 합니다. 그리고 화양동성당으로 부임해서도 매주 월요일 미사는 계속 드리셨습니다. 반월재활작업소는 근로복지공단 산하기관으로서 산업재해로 장애를 입은 장애우 형제들이 재활훈련을 받는 곳입니다. 지리적으로 지역 성당과 거리가 멀고, 교통수단이 좋지 않아 그곳에 있는 신자들이 성사 생활을 하는 데 많은 어려움을 겪고 있었는데 박성구 신부님이 어려운 여건임에도 매주 월요일 안산까지 방문하여 미사를 드려주신 것입니다. 처음에는 신자들도 많지 않았고, 신자들이 미사 시간에 잘 나오지 않아 신부님이 오셔서 신자들이 나올 때까지 기다렸다가 미사를 드렸다고 합니다. 신부님의 열정이 아니었으면 결코 오래 지속될 수 없었을 것입니다. 그리고 장애를 입고 가정을 꾸린다는 것은 생각지도 못했었는데 김한식 베드로 형제와 내가 91년도에 혼인성사를 받을 수 있었고, 그 뒤에도 그곳에서 세례를 받은 많은 형제들이 가정을 꾸리고 사회생활을 잘 영위하고 있는 모습은 하느님의 은총과 축복이라고 생각합니다.

산업재해로 장애를 입었으나 재활의 꿈을 안고 반월재활작업소에서 2년 과정의 기술 연마에도 불구하고 직업 재활이나 사회에 적응하는 것은 결코 쉬운 일이 아니었습니다. 그래서 박성구 신부님의 지원하에 자립장이 만들어졌습니다. 반월재활작업소에 입소하여 박성구 신부님께 세례를 받은 김한식 베드로 형제를 주축으로 자립장이 시작되었습니다. 반월재활작업소 봉제반에서 기술을 습득한 5-6명이 봉제공장을 시작하게 된 것입니다. 그리고 그 자립장은 경제 침체로 인한 어려움 속에서도 20여 년이 지난 지금까지 운영이 되고 있습니다. 김한식 베드로 형제가 2년 전 과로로 인하여 뇌졸중으로 병원에서 치료를 받고 있어 안타까운 마음을 금할 수 없습니다. 하루 빨리 쾌유하기를 기도드립니다.

작은예수회가 성장함에 따라 현리 공동체를 설립한 신부님은 매주 방문하시지 못하고 매월 1회씩 자립장을 찾아 미사를 드려주셨습니다. 경제적 어려움으로 기존의 봉제공장이 대부분 중국이나 동남아로 옮기는 상황에서도 자립장이 어려움을 극복할 수 있었던 것은 바로 미사의 은총이라고 믿습니다.

1980년대까지만 해도 장애인에 대한 사회적 편견은 매우 심각한 것이었습니다. 장애인들이 사회 속으로 나오는 것이 결코 쉬운 일이 아니었습니다. 특히 재가 장애인들이 밖으로 나와서 사회 활동을 한다는 것은 드문 일이었습니다.

박성구 신부님은 장애인도 사회의 일원으로서 비장애인과 함께 어울려 살아가야 한다고 말씀하셨습니다. 그래서 시작한 것이 장애인복지운동이었다고 생각합니다. 당시만 해도 장애인복지운동은 거의 전무한 상태였습니다. 장애인 운동은 '광야에서 외치는 소리'였다고 해도 과언이 아닐 것입니다. 신부님은 장애인과 비장애인이 '함께 삶의 기쁨을!' 누려야 한다고 말씀하셨습니다.

장애인복지운동은 매년 전국적인 행사로 전개되었습니다. 그리고 시간이 지나면서 많은 장애인들과 비장애인들이 동참하게 되었습니다. 장애인복지운동은 장애인에 대한 사회적 관심을 모았습니다. 비장애인의 장애 체험 등 다양한 프로그램으로 장애인복지운동을 전개함으로써 장애인에 대한 편견을 개선하는 데 지대한 영향을 미쳤다고 생각합니다.

장애인과 비장애인이 함께할 수 있는 수도회 설립은 획기적인 사건이라고 생각합니다. 80년대 초 비록 휠체어를 타고 생활하고 있었지만 수도 생활에 대한 관심이 있어서 어느 수도회에 전화로 문의를 했었는데 '신체적

장애가 있다면 수도 성소는 없는 것으로 받아들여야 한다'는 답변을 들었습니다. 그런데 신부님은 장애인도 수도 생활을 할 수 있도록 작은예수회 수도회를 세웠습니다. 그리고 지금까지 많은 장애인들이 수도 생활을 하고 있습니다. 이것은 아주 특별한 주님의 은총이라 생각합니다. 그리고 작은예수회 수도회가 영원히 지속되기를 기도합니다.

작은예수회의 30년을 이 짧은 글로 다 기록할 수는 없습니다. 지난 30년 동안 작은예수회는 엄청난 발전을 가져왔습니다.

작은예수회가 이렇게 발전할 수 있었던 것은 박성구 신부님의 열정과 노고가 있었기에 가능한 일이었습니다. 그러나 지금까지의 발전에 안주해서는 안 된다고 생각합니다. 박성구 신부님과 작은예수회의 정신은 끊임없이 계승되어야 한다고 생각합니다. 그러기 위해서는 인재 양성이 무엇보다 중요하다고 봅니다. 이제 후진 양성을 통하여 작은예수회가 지속적인 발전을 이룰 수 있기를 바랍니다. 그래서 장애인과 비장애인이 '함께 삶의 기쁨을!' 지속적으로 누릴 수 있기를 소망합니다.

작은예수회와의 추억

홍민선 피델리스

그때가 1984년 11월 겨울이었다. 두 명의 장애인이 답동성당에 찾아와서 엠마우스회를 찾았다. 오는 목요일 저녁 8시, 서울대교구 성산동성당에서 장애인을 위한 미사가 봉헌되니 꼭 초대한다는 말이었다. 나는 '갈게요' 하고 대답하고 며칠 후 고속버스를 타고 합정동에서 내려 택시를 타고 성산동성당에 도착하니 그곳에 천막성당이 있었다.

안으로 들어가니 난방기가 있어 온기가 돌고, 많은 교우들이 와서 미사전 묵주기도를 봉헌하고 있었다. 나는 조용히 성체 감실을 바라보았다. 입장하시는 박성구 신부님을 보았다. 단단한 중키에 뿔테안경 그리고 강인함이 보였다.

미사는 매우 강한 신념으로 이어지고 성령기도와 장애인의 통송기도로 눈물바다였다. 저마다 숙연한 마음으로 영성체를 하고 성당 마당에 나왔을 때 밖에는 하얀 눈이 내리고 있었다. 바로 인천으로 돌아오는 줄 알았는데 작은예수회 공동체의 집에서 신부님과 함께 대화하자고 하여 차에 타고 따라갔다. 4명의 식구들이 이층집에서 살며 성무일도를 배우며 규칙생활을 하고 있었다. 정동후 님, 심현석 씨, 박 신부님과 다과를 나누며 밤이 깊도록 대화를 하고 그곳에서 잤다.

"이 땅에서 고난받고 살아가는 모든 장애인들은 빈 들에 오신 작은예수님이라고 이해하는 간절한 미사가 시작되었다."

당시 나는 인천교구 엠마우스회(남자지체장애인모임)에서 편집부장을 맡아서 봉사했으며, 내 일과 교회 안에서 늘 고달프게 살았다. 어느 날은 성산동성당 찾아가는 길이 험한 산처럼 높게 보여졌고, 어느 날은 소풍처럼 가벼웠었다. 그렇게 2년여간 목요미사를 다녔다.

오랜 세월 나의 소망이었던 재활수술을 받기 위해서 멀리 전남 여수애양병원으로 내려갔었다. 그곳에서 2년 가까이 수술과 물리치료를 받으며 살아갈 때 작은예수회보 계간지를 받아 읽었었다. 박 신부님은 성산동본당을 준공하고 축성하신 후 화양동성당으로 이동되었다고 했다.

그 후 1988년 9월은 나에게 잊을 수 없는 추억이었다. 제1회 가톨릭장애인복지대회였다. 서강대학교 마리아홀에 전국에서 초대받아 관광버스 타고 온 장애인이 1박2일 행사에 참여하는 날이었다. 방송인 권귀순 씨와 원종배 님이 진행하시고 국내 정상급 원로가수분들과 장애를 극복한 이의 장한 수기를 들으며 태어나서 처음 겪어보는 감동이었고 신선한 충격이었다. 그날 밤 숙박은 후암동, 해방촌, 합정동 등의 평신도 가정에 초대되어 하룻밤 함께 자는 추억도 안겨주었다.

나도 그해 합정동에서 민박을 하게 된 유승룡 선생님 댁에서 밤새 대화하고 사귄 안면으로 지금도 교류하고 있다. 우리나라 장애인 복지나 수용시설을 하시는 몇몇 신부님들이 있다. 그러나 전국의 모든 부류의 장애인들을 한마당에 만나게 해주고 전국으로 복지협의회를 구성하여 협력하고 교육받게 해준 10년의 세월은 박성구 신부님이 유일하다.

고도의 산업발달로 의식주는 좋아졌지만, 장애인들은 무관심과 박해 때문에 감히 밖에도 못 나가고 방 안에서 TV나 보고 자신의 존재 의미조차 깨닫지 못하는 사람들이 대부분이었다. 박 신부님에게도 질시와 냉대 속에서도 철야기도회를 주관하여 신자들의 양심에 호소하여 재원을 마련하고 함께 일할 일꾼과 봉사자를 모집했다.

한가장이라는 전국기구를 만들고 장애인 야영대회와 복지대회를 매년 개최하여 가정에 묻혀있는 중증장애인들에게 밝은 햇빛과 대자연을 만나게 해주고, 최고의 수반이신 김수환 추기경의 미사 봉헌을 마련해주시고 유명 인사를 초대하여 장애인들의 참모습을 보게 하였다. 큰 행사 때마다 신문사 방송국 기자들이 달려와 기자회견을 요청하면 모든 공공건물에 램프시설을 하라, 엘리베이터를 설치해라, 장애인 이동권, 자립권, 기초생활수급을 법제화하라, 고용촉진법을 실행하라 등 거침없이 발표하였다.

사제총회에서도 교회는 장애인들의 편의시설을 마련하라, 그들의 사목 계획을 수립하자, 장애인 주일을 정하자 등을 호소하였다. 그런 복지가 현실이 되기까지 외롭게 외치며 살아온 그 세월이 30년이었다. 박성구 신부님은 오늘날 자유로운 복지가 싹트는 과정에 씨앗을 뿌렸던 선구자이다.

박성구 신부님에게는 자신의 명예품위 보존과 안정적인 사목을 해나가려면 얼마든지 대의명분 좋은 길이 보였다. 그러나 그는 더 낮은 곳으로 내려갔다. 현리로 내려가서 모든 사람에게는 불멸의 영혼이 있음을 발견하였다. 사람은 누구나 거룩한 영혼, 소중한 삶의 가치가 있다. 그리하여 지극한 마음으로 기도하고 봉사하고 희생하며 살 수 있다고 가르쳤다.

그리하여 그는 전국과 외국에 80여 공동체를 설립하였지만 모두 사랑과 진리 평화의 길로 나아가는 가난한 공동체이다.

박성구 신부님의 30년간 장애인 사목을 해온 모토는 이러하다.

1. 장애인의 인권을 보통 사람의 삶과 같은 반열에 올려주는 일

2. 장애인 자신도 하느님의 소중한 창조물임을 자각하고 내재된 능력과 영성을 개발하며 기쁘게 살아가야 할 의무가 있다.

그렇지만 박성구 신부님의 이런 이상과 구현이 많은 장애인들이 받아들이고 실천하기에는 너무나 힘들었는지 어느 정도 몸과 마음이 편해지면 초심을 버리고 퇴회한 사람도 많았다.

우리나라는 지금 GNP 25,000불 시대를 살고 있다. 모든 생활이 풍족하여 가끔은 하느님 도움없이도 살 수 있다는 착각에 잠긴 위험한 사람들이 많다. 그래서 기도도 덜하고 나눔도 없는 어리석은 길을 가는 사람들이 없지 않다.

이 땅의 작은예수회의 가치는 우리 마음의 고향을 찾아가는 길이다. 세상에서 지친 몸을 쉬고 영혼을 살찌우기 위해 찾아가는 길이다. 실컷 울며 기도도 하고 진지한 묵상과 사색이 가능한 성지다. 세상 어디에서도 못할 말을 하느님께 할 수 있고, 따뜻한 위로를 받을 수 있는 곳이다.

모든 일을 주관하시는 그분

최지철 시몬 작은예수 봉헌자수도회 원장, 화곡동 작은예수의집 원장

전신마비 장애를 갖고있어 다른 사람의 도움 없이는 할 수 있는 것이 거의 없는 나는 주님께서 베풀어주신 커다란 은총 덕분에 너무나도 부족하지만 '작은예수 봉헌자 수도회' 원장으로, '화곡동 작은예수의집' 원장으로서 지낼 수 있으니 이 얼마나 감사한 일인지 모른다. 우리 화곡동 작은예수의집 식구들은 지적 장애인 5명과 뇌병변 장애인 1명 그리고 지체장애를 가지고 있는 나, 그리고 사무장님, 이렇게 8명이 살고 있다.

나는 1984년 중학교 3학년 때 뇌종양 수술을 받았다. 당시 의사 선생님들은 간단히 종양만 떼어내고 다시 학교에 갈 수 있게 해주겠다고 호언장담하는 바람에 어떤 두려움도 없이 의학이 발달한 지금도 쉽지 않은 뇌수술을 30년 전에 방학을 이용해서 덜컥 수술을 받았다. 그런데 수술 이후에 나는 손가락 하나 까딱할 수 없는 전신마비 장애인이 되었다. 수술 직후에는 너무 힘들어서 이렇다 저렇다 말할 여력도 없고 생각도 기운도 없었지만 재활치료를 받으며 마비되었던 양팔을 다시 사용할 수 있게 되었다. 그렇게

하루하루 지내면서 나의 장애를 장애로 받아들이지 못하고 "언젠가는 낫겠지, 언젠가는 걸어 다닐 수 있겠지…" 하는 그런 마음을 가지고 다시 걷게 될 때가 되면 "무엇을 해야 할지, 이렇게 해야지 저렇게 해야지…" 하는 공상만으로만 나날을 보내고 있었다. 그런데 한 해 한 해 갈수록 나의 장애는 더 이상 나아질 기미도 없고 그 상태로 고착화되어가는 것 같았다.

우리 가족은 아버지, 어머니, 그리고 나, 이렇게 달랑 세 식구밖에 없다. 시각 장애를 가지고 계신 아버지와 항상 아버지의 눈과 손발이 되어 살고 계신 어머니, 그리고 또 다른 모습의 장애를 가지고 살아야 할 나.

그런 우리 식구의 모습이 이웃에게는 불쌍한 가족으로 보였을 것이다. 이웃집 아주머니를 통해서 하느님을 알게 되었고 천주교를 알게 되었다. 그 후 세례를 받았고 이렇게 우리 가족에게 아픔을 주신 하느님을 참 많이 원망하였다. 하지만 어느 날 철없는 사춘기 소년의 눈에 자신의 장애만을 아파하고 하느님을 원망하는 가운데 엄마가 겪고 있는 고통이 눈에 들어왔다. 아버지와 아들이 장애를 가졌기 때문에 두 장애인의 수발을 들면서도 마음 놓고 힘든 내색하지 못하는 어머니의 처지를 볼 수 있게 되었다. '나라도 어머니의 고통을 조금이나마 덜어드릴 수는 없을까?' 하는 마음이 있었는데 어느 날 우연히 장애인 공동체에 관한 소식을 들을 수 있었다. 그래서 가게 된 것이 개인 시설이었고, 거기서 몇 년을 살다가 장티푸스라는 전염병을 얻어 다시 나오게 되었다.

내가 나오고 일주일 정도 있다가 그 시설에 불이 나서 모두 뿔뿔이 흩어졌다는 소식을 듣고 나중에서야 나를 그곳에서 구출하신 하느님의 손길을 알 수가 있었다. 그 후에 나는 작은예수회에 오게 되었고, 이곳에 와서 내가 못다 한 공부에 대한 열정을 찾을 수 있었다. 그래서 시작한 것이 대학 입학 검정고시였고 나는 공부한 지 일 년도 채 되지 않아 준비가 부족했기에 그 냥 경험삼아 본 시험에서 전 과목에 합격할 수 있었고 방송통신대학교 불문 과에 입학하게 되었다.

그리고서 공부에 재미를 느끼고 열중했을 때 다시금 2차 수술을 받아야 만 했다. 뇌에 염증이 재발했기 때문이다. 1차 수술 후에 입었던 전신마비 장애를 재활치료를 받고 겨우 양쪽 팔을 다시 사용할 수 있었는데 2차 수술 후에는 한쪽 팔마저 다시 마비가 되어버렸다. 그때 힘겨움이란 어떻게 말로 다 표현할 수 있을까?

1차 수술 후 전신마비가 되었을 때 겪었던 어려움과 고통은 비교가 되지 않을 정도로 너무나도 힘들고 고통스럽고 마음 아프고 온갖 세상의 모든 고 통을 나 혼자만 지고 사는 것 같았다. 이렇게 하루하루를 살고 있을 때 우 리 공동체에 한 수사님이 오셨는데 그 수사님은 너무나도 별나고 이상스러 운 분이셨다. 다른 사람과 있을 때에는 세상에 이렇게 교양 있고 인품이 출 중한 사람이 있을까 싶은 그런 사람이지만 우리 식구들 하고 있을 때에는 폭군이며 우리 식구들 위에 군림하고 있는 모습을 마냥 힘들게 바라보며 있 을 수 없었다. 우리 식구들이 그 수사님에게서 받은 모든 마음의 상처와 모 욕적인 언사, 이런 것들을 외면하며 마냥 지켜볼 수 없었다. 그래서 나는 대 항했고 우리 장애인들의 인권을 위해 애쓰시며 선구자적인 역할을 하고 계 시는 우리 박성구 신부님께 그 수사님을 고발할 수밖에 없었다. "우리 식구 들이 이렇게 살고 있는 것을 박성구 신부님이 아시면 그 수사님 손에서 우 리 식구들을 벗어나게 하실 수 있겠지" 하는 그런 마음에서였다. 하지만 결과는 내가 생각하는 대로 되지 않고 오히려 그 수사님과 내가 원수지간이 되어 한집, 한지붕 밑에서 보이지 않는 미움을 온몸으로 받으며 겪고 살아야만 하는 그런 생활을 6년간을 보내야 했다.

보이지 않는 나에 대한 미움, 보이지 않는 따돌림, 다른 사람은 느끼지 못하는 나에 대한 곱지 않은 시선. 이 모든 것을 참으면서 살아야만 했고 그 고통스러운 시간 안에서 나는 전과는 다르게 예수님을 찾게 되었고 더욱더 많이 더욱 깊이 기도하며 나의 고통스러운 마음을 예수님께 모두 다 의탁하게 되었다. 그렇게 6년간의 심적인 고통스러운 시간이 나를 신앙으로, 신앙 안에서 살게 하는 계기가 되었다. 그렇게 예수님께 매달리게 되었고 기도하는 시간도 차츰차츰 늘어나게 되었고 그런 모든 것이 지금의 생활을 준비시키기 위한 예수님의 섭리인 것을. 그러한 시간이 있었기에 나밖에 모르던 이기적인 철부지 외아들로서의 모습만 갖고 있던 내가 이제는 다른 사람을 돌아보게 되었고 다른 사람의 마음을 헤아릴 줄 알게 되었다.

이렇게 작은예수회에서 살다보니 어느덧 20년의 세월이 흘렀다. 많은 일들이 있었고 많은 사람들이 스쳐갔다. 지금은 2년간의 사회복지 공부를 마치고 사회복지자격증을 가지고 있다. 그래서 우리 식구들에게, 우리 장애인들에게 조금이나마 내가 가진 지식을 나눌 수 있으며 다른 사람의 도움 없이는 아무것도 할 수 없는 내가 다른 사람을 위해 무엇인가를 해줄 수 있는 조그마한 힘을 갖게 되었다. 돌이켜보면 이 모든 것이 나는 참 수월하게 얻어졌다고 느낀다. 그 중앙에는 나를 지금까지 이끌어주신 우리 예수님 덕분이고 예수님이 항상 나와 함께 하셨기 때문이다. 그렇기에 내가 머물렀던 첫 번째 개인 시설 그 화마에서 구해주신 그분, 내가 이렇게 공부를 할 수 있도록 작은예수회로 이끌어주신 그분, 또 준비가 덜 되어 경험삼아 본 검정고시를 일 년도 안 되는 짧은 기간 안에 마칠 수 있게 해주신 그분, 2차 수술 후 병상에서 내가 힘들지 않도록 매일매일 교우들을 보내주시어 위로받을 수 있도록 해주신 그분, 내가 수사님과의 힘든 시간 안에서 신앙으로 이끌어 나에게 용기와 마음의 평화를 주신 그분, 사회복지 공부할 때에는 공동체원장으로서 공동체의 집안일, 회계도 같이 했기 때문에 해야 할 일도 참 많아서 버거웠는데 공부를 무사히 마칠 수 있도록 이끌어주신 그분, 지금은 사회복지 자격증을 취득하고 다시 또 새로운 모습의 내가 되어서 살 수 있도록 나를 이끌고 계신 그분, 그분으로 말미암아 나는 지금 너무도 행복하고 행복 속에서 우리 공동체식구들과 "함께 삶의 기쁨을!" 나누고 살고 있다.

지금 우리 '화곡동 작은예수의집'은 시설장 부재로 구청에서 하루속히 시설장 임명을 촉구하는 공문을 받아놓고 있다. 그래서 앞으로 내가 이 공동체의 시설장이 되어 시설장으로서 우리 식구들과 함께 지역사회 안에서 아름다운 공동체로 가꿔가며 살고 싶다. 오래도록 오래도록….

이 모든 일들을 주관해주신 우리 예수님과 또한 예수님의 뜻에 의해서 나의 짝꿍으로 나의 손발이 되어 하루 종일, 1년 365일, 지금까지 계속 함께해주고 있는 우리 이종관 안토니오 형에게 마음 깊이 감사한다.

작은예수회 안에서 함께하신 예수님

이소애 소화데레사

내가 가족의 품을 떠나 나의 삶을 맡겨야 할 곳을 찾고 있을 때 작은예수회를 알게 되었다. 정말 작고 그 당시에는 보잘것없는 곳이었다. 그런데 집에서 가족과 함께 지내며 일주일에 한 번 미사를 가는 것이 유일한 낙이었는데, 집안 사정으로 갑자기 이사를 가게 되었고, 유일한 낙이었던 미사마저 갈 수 없게 된 내게 작은예수회는 희망이 되었다.

매일 미사를 갈 수 있었고 집에서 혼자 힘들게 드려왔던 성무일도를 함께 바칠 수 있다는 기쁨에 집을 떠나 어떤 어려움도 이길 수 있었다. 그렇게 아무것도 모르는 철부지였던 나는 공동체 안에서 일어나는 이해할 수 없는 일들이 하나하나 하느님의 역사가 이루어지는 과정임을 깨달을 수 있었다. 눈만 뜨면 듣는 신부님의 말씀, "보이는 장애인의 모습이 안 보이는 우리의 참모습이다. 하느님 앞에서는 모두가 똑같다"라고 귀 따갑게 듣는 말씀들이 무슨 뜻인지 알 것 같기도 하고 모를 것 같기도 했지만 무엇인지 몰라도 그 말씀이 맞다는 생각에 새벽 다섯시에 일어나서 미사 가고 기도하고 신부님 하시는 모든 행사에 하루 종일 따라다니며 저녁 늦게까지 잠시도 누워있을 수 없는 피곤하고 힘든 생활이었지만 내가 살아있다는 느낌, 무언가 이 세상에서 할 수 있다는 자신감, 이런 알 수 없는 느낌들은 육신의 장애를 뛰어 넘을 수 있었고 내가 살아왔던 어떤 순간보다 건강하고 기쁘게 살 수 있었다.

그렇게 살고 있던 어느 날, 신부님이 우리 보고 봉헌식을 하고 봉헌자로 살아야 한다고 하셨다. 나는 속으로 '이건 또 뭐지? 내가 무엇을 봉헌하라는 것인지 참으로 모르겠다. 아무것도 할 수 없고 남을 위해서 물 한 컵을 떠다 줄 수 없는 내가 어떻게 봉헌자가 될 수 있지?' 하고 의문은 많았지만 그래도 열심히 내가 할 수 있는 것을 찾으면 언제나 내게 주신 명랑한 마음을 잃지 않고 살 수 있다면 봉헌자가 될 수 있을 것 같았다. 그래서 나는 얼결에 신부님 미사 중 제대 앞에서 봉헌문을 읽고 청빈, 숙명, 청결, 서원을 하고 말았다. 세상사람들에게는 정말 대책 없고 어이없는 일들이라고 생각되는 일들을 신부님과 우리는 당연하다는 듯이 하고 있었고, 지금도 하고 있다.

그래서 나의 별명인 '오쭛쭛'은 나에게는 자랑스럽기까지 하였다. 장애를 뛰어넘는 힘, 나의 있는 모습 그대로를 인정할 수 있는 힘, 그것은 예수님이 나와 함께 계시다는 증거로 인정할 수밖에 없었다. 나와 친한 신부님들 몇 분이 나의 비틀어진 몸과 알아듣기 힘든 나의 말을 흉내를 내며 놀릴 수 있게 되었고, 그 놀림이 기분 좋게 느껴지는 마음으로 바뀔 수 있게 되었고 "너는 아무것도 할 수 없고 네가 움직이면 이웃을 힘들게 하니까 가만히 있어"라는 말에 기죽지 않고 내가 해야 될 일을 찾아 할 수 있게 되었다.

나는 다른 장애인들과 가족들에게 언제나 말한다. 장애인들을 돕는 것은 힘든 것을 편하게 해주는 것이 아니고, 내 장애 때문에 누군가가 나를 당연히 모셔줘야 하는 것이 아니고, 나의 장애가 나를 쓸모 없는 존재로 만들 수 없음을 보여줄 수 있는 마음, 일을 할 수 있고 일을 해야 한다는 것을 가르쳐줄 수 있는 사랑, 이것은 정말 하느님의 사랑이 아니면 할 수도 없고 하고자 하는 마음도 생기지 않는 것이기 때문에 나는 예수님께 기도한다.

작은예수회가 생기게 하신 예수님, 이 세상 모든 사람들과 함께하셔서 정말 참사랑이 무엇인가를 깨닫게 하시고 깨달은 것에 단 한 사람이라도 실천할 수 있게 해주시라고, 그래서 작은예수회를 알고 있고 함께하고 있는 모든 이가 내가 세상을 이겼다 하신 주님의 말씀을 정말 절실하게 느끼며 자신과 모든 이에게 말할 수 있기를…. 언젠가는 이루어질 예수님의 뜻과 예수님을 참되게 아는 모든 이들에게 소망이 이루어지리라 믿으며 그날이 오기까지 모두 파이팅!

'불멸의 영인'의 세 가지 모습

정혜자 월간 영성잡지 『돌로』

작은예수회 30주년을 기념하는 사진집과 영성록 출간에 축하를 드리고, 작은예수인으로서 큰 기쁨과 감사를 드립니다. 십 년, 이십 년, 삼십 년. 참으로 많은 시간들이 흘렀습니다. 적어도 우리말 속담에 십 년이면 강산이 한 번 바뀐다는 말이 있습니다. 이제 삼십 년이면 한 번이 아닌 세 번은 바뀐 시간들입니다. 이 시간들이 흘러오기까지 참으로 많은 사람들의 군상이, 아니 불멸의 영인된 삶의 희로애락의 모습들이 책으로 나오는 기쁨을 주셔서 감사합니다.

예수와 함께 삶의 기쁨을 누리며 존재와 존재가 하나 되는 기도 속에서 울고 웃고 고뇌하며 오직 아버지의 뜻이 이루어지기를 소망하며 열정을 쏟고 마음을 쏟고 사랑을 다한 시간들이었습니다. 열정을 쏟는 순간에서는 열정을 다 쏟아내지 못해 좌절하고 주저앉고 싶던 시간들도 있었습니다. 마음을 다 쏟아내려던 순간에서도 마음이 받아들여지지 않아 상처받고 절망하던 시간들이 있었습니다. 사랑을 다 주었다고 생각했음에 그 사랑이 모자라

실망하고 낙담하던 시간들이 있었습니다.

그러나 그 모든 것은 성령 안에서 우리가 누릴 수 있는 그리스도를 위하는 특권, 그리스도를 믿는 특권뿐만 아니라 그분을 위하여 고난까지 겪는 특권이었습니다. 그러기에 아팠고 그러기에 슬펐습니다. 그러기에 기뻤고 그러기에 또한 행복하였습니다. 그리고 그 모든 것은 또한 그분이 주시는 은총이요 기쁨이며 사랑의 은혜였습니다. 참으로 영 안에서 희망하고 영 안에서 고통하며 영 안에서 사랑하고 즐거워하던 세월이었습니다. 그렇게 또 앞으로 불멸의 영인들에겐 영 안에서 누리던 희망, 고통, 사랑과 즐거움이 지난 시간만큼의 새로운 십 년, 이십 년, 삼십 년이 주어지겠지요. 그렇더라도 분명 불멸의 영인들은 기꺼이 지금처럼 달릴 길을 다 달려 승리의 월계관을 쓸 그날까지 살아낼 것입니다.

결코 희망이라고는 찾아볼 수 없는 절망 가운데서도 겨울을 박차고 나오는 봄의 새순처럼 희망하고, 삶의 처절한 순간의 고통 앞에서도 예수 수난 후의 영광을 바라보며 고통을 이길 것입니다. 그토록 진하게 사랑할 것이며 그토록 진하게 어린이와 같은 단순한 즐거움을 살 것입니다. 그것은 분명 작은예수인으로서의 영겁을 사는 일이고 불멸의 영인된 삶의 모습일 것이기 때문입니다.

그렇다면 작은예수인들이 말하는 불멸의 영인은 어떤 사람들일까 생각해봅니다. 저는 세 가지로 감히 나누어보고자 합니다.

첫째는 영 안에서 기쁨을 누리며 사는 사람들입니다. 영 안에서 누리는 참기쁨은 깊은 어둠 속에서도 그분의 사랑으로 빛을 발하는 것입니다. 일상적인 평온한 삶 속에서는 그분의 사랑의 빛이 크게 와닿지 않습니다. 그러나 한치 앞도 보이지 않는 꽉 막힌 어둠 속에서, 깊은 고통 중에서 그분이 함께하심을 느끼게 되면 그분의 사랑의 빛이 어느 때보다 밝고 찬란해 보입니다.

둘째는 공날이 공날로 사는 사람들입니다. 하느님이 이 세상을 살아가는 우리들에게 동일한 조건을 주지 않으시고 누구에게는 더 풍요롭게, 누구에게는 부족하게 주셨습니다. 하느님을 아버지라고 부르는 우리 모두는 영 안에서 한형제입니다. 내 형제의 부족함은 내가 가진 것으로 채우라고 하느님이 주신 것입니다. 그러기에 일용한 양식 이상의 것은 다 내 형제들의 것입니다. 모두 아버지의 것이고 우리가 모두 한형제이니 말입니다.

셋째는 가장 미소한 형제들과 함께 삶의 기쁨을 나누는 사람들입니다. 70억을 깊이 사랑하는 일은 우리 주위에 가장 아픈 손가락을 깊이 어루만지고 사랑하는 일이라고 여겨집니다. 아버지의 눈길이 나의 가장 아픈 형제에게 향해 있기 때문입니다. "너희가 내 형제들인 이 가장 작은 이들 가운데 한 사람에게 해준 것이 바로 나에게 해준 것이다."(마태오 25, 40) 아버지의 마음을 가장 기쁘게 하는 일은 아버지를 극진히 모시고, 또한 내 형제를 그중에서 가장 아픈 형제를 깊이 사랑하는 일일 것입니다.

이러한 삶의 기쁨들이 순간순간 이대로 사진집과 영성록에 담겨지는 것을 다시 한 번 감사드리며 작은예수로 불멸의 영인으로 살게 해주신 하느님께 깊이 감사드립니다.

박성구 요셉 신부와 작은예수회 연혁

1949년 1월 19일 서울 출생. 박성구(朴星九) 명명. 부 박영규, 모 이정자 아녜스.

1951년 부친 6·25 참전 전사.

1958년 천주교 영세. 세례명 요셉. 삼청초등학교 3학년 때 가회동성당에서 모친과 함께 입교.

1962년 가톨릭 소신학교 입학. 현 동성 중고등학교. 당시 천주교 사제 교육 12년의 첫 단계, 대신학교 입학 전 중고등 과정.

1968년 가톨릭대학교 입학.

1970년 1월, 육군 입대. 철학과 2년 마친 후 사병 생활 복무 시작.

1973년 1월, 제대. 가톨릭대학교 신학과 복학.

 · 대학 3학년, 학교에 성령 봉사팀이 와서 성령세미나 받음.

1975년 천주교 서울 대교구 부제 수품.

1976년 12월 8일 천주교 서울 대교구 사제 서품. 김수환 추기경 미사 집전.

1977년 천주교 천호동교회 보좌신부 발령.

1980년 11월 24일 비룡성당 신축. 김수환 스테파노 추기경 축성미사 집전.

 · 7개월 동안 19개 성당 건축기금 모금하면서도 복무기간 동안 군인 세례 2천여 명의 신화 기록.

1981년 9월 1일 천주교 성산동교회 주임신부 발령.

 · 성산동성당에서 9월 30일 성령기도회 시작.

 · 본당 전신자, 세례자, 성령세미나 받음.

 · 성산동-망원동 지역 일대에 수재 발생 시 성당 신축 위해 모금한 1억 원을 수재민 구제에 쾌척함.

1984년 6월 7일 경기도 운정 '사랑의집' 장애인공동체 개설. 작은예수회 발상지. 루가복음 10장 29절에 나오는 착한 사마리아인의 비유처럼 "고통받는 저 장애인의 얼굴에서 영원히 미소가 사라지지 않게 하는 것이 하느님께로부터 받은 나의 소명입니다"라고 고백하는 박성구 신부를 통하여 주님께서는 경기도 파주군 교하면 와룡리 운정 무허가 집에서 가난한 장애인들과 함께 살아가는 삶을 시작하도록 섭리하셨다.

· 성령봉사회 설립. 매주 철야기도회. 연합기도 형식으로 시작.

· 박성구 신부, 사제로서 최초 철야기도회 미사집전.

· 이 성령봉사회를 기반으로 작은예수회의 이후의 제반사업 및 수도회, 수녀회 창립까지, 장애인복지운동, 지구촌 사랑나눔 운동, 영성서적과 음악선교, 영의 노래 제작 등 이 시대에 예수님의 성령의 역사를 전 세계에 펼쳐갈 수 있도록 영적 기도와 물질적 지원의 모체가 되었다.

1985년 1월, 서울 성산동으로 '운정 사랑의집' 이동. '작은예수회'로 개칭.

5월, 서울 성산동성당 신축 축성식. 김수환 추기경 축성미사 집전.

11월, 경기도 안산, 반월 '한마음 봉재공장' 설립. 산재장애인 위한 국내 최초 자활 작업장.

1986년 1월 21일 작은예수회 마을 첫 성령기도회 산피정 개최, 21일–23일(2박3일).

· 85년 10월 하순 금호동 성령봉사회 서 마리아 회장에 이끌려 어머님과 함께 가평군 현리 방문, 85년 11월 초순 미사 가방을 제단 삼아 '작은예수회 마을' 부지를 구입하게 하여주시는 하느님께 미리 감사미사를 드리고, 이후 85년 12월부터 86년 3월까지 완불하기로 계약.

9월 1일 서울 화양동성당 주임신부 부임.

11월 6일 작은예수회 기도공동체, 서울 군자동 258번지로 소재지 이동.

1987년 1월, 한국 가톨릭 장애인 복지협의회 서울을 중심 전국 모임 결성. 박성구 신부 초대 지도신부로 선출.

9월, 제1회 전국 장애인 복지대회 서강대 체육관 개최 이후 5년(1988–92년) 동안 전국 대회 개최. 두 번은 잠실 올림픽 주경기장 사용하며 최대 이만 오천 명이 운집, 이후 어린이대공원, 보라매공원, 장충단공원, 미리내 성지 등에서 개최.

· 또한 '장애인 기도문' 작성, 지학순 주교 인준. '장애인 십자가의 길' 작성.

· 장애인 거리 나오기 운동의 거리행진. 장애인 보장구 나눔.

· 최초 일반인 일일 장애인체험. 장애인-일반인 가정민박 등을 시행.

9월, 박성구 신부 주민등록, 경기도 가평군 하면 마일리 1022 '작은예수회 마을'로 등기 이전.

1988년 2월 2일 작은예수회 형제봉헌자회, 자매봉헌자회 설립. 이 봉헌자회를 초석으로 이후에 작은예수 수도회, 수녀회가 창립되었고, 작은예수 봉헌자수도회, 수녀회가 창립되었다.

11월, '작은예수회 마을' 장애인 공동체 1번지가 될 현리 본원 건축 시작.

1989년 1월, 서울 명동 가톨릭회관 내 작은예수회 운영본부 개설, 사랑나눔 회원 관리 및 제반사업 총괄업무.

1월 15일 경기도 성남. 첫 번째 장애인 소공동체 개원.

· 도움을 청하는 고통 받는 모든 이들을 받아들이다 남녀가 함께 살게 되었다. 그러나 많은 이들의 제안으로 형제공동체를 분리하게 되어 성남에 최초로 시작.

· 9인 이하의 소공동체로 운영. 그룹홈 운동 시작.

· 이후 형제공동체가 가평군 '작은예수회 마을'로 이동하고 그 후부터 자매공동체로 변경 운영.

8월 15일 경기도 가평군 현리 형제 장애인공동체 본원 '요셉의집' 개원. 김수환 추기경 축성미사 집전.

1990년 7월, 한국가톨릭장애인수련대회 시작. 장애인 여름캠프 형식.

· 이후 매년 시행. 강릉, 속초, 고성 통일전망대, 고성 잼보리캠프장, 한탄강, 몽산포, 꽃지해수욕장, 변산반도, 작은예수회마을 캠프장 등.

8월 15일 샘물사업 착수. '마일생수'로 시작. 이 샘물로부터 지구촌 사랑 나눔의 계기가 되고, 예수사랑 영성원 건축의 기초가 된다.

9월, 서울 답십리 노숙자 식당 '소망의집' 개설. 행려인들과 미사 봉헌.

10월, 서울 중곡동 형제 장애인 소공동체 개원.

1991년 2월 22일 박성구 신부 특수사목 작은예수회 전담 신부로 전임.

5월, 서울 자양동 자매 장애인 소공동체 개원. 이후 구의동으로 이동.

· '한라에서 백두까지' 장애인 통일기원 대회 개최. 부산 출발 임진각까지 10개 도시 행진.

· 북한에서도 동참해서 임진각에서 만남 요청 성명서 발표.

· 대한항공에 장애인 항공료 50% 할인 요청하여 제도화함.

6월 7일 작은예수회 창립기념 감사제 첫 개최, 전국의 작은예수회 회원을 위한 감사제로 한 해 동안 성령 안에 은혜와 예수님 사랑 안에 나눔 실천을

'함께 삶의 기쁨!'으로 찬미하는 대회. 이후 매년 개최.

8월, 남북한 장애인 복지대회 및 마라톤대회 1회(잠실 주경기장).

10월, 남북한장애인걷기운동본부 창설. 세종문화회관에서 발대식. 김수환 추기경 총재 추대. 지학순 주교 초대 본부장. 사무총장 박성구 신부. 권순기 사무처장. 운영위원장 봉두완.

· 이후 매년 4월 장애인의 달에 올림픽공원 평화의문에서 장애인 마라톤대회, 재가 장애인 보장구 지급, 장애인 장학사업 등을 펼침.

11월, 작은예수회 송년감사제. 그리스도왕 대축일에 개최. 이후 매년 개최.

· 2009년부터 11월 1일 '모든 성인의 날' 축일로 이동 개최.

12월, 서울 화곡동 형제 장애인 소공동체 개원.

1992년 3월, 서울 행려인 식당 소망의집에 숙소 마련(노숙자 자활자립을 준비하게 하는 숙박 시설).

6월 7일 작은예수회 음악선교단 창단.

7월, 경기도 역곡 형제 장애인 소공동체 개원.

12월 8일 '작은예수 수도회' '작은예수 수녀회' 창립. 서울대교구 소속.

· 박성구 신부 창립자로 교구사제에서 수도사제로 수련기 시작.

· 축성담당 강우일 주교 미사 집전.

· 세계 최초 일반인과 장애인이 함께 수도생활하는 수도회, 수녀회 탄생.

12월, 경기도 벽제 노인 소공동체 개원. 벽제기도회 중심으로 형성.

1993년 남북한장애인걷기운동본부 사랑의 보장구 전달(대전 엑스포).

3월, 제주도 용담 자매 장애인 소공동체 개원.

6월 7일 가평 '작은예수회 마을' 중심에 '함께 사는 예수상' 설치.

7월 2일 '사회복지법인 작은예수회' 설립. 영성단체 '작은예수회' 안에서 복지 분야 총괄관리.

8월, '도서출판 작은예수' 설립.

· 박성구 신부 첫 영의 시집 『빛으로 오시는 당신은 내가 어둠 속에 있기 때문입니다』 출간.

10월, 거제도 장승포 여자 장애인 소공동체 개원. 이후 파랑포로 이동.

1994년 5월, 전주 자매 장애인 소공동체 개원.

· 광주 형제 장애인 소공동체 개원.

· 박성구 신부 영의 시 2집 『아름다운 마음 속에 대자연을』(도서출판 작은예수) 출간.

6월 7일 성령기도회 음악선교단, 박성구 신부 첫 시집 시 낭송 테이프 제작 발매. 이후 복음 말씀 강론, 시집 등 다수 제작.

· 작은예수회 기도회 성가집 『기쁜우리찬미』 편찬.

· 브라질 상파울로 한인교회 피정 초청 강의. 이후 작은예수회 지구촌 사랑 나눔 운동 진출 시작하는 계기가 됨.

· 작은예수회 재속 3회 설립

12월 8일 박성구 신부 수도사제로 첫 서원.

· 작은예수 수도회, 작은예수 수녀회 1기 첫 서원식.

· 당시 축성담당 최창무 주교 미사 집전.

1995년 박성구 신부 영의 시 3집 『노래하는 십자가』(도서출판 작은예수) 출간.

6월 7일 창립 기념 감사제 '함께 사는 영성원' 기공식.

· 작은예수회 청년기도회 개설.

12월, 벽제 노인 작은예수의집 개원. 벽제기도회 중심으로 운영.

1996년 2월, 제주도 서귀포 형제 장애인 소공동체 개원.

· 서울 화양동 자매 장애인 소공동체 개원. 이후 능동으로 이동.

6월, '기쁜우리샘물' 허가 및 시판. 1990년 8월 15일 '마일생수로 시작, '기쁜 우리샘물'로 명칭 변경. 지역사회 주민 고용 효과.

10월, 대구 자매 장애인 소공동체 개원.

12월, 거제도 고현 형제 장애인 소공동체 개원.

1997년 7월 1일 장애인종합복지관 '기쁜우리복지관' 개관. 서울시로부터 가양동 기쁜우리복지관 부지 마련, 작은예수회 영성원 건축금 35억을 부지 마련과 건축비로 사용.

· 가양기도회 시작. 벽제기도회가 기쁜우리복지관으로 이동.

8월 15일 경당 '성 요셉 가파르나움 기도원' 건립. 박성구 신부 모친 기증. 축성 기념 경당 봉헌자 이정자(아녜스) 자서전 발간.

12월, 중국 단동 천의 공예품 유한공사 설립 축성식. 김페헌 주교 미사 집전.

· 중국 북방선교, 조선족 피정으로 방문.

· 북경 신학대학교 영성강의, 요녕성교구 김폐헌 주교와 박성구 신부 의형제 맺으며 서로 매일미사, 묵주기도 지향, 신학생 생활비 지원 약속. 작은예수 수녀회에 중국인 수녀 입회.

· 단동, 철령, 무순, 하얼빈 등에서 성령기도회 개최, 영가와 영의 노래 보급. 이후 지구촌 사랑나눔 일환으로 단동 노인 복리원(초등학교 구입 개축).

· 철령 노인 복리원(80명 수용, 4층, 800평) 설립 운영 지원.

· 북한에 의약품과 초(70만 자루) 보내기. 탈북청소년 현지지원과 한국으로 합법적 입국. 안정적 정착 위한 영세와 혼례까지 물심양면의 지원.

1998년 1월 1일 작은예수회 홈페이지 개설(Littlejesus.or.kr). 추후 도메인 변경, 현재 www.littlejesus.org 사용.

· 서울 갈현동 자매 장애인 소공동체 개원. 이후 불광동으로 이동.

2월, '작은예수수도회' '작은예수수녀회' 회헌회칙 서울대교구 인준. 서울대교구 소속 교구 수도회로 인준.

3월 19일 박성구 신부 종신서원. 최창무 주교 미사 집전.

· 작은예수 수도회 작은예수 수녀회 창립자로서 초창기 적응으로 유고 시까지 총원장 역임 인준.

· 박성구 신부 자전적 에세이 『공날이 공날입니다』(도서출판 작은예수) 출간.

· 작은예수회 영성잡지 『함께 사는 세상이야기』 창간.

7월 1일 브라질 제2의 작은소망의집 개원. 에바리스토 빠울로 추기경 축성미사.

· 작은예수회 지구촌 사랑나눔. 브라질 상파울로 행려인 무료급식 시작으로 추후 양로원 운영. 교민을 위한 도서관 운영. 파라과이 교민 피정교육 시행.

8월, 성소후원회 설립.

11월, 제주도 광명 형제 장애인 공동체 개원.

1999년 2월 11일 '작은예수수도회' '작은예수수녀회' 1기 종신서원. 축성담당 최창무 주교 미사 집전.

2월 12일 세계 최초 휠체어 장애인 수녀. 작은예수 수녀회 원장 취임.

7월 17일 제1회 전국 장애인 창작만화 페스티벌 '만화로 하나되는 세상' 개최. 이후, 매년 개최. 기쁜우리복지관.

· 「온 세상 남녀노소 작은예수로 하느님께 영광을!!!」(도서출판 작은예수) 출간.

7월 21일 정보통신부 장애인 정보화교육 기관 선정. 기쁜우리복지관.

8월, 경기도 수원 자매봉헌자회 기도공동체 개원.

· 미국 LA 장애인 그룹홈 설립. LA교구 클락 주교 축성미사.

11월 23일 서울 방이동 자매 장애인 미술 소공동체 개원. 매년 장애인 가족들의 회화, 도자기, 공예 등 작품전시회 개최.

2000년 4월, 박성구 신부와 신상옥의 〈영의 노래〉 CD 제작. 1, 2, 3집까지 제작. 박성구 신부 작사, 신상옥 형제 작곡으로 시작된 불멸의 영음악, 영의 노래를 통하여 크로스오버라는 생활성가, 복음성가, 성음악의 장르를 개척시켰다. 노래를 하면서 심령기도, 통성기도, 영가와 자유기도 가사를 만들어 하느님을 찬양하는 새로우면서도 대중적이며 신비로운 음악을 사용하는 성령음악 선교.

6월 7일 창립 기념 감사제 제1차 영의 노래 콘서트. 이후 능동 작은예수회관 중심으로 전국에서 수많은 영의 노래 콘서트 개최.

10월 10일 시립 금천 노인종합복지관 개관식. 서울시로부터 사회복지법인 작은예수회가 수탁 계약 체결하여 운영.

12월 22일 제1회 기쁜우리 장학 지원사업 장학금 수여식. 이후 매년 실시.

2001년 1월 1일 작은예수회 영성연구소 설립. 작은예수회 영성 전파에 주력.

· 중국 단동 오봉산마을 탈북청소년 30여 명, 3년 동안 예루살렘 공동체 생활. 35명 세례, 박성구 신부, 고영희, 권순기, 강 루도비코, 함 데레사.

· 월간 영성잡지 「함께 사는 세상이야기」 제호를 「둘로」로 변경.

· 이후 영어 성경 학교 강의 개설.

6월 7일 100만 예수사랑 내사랑 성령성전 영성원 기공식. 김옥균 주교 집전, 박성구 회장, 한울건설 신춘지(글라라) 사장님과 2백억 공사 3천만 원에 계약으로 시작.

12년 10일 창립자 사제 수품 25주년 은경축 기념.

· 작은예수수도회, 작은예수수녀회 창립 10주년 기념, 작은예수인들 10일–28일 동안 이태리, 프랑스 성지순례.

· 윤석인 수녀, 로마 바티칸 교황청 직속 라삐냐 화랑 전시회.

2002년 3월 22일 무연고 장애 아동 및 청소년 그룹홈 임마누엘 등촌 공동체 개설. 이
후 2014년 현재, 구로, 등촌1동, 개봉, 화곡I동, 화곡II동, 관악, 관악1동, 영
등포, 신정, 신월, 시흥, 독산, 신대방, 역촌, 신사, 홍은, 응암, 평창, 목동,
미성 등에 공동체 설치 운영.

4월 20일 남북한 장애인 복지대회 및 전국 장애인 마라톤대회(매년 장애인
의 날 개최 실시), 사랑의 보장구 전달대회(25년 동안 약 25억 전달).

6월 5일 중국 사제 5명, 평신도 5명, 공안 1명 초청 사목연수.

· 6.7 감사제 참석. 5일-21일 동안 체류.

8월 8일 천주교 한민족 돕기회, 백두산 통일 기원미사. 김옥균 주교 단동 방
문. 김병일 대표신부, 박성구 회장, 봉두완 회장, 권순기 본부장, 고영희 부
회장, 장대익 신부, 최익철 신부.

9월 15일 현리 '성요셉의집' 신축 축성식. 염수정 주교 미사 집전.

· '요한 피정의집' 개설. 구 '요셉의집' 리모델링 후.

12월 30일 기쁜우리 복지관 2002년도 장애인복지관 평가 우수기관 선정.

2003년 3월, 젊은이 위한 생활성가 콘서트 JC 둘로찬양 매월 상설 시작. 이후 능동
작은예수회관 중심으로 전국 성당 초청 공연.

5월 23일 기쁜우리복지관 제과, 제빵 작업장 설치, 운영. 2011년 사회적 기
업 인증.

12월 13일 제1회 전국 정신지체 장애인 볼링대회 개최.

2004년 4월 20일 제1회 기쁜우리 장한어버이상 및 장애극복상 시상식 개최. 이후 매
년 실시.

6월 7일 창립 20주년 감사제, 하늘로 가는 길목 효의 전당 축성. 김옥균 주
교.

8월 20일 '재단법인 작은예수 수녀회' 법인 인가 취득.

10월 18일 남북한 재가 장애인 30명 세례식. 명동 작은예수회 본부에서 교리
교육 후.

12월 6일 기쁜우리 체육센터 완공, 축성식. 김운회 주교 미사 집전.

· 박성구 신부 『불멸의 영으로 살아라』(도서출판 작은예수) 출간.

2005년 장애인 인식개선을 위한 전국 사진전 개최. 국회의원회관, 서울역, 대전, 광
주, 부산, 천안, 서울 올림픽공원.

8월 5일 '함께사는 예수상' 두 분을 영성원 지붕 위에 설치. 22개월에 걸친 발명특허 박성구 신부, 제작 니꼴라오 수사. 예수님상 다섯 차례 감수. 영가를 부르시는 성모님상 세 차례 감수. 아기 예수님과 활짝 함박웃음, 파안대소하시는 요셉님상 단 한 차례 감수.

8월 21일 제1회 전국 정신지체 및 발달장애인 수영대회 개최. 기쁜우리체육관.

11월 11일 장애인 취업 박람회 개최. 기쁜우리복지관.

2007년 1월 1일 지구촌 사랑나눔 아프리카 사업 시작. 우간다, 탄자니아, 케냐.

3월 27일 박성구 신부 모친 영면. 작은예수인의 영적 어머니로 경당 성모상 앞에 모심.

6월, 작은예수 수도회 봉하령 수사 부제 수품.

6월, 거제도 파랑포 노인 위한 '안나의집' 개원.

7월 7일 우간다, 케냐, 탄자니아 장애인 이동 보장구 증정식.

2008년 8월 3일 경기도 가평군 현리 작은예수회 마을 신축 건물 축성미사.

· '성가정의집', 중증 여성장애인의 집, '제2 요셉의집' 지적 장애인 재활작업장, '요한 식당' 피정자를 위한 식당 등 축성. 김운회 주교 미사 집전.

2009년 6월 10일 작은예수회 인터넷 영소리 방송국 개국(www.littlejesus.tv). 영의 노래 중심의 인터넷방송. 살아있는 말씀, 생활성가 찬양 실황, 불멸의 영인들의 활동, 정의구현을 위한 시위현장 등 방송.

6월, 중국 요녕교구장 배군민 바오로 신부 외 신부, 공무원 한국 방문.

· 작은예수수도회 박영철수사 부제 수품.

7월 22일 작은예수회 사회복지법인 명칭 '작은예수회'에서 '기쁜우리월드'로 변경.

· 작은예수인, 이스라엘·이집트로 '예수님의 발자취를 따라 가는 성지순례' 떠남.

10월 7일 지구촌 사랑나눔. 우간다, 탄자니아 미혼모 직업훈련사업 진행.

· 2007년부터 두 개의 종합사회복지관을 운영하며 1개의 중고등학교를 짓고 있으며, 2011년 아프리카 말라위 신규 국가 진출 계획.

11월, 예수사랑 성령성전 영성원 준공 허가 및 '172하느님사랑방사람들' 실버타운 운영 시작. 염수정 주교 축성미사.

2010년 8월, 재단법인 작은예수 수도회 유지재단 설립.

2011년 1월 29일 제1회 영소리제 공연. 이후 1년에 한 번 혹은 두 번 정기개최하는 작은예수회 영가, 영의 노래 축제.

5월, 서울 군자동 자매 소공동체 개원.

2012년 3월, 성요셉의집 가평군청 시설운영비 공정분배를 위한 시위 시작.

· 2014년 현재 총279회 개최. 가평군청, 가평경찰서, 경기도청, 보건복지부, 감사원, 청와대, 국회의사당, KBS방송국. 서울대교구청, 청주교구청, 음성 꽃동네.

2013년 1월 6일 작은예수회 사목위원회 개최. 작은예수회 최상위 결정기구. 기존운 영위원회는 업무적 이사 개념.

· 2012년까지는 작은예수회 회장을 창설자 박성구 신부 유고 후, 작은예수 수도회 총원장과 작은예수 수녀회 총원장이 4년 임기로 번갈아 역임하는 것 으로 하였으나, 사목위원회 설립 이후부터는 사목위원회 내에서 세계 80여 공동체 총괄하는 총회장을 선출한다.

3월, 작은예수회 창립 30년사 편찬위원회 구성, 회의 시작. 창립자 박성구 신부 영성록 『세상의 꼴찌들과 함께 사는 신부』, 사진집 『불멸의 영을 사는 사람들』 발행 계획.

6월 30일 작은예수회 봉헌자수도회, 봉헌자수녀회 설립 및 종신서원식. 기 존 작은예수회 형제봉헌자회, 자매봉헌자회 기반으로 교구 인준 받지 않는 수도회, 수녀회로 회헌, 회칙 작성.

8월 9일 전대식 사진가, 작은예수회 30주년 편찬위원회 참여. 김수환 추기 경 사진회고록 『그래도 사랑하라』 집필 및 전국 순회전시를 개최한 작가로 서 2014년 현재 작은예수회 홍보국장.

10월 31일 눈빛출판사 이규상 대표 만남. 30주년 기념 출판물 발간 확정.

12월 6일 김수환 추기경 생애사진 전국순회 사진전시회 개최. 전대식 작가 로부터 기증.

2014년 3월 14일 동 전시작품들, 작은예수회 영성원 내 172하느님사랑방사람들 성 전 및 휴게실 전시.